Expansion · Interaktion · Akkulturation

Historische Skizzen zur Europäisierung Europas und der Welt

Band 17

Rhythmen der Globalisierung

Expansion · Interaktion · Akkulturation

Historische Skizzen zur Europäisierung Europas und der Welt

Herausgegeben von

Marga Achberger
Alice Becker
Helene Breitenfellner
Peter Feldbauer
Wolfgang Gruber
Bernd Hausberger
Melinda Horváth
Thomas Kolnberger
Katharina Kuffner
Gottfried Liedl
René A. Marboe †
John Morrissey
Andreas Obenaus
Manfred Pittioni
Andrea Schnöller
Clemens Six
Ilja Steffelbauer

für den Verein zur Förderung von
Studien zur interkulturellen Geschichte,
Schwarzenbergplatz 10/6, A-1040 Wien.

Peter Feldbauer
Gerald Hödl
Jean-Paul Lehners (Hg.)

Rhythmen der Globalisierung

Expansion und Kontraktion zwischen
dem 13. und 20. Jahrhundert

mandelbaum *verlag*

Deutsche Bibliothek – CIP Einheitsaufnahme
Rhythmen der Globalisierung:
Expansion und Kontraktion zwischen dem 13. und 20. Jahrhundert
Peter Feldbauer/Gerald Hödl/Jean-Paul Lehners (Hg.) –
Wien: Mandelbaum Verlag, 2009
ISBN 978-3-85476-326-0

Gefördert mit Mitteln des Österreichischen Bundesministeriums
für Wissenschaft und Forschung und des Fonds National de la Recherche,
Luxembourg

fonds national de la
recherche

Satz: Marianne Oppel, Weitra
ISBN 978-3-85476-326-0
Lektorat: Gerald Hödl
Umschlaggestaltung: Michael Baiculescu
Druck: Donauforum-Druck, Wien

Inhalt

Einleitung

PETER FELDBAUER/GERALD HÖDL/ JEAN-PAUL LEHNERS

In den Sozialwissenschaften gehört es mittlerweile zum guten Ton, jene vielfältigen Prozesse, die gemeinhin unter dem Stichwort Globalisierung zusammengefasst werden, zu historisieren, das heißt, sie nicht als neuartiges Phänomen des späten 20. und frühen 21. Jahrhunderts zu begreifen. Globalisierung wird stattdessen meist in eine längere Traditionslinie gestellt, deren Beginn sich auf unterschiedliche Zeiträume datieren lässt: Auf das 19. Jahrhundert[1], auf das „lange 16. Jahrhundert"[2], auf das 13. Jahrhundert[3] oder gar auf das 4. Jahrtausend vor unserer Zeitrechnung[4]. Wenn man den Begriff Globalisierung, wie von A. G. Hopkins vorgeschlagen, in einem sehr allgemeinen Sinn als Prozess versteht, „that transforms economic, political, social and cultural relationships across countries, regions and continents by spreading them more broadly, making them more intense and increasing their velocity"[5], dann erscheint selbst der früheste, von Frank ins Spiel gebrachte Zeitpunkt nicht als völlig unplausibel.

Jeder Text, der sich mit Periodisierungsfragen innerhalb der Globalisierung beschäftigt,[6] kommt nicht umhin, über Kontinuitäten und Brüche, Verflechtungen und Entflechtungen, Be- und Entschleunigungen, Zäsuren, Wendepunkte, Übergänge und Trans-

---

[1] Borchardt 2001.

[2] Vgl. Wallerstein 1974.

[3] Vgl. Abu-Lughod 1989.

[4] Vgl. Frank 1993.

[5] Hopkins 2002, 25.

[6] Siehe hierzu die Einleitungen zu den verschiedenen Bänden in Feldbauer/Hausberger/Lehners 2008 ff.; siehe auch ausführlich im Rahmen der Weltgeschichte des 19. Jahrhunderts Osterhammel 2009, 84-128. In diesem Zusammenhang ganz wesentlich ist das in Leipzig angesiedelte, groß angelegte Forschungsprojekt „Bruchzonen der Globalisierung" (siehe Engel/Middell 2005).

formationen nachzudenken. Dabei ist die Geschichtswissenschaft
weder die erste noch die einzige Wissenschaftsdisziplin, die sich
mit Expansion und Kontraktion beschäftigt; man denke nur an
Studien in der theoretischen Physik und der Astrophysik über das
zyklische Universum.[7] Schwierig für die Geschichtswissenschaften
bleibt, dass die historische Chronologie keiner generellen Logik
folgt.[8] Der Grundtenor vieler Arbeiten, die explizit oder implizit
eine Geschichte der Globalisierung entwerfen, verweist aber auf
eine stetige, wenn auch ungleichmäßige Expansion.[9] Dies erinnert
an lineare, evolutionistische Geschichtskonzepte mit einer gleichsam gesetzmäßigen Abfolge von Stufen oder Stadien, wie sie uns
etwa bei Marx oder Rostow begegnen; nichtlineare Ansätze bilden
in der Geschichtsschreibung eher die Ausnahme.[10] Es sei jedoch
angemerkt, dass die Idee, das Rad zurückdrehen zu können, in
Europa bis ins 18. Jahrhundert existierte.[11]

Im Mittelpunkt der meisten historischen Analysen von Globalisierung stehen Zeiten der Beschleunigung, Ausdehnung, quantita-
tiven Zunahme des interkontinentalen Austauschs von Menschen,
Waren, Ideen, Praktiken. Seltener richtet sich der Blick hingegen
auf jene Phasen, in denen sich die expansiven, interaktiven Tendenzen markant abschwächten oder gar umkehrten. Selten stehen auch
Phasen der Stagnation im Vordergrund. Der Aufstieg bis zum Höhepunkt scheint in der Dramaturgie der Geschichtsschreibung wesentlich attraktiver zu sein als der anschließende Fall, dem sich das
Theater mit Vorliebe widmet. Die Vorstellung von Globalisierung
als wie auch immer gearteter Wellenbewegung erinnert nicht nur an
die Hegemoniezyklen bei Braudel und unterschiedlichen Vertretern
der Weltsystemanalyse (vor allem Arrighi[12]) sowie die Konjunkturzyklen von Kondratieff, sondern steht mit ihnen vermutlich in
einem genauer zu ermittelnden Zusammenhang. Allerdings scheint
dieser Zusammenhang unterschiedliche Formen annehmen zu
können: Die großen ökonomischen Krisen der letzten eineinhalb
Jahrhunderte beispielsweise wirkten sich sowohl „deglobalisierend"
(1929) als auch „globalisierend" (1873, 1973) aus.[13]

---

[7]   Vgl. Lehners 2008.
[8]   Walter 2003, 5.
[9]   Z.B. Osterhammel/Petersson 2003.
[10] Etwa De Landa 2000; zum Thema linear-zyklisch siehe auch Kom-
      losy 2005, 107.
[11] Nolte 2005, 329; siehe auch Bayly 2004, 11 ff.
[12] Arrighi 1994.
[13] Siehe etwa Fässler 2007.

Erschwert wird die Aufgabe einer Rekonstruktion von Globalisierungszyklen dadurch, dass sich Globalisierungs- und Deglobalisierungsprozesse nicht auf die politisch-ökonomische Ebene beschränken, sondern sich ebenso im gesellschaftlichen und kulturellen Bereich vollziehen (und darüber hinaus im Ökosystem). Dabei ist davon auszugehen, dass sich die Bewegungen auf den unterschiedlichen Ebenen des Ökonomischen, Politischen, Sozialen und Kulturellen nicht synchron vollzogen, sondern es zu Ungleichzeitigkeiten kam – ohne dass aber die einzelnen Sphären abgekoppelt voneinander zu denken wären. Erinnert sei in diesem Zusammenhang an die bahnbrechende Studie Braudels zur „longue durée", zur Überlagerung von Zeitschichten mit verschiedenen Rhythmen.[14] Jüngst wurden sogar mathematische Modellbildungen zur Konstruktion von Regeln und Gesetzmäßigkeiten bemüht.[15]

Der vorliegende Band soll nicht nur das historische Verständnis für Globalisierungsprozesse generell vertiefen, sondern auch und vor allem das Augenmerk auf jene Perioden legen, in denen Öffnungen sich nicht weiter fortsetzten – oder gar in ihr Gegenteil umschlugen. Indem also gleichgewichtig neben der vielzitierten *time-space compression*[16] Phasen der Entschleunigung, der Abschottung, der *De*globalisierung untersucht werden, entsteht das Bild einer Wellenbewegung, in der Expansion und Stagnation/Kontraktion einander abwechseln. Dabei ist zu klären, ob diese „Globalisierungsrhythmen" sich auf kontinuierlich steigendem Niveau bewegen und die stagnativen Tendenzen lediglich eine kurze Unterbrechung darstellen oder ob sie ausgeprägte Schwankungen aufweisen.

Die Autorin und die Autoren dieses Bandes nähern sich dem Thema Globalisierungszyklen aus zwei Richtungen: Einerseits in Form thematischer Längsschnitte, andererseits in Form von Epochen-Querschnitten, die skizzenhaft jene wirtschaftlichen, politischen, kulturellen Prozesse beleuchten sollen, die Gesellschaften über kontinentale Grenzen hinweg zueinander in Beziehung setzten und dabei in ihrem Kern berührten und veränderten.

Zeitlicher Ausgangspunkt des vorliegenden Bandes ist das 13. Jahrhundert, in dem die unterschiedlichen Teile Eurasiens durch ein – noch relativ lose geknüpftes – Netz ökonomischer, technologischer und kultureller Transfers verbunden wurden. Wir schließen uns diesbezüglich der Feststellung von Janet Abu-Lughod an, dass „the thirteenth-century system of international trade and

---

[14] Braudel 1958.
[15] Turchin 2003; Turchin/Nefedov 2009.
[16] Harvey 1990, 240, 260 ff.

the production associated with it [...] was substantially more complex in organization, greater in volume, and more sophisticated in execution, than anything the world had previously known"[17]. Sie interpretiert den arabisch-iranischen Raum als Kernregion eines Globalsystems, das große Teile Asiens, Afrikas und Europas verband. Hinsichtlich der Komplexität und Ausdehnung der kommerziellen Kontakte sowie im Bereich der gewerblichen Produktion habe es bereits ein Entwicklungsniveau aufgewiesen, wie es im Weltmaßstab erst wieder im Verlauf des 16. und 17. Jahrhunderts erreicht worden sei. In den einander ergänzenden Krisenphänomenen seit dem zweiten Viertel des 14. Jahrhunderts, die im Gleichklang den Fernen Osten, Südasien, die islamische Welt und Westeuropa erfassten, sieht Abu-Lughod eine sakuläre Trendwende, die die Strukturen der ‚vormodernen' Weltsysteme erschütterte.

Nach der weltweiten Überwindung vielfältiger Stagnations- und Krisenphänomene im Verlauf des 15. Jahrhunderts setzte um 1450 die Prosperitätsphase des „langen 16. Jahrhunderts" ein, die bis etwa 1620 andauerte. In deren Verlauf rückten parallel zur europäischen Expansion die Weltregionen näher zusammen, entstanden Ansätze einer ‚modernen' Weltwirtschaft, nahmen Wissens- und Technologietransfer zu und vollzogen sich vielfältige Akkulturationsprozesse.

Analog zu 1450 lassen sich die Jahre um 1620 als pragmatische Periodengrenze sehen. Dies deshalb, weil im Anschluss an die in verschiedenen Weltregionen fast zeitgleich auftretenden ökonomischen, demographischen und soziopolitischen Schwierigkeiten – deren Etikettierung als Krise des 17. Jahrhunderts freilich nicht unproblematisch ist – ein neuer Verdichtungsschub globaler Wirtschaftsbeziehungen und weltpolitischer Kommunikation bzw. Konfrontation einsetzte. Diese wurde von einem fallweise tiefgreifenden Reform- und Restrukturierungsprozess krisengeplagter Staaten und Großreiche begleitet, etwa Chinas, Indiens, des Osmanischen Reichs, Frankreichs und Englands.

Zeitgleich mit dem Dreißigjährigen Krieg (1618–1648) begann eine Stagnationsphase, die um die Wende vom 17. zum 18. Jahrhundert in eine Expansionsperiode überging. Im 18. Jahrhundert setzten die führenden europäischen Mächte auf die räumliche Ausweitung und Differenzierung der internationalen Arbeitsteilung, die sich unter anderem in einer weiteren Zunahme des Welthandels ausdrückte. Zugleich erfasste das beschleunigte Zu-

---

[17]   Abu-Lughod 1989, 353.

sammenwachsen der Welt nun verstärkt auch Regionen wie China, die weder politisch noch ökonomisch von Europa abhängig waren. Und schließlich erfuhren unterschiedlichste weltumspannende Interaktionen – nicht nur in den Bereichen Handel, Finanz- und Kriegswesen – eine markante Steigerung.

Die Wende vom 18. zum 19. Jahrhundert war von widersprüchlichen Entwicklungen geprägt. Die Aufstände in großen Teilen der amerikanischen Hemisphäre gegen die europäische Kolonialherrschaft führten zwar zu politischer Fragmentierung, nicht aber zu tiefgreifender kultureller und ökonomischer Abschottung. Gleichzeitig verstärkte sich der europäische Einfluss in Asien, insbesondere durch den britischen Kolonialismus in Südasien. Insgesamt verharrte das Ausmaß der weltwirtschaftlichen Verflechtung auf einem Niveau, das Held und seine Mitarbeiter dazu veranlasste, die Jahre bis ca. 1850 als vormoderne Globalisierung zu bezeichnen, die in vielen Bereichen eher durch große räumliche Ausdehnung als durch hohe Intensität gekennzeichnet war.[18]

Ab Mitte des 19. Jahrhunderts erfolgte dann eine unverkennbare Expansionsphase, in der auf breiter Front – technologisch, politisch, ideologisch, ökonomisch – die einzelnen Teile der Welt unter europäischer (und US-amerikanischer) Hegemonie verbunden wurden. Auf politisch-militärischer und in weiterer Folge ökonomischer Ebene sind in diesem Zusammenhang die Öffnung Chinas und Japans sowie die Kolonisierung großer Teile Afrikas und Südostasiens zu nennen. Neue Kommunikations- und Transporttechnologien ermöglichten den Transfer von Informationen, Waren und Menschen in einem bis dahin ungekannten Ausmaß. Die integrierenden Tendenzen wurden allerdings bereits gegen Ende des 19. Jahrhunderts prekär. Es zählt zu den Paradoxien dieser Zeit, dass sich die Ideologie des Nationalismus und die politische Form des Nationalstaats zunehmend universalisierten, gleichzeitig aber auf unterschiedlichsten Ebenen als trennendes Moment wirkten. Der Erste Weltkrieg ist als erster Höhepunkt dieser Entwicklung anzusehen. Die 1920er als ein Jahrzehnt erneuter Integration endeten mit einer nahezu globalen Wirtschaftskrise, die jene zunächst ökonomische, später auch politische und kulturelle Fragmentierung einleitete (oder zumindest signifikant verschärfte), die schließlich im Zweiten Weltkrieg kulminierte.

Einigkeit quer durch die Fachliteratur besteht darin, dass die letzte Etappe der Globalisierung im Jahr 1945 begann. Selbst auf

---

[18]   Held [u.a.] 1999, 421.

den ersten Blick desintegrierende Phänomene wie die Ost-West-Spaltung und die Herausbildung einer ‚Dritten Welt' betrafen keineswegs alle gesellschaftlichen, politischen und wirtschaftlichen Bereiche; gleichzeitig bildeten sich sowohl im ‚Osten' als auch im ‚Süden' neue Ausgangspunkte transkontinentaler Beziehungen (man denke beispielsweise an unterschiedliche Anläufe in Richtung der sogenannten Süd-Süd-Kooperation). Diese rissen zum Teil wieder ab, als nach dem Zusammenbruch des Realsozialismus die ‚Eine Welt' proklamiert und auf einigen Ebenen auch realisiert wurde – mit soliderer institutioneller Basis als in früheren Epochen, mit höherer Geschwindigkeit, größerem Umfang und breiteren Wirkungen der verschiedenen Verbindungen und Transfers, aber weiterhin lückenhaft und von starken Asymmetrien geprägt.

Im Bewusstsein dessen, dass Epochendarstellungen ihre (nicht nur zeitlichen) Grenzen haben, dass Periodisierungen auf eine Zerstückelung von Prozessen hinauslaufen, die über einen längeren Zeitraum betrachtet genauso instruktiv sind wie im Kontext eines bestimmten Zeitabschnitts, bietet der Band auch exemplarische Längsschnitte. Sie widmen sich dem ‚klassischen' Thema Welthandel, der gemeinhin als zentrale Triebkraft globaler Integration gilt, dem Technologietransfer, und zwar im militärischen Bereich, wo er aus Gründen der Selbsterhaltung (und bei Strafe des Untergangs) mit besonderer Geschwindigkeit erfolgt, weiters den oszillierenden Formen von Herrschaft sowie schließlich dem Roman, mit dessen Hilfe vor allem kulturelle Ver- und Entflechtungen demonstriert werden. Die Beschränkung auf spezifische Bereiche erleichtert es, expansive sowie kontraktive/stagnative Tendenzen anhand konkreter Indikatoren zu identifizieren und damit deren Ausmaß greifbarer zu machen. Dass in den Längs- und Querschnitten Redundanzen auftreten, ist unvermeidlich, da es sich lediglich um unterschiedliche Perspektiven auf ein und denselben historischen Prozess handelt, ja, es ist sogar erwünscht, da auf diese Weise die besondere Bedeutung einzelner Perioden und Phänomene im Rahmen des Gesamtprozesses deutlich wird.

Es ist zu hoffen, dass es dem vorliegenden Band gelingt, aus unterschiedlichen Richtungen kurze Streiflichter auf Globalisierung als rhythmischen Prozess zu werfen. Eine solche Sichtweise ist nicht nur von historiographischem Interesse, sondern wirkt sich auch auf das Verständnis des aktuellen Weltgeschehens aus – läuft sie doch jenen in der politischen und wissenschaftlichen Debatte dominanten Auffassungen zuwider, die den massiven Globalisierungsschub der letzten drei Jahrzehnte als unumkehrbaren Trend betrachten.

Literatur

Abu-Lughod 1989 = Janet L. Abu-Lughod, Before European Hegemony. The World System A.D. 1250–1350, New York-Oxford.

Arrighi 1994 = Giovanni Arrighi, The Long Twentieth Century: Money, Power, and the Origins of our Times, London.

Bayly 2004 = Christopher A. Bayly, The Birth of the Modern World, Oxford.

Borchardt 2001 = Knut Borchardt, Globalisierung in historischer Perspektive, in: Sitzungsberichte der Bayerischen Akademie der Wissenschaften. Philosophisch-historische Klasse 2, 1-34.

Braudel 1979 = Fernand Braudel, Civilisation matérielle, économie et capitalisme XVe–XVIIIe siècle, Tome 3: Le temps du monde, Paris.

Braudel 1958 = Fernand Braudel, Histoire et sciences sociales: La longue durée, in: Annales E.S.C. 13/4, 725-753.

Brown 2007 = Cynthia Stokes Brown, Big History. From the Big Bang to the Present, New York-London.

De Landa 2000 = Manuel De Landa, A Thousand Years of Nonlinear History, New York.

Döring/Thielmann 2008 = Jörg Döring/Tristan Thielmann (Hg.), Spatial Turn. Das Raumparadigma in den Kultur- und Sozialwissenschaften, Bielefeld.

Engel/Middell 2005 = Ulf Engel/Matthias Middell (Hg.), Bruchzonen der Globalisierung, in: Comparativ 15/5-6, 5-38.

Fässler 2007 = Peter E. Fässler, Globalisierung. Ein historisches Kompendium, Köln-Weimar-Wien.

Feldbauer/Hausberger/Lehners 2008 ff. = Peter Feldbauer/Bernd Hausberger/Jean-Paul Lehners (Hg.), Globalgeschichte. Die Welt 1000–2000, Wien. [Bisher 4 Bände erschienen.]

Frank 1993 = Andre Gunder Frank, The 5.000-Year World-System. An Interdisciplinary Introduction, in: Andre Gunder Frank/Barry K. Gills (Hg.), The World System. Five hundred years or five thousand?, London, 3-55.

Grataloup 2007 = Christian Grataloup, Géohistoire de la mondialisation. Le temps long du Monde, Paris.

Harvey 1990 = David Harvey, The Condition of Postmodernity. An Enquiry into the Origins of Cultural Change, Oxford-Malden.

Held 1999 = David Held, u.a., Global Transformations. Politics, Economics and Culture, Cambridge-Oxford.

Hopkins 2002 = A. G. Hopkins, The History of Globalization – and the Globalization of History?, in: Ders. (Hg.), Globalization in World History, London, 11-46.

Hornborg/Crumley 2007 = Alf Hornborg/Carole Crumley (Hg.), The World System and the Earth System. Global Socioenvironmental Change and Sustainability since the Neolithic, Walnut Creek.

Komlosy 2005 = Andrea Komlosy, Weltzeit – Ortszeit. Zur Periodisierung von Globalgeschichte, in: Margarete Grandner/Dietmar Rothermund/Wolfgang Schwentker (Hg.): Globalisierung und Globalgeschichte, Wien, 83-114.

Lehners 2008 = Jean Luc Lehners, Ekpyrotic and Cyclic Cosmology, in: Phys. Rep. 465, 223-263.

Nolte 2005 = Hans-Heinrich Nolte, Weltgeschichte. Imperien, Religionen und Systeme 15.–19. Jahrhundert, Wien-Köln-Weimar.

Osterhammel 2009 = Jürgen Osterhammel, Die Verwandlung der Welt. Eine Geschichte des 19. Jahrhunderts, München.

Osterhammel/Petersson 2003 = Jürgen Osterhammel/Niels P. Petersson, Geschichte der Globalisierung. Dimensionen, Prozesse, Epochen, München.

Schlögel 2006 = Karl Schlögel, Im Raume lesen wir die Zeit. Über Zivilisationsgeschichte und Geopolitik, Frankfurt am Main.

Tellier 2005 = Luc-Normand Tellier, Redécouvrir l'histoire mondiale. Sa dynamique économique, ses villes et sa géographie, Montréal.

Turchin 2003 = Peter Turchin, Historical Dynamics. Why States Rise and Fall, Princeton-Oxford.

Turchin/Nefedov 2009 = Peter Turchin/Sergey A. Nefedov, Secular Cycles, Princeton-Oxford.

Wallerstein 1974 = Immanuel Wallerstein, The Modern World-System I. Capitalist Agriculture and the Origins of the European World-Economy in the Sixteenth Century, San Diego.

Walter 2003 = Rolf Walter, Wirtschaftsgeschichte. Vom Merkantilismus bis zur Gegenwart, Köln-Weimar-Wien.

PERIODEN

1250–1620. ›Archaische‹ Globalisierung?

PETER FELDBAUER/GOTTFRIED LIEDL

Die sogenannte Globalisierung scheint ein Phänomen der Neuzeit zu sein, nach dem Dafürhalten mancher Kommentatoren sogar ein Phänomen des ausgehenden 20., angehenden 21. Jahrhunderts, das den Globus noch nie zuvor in vergleichbarer Form, Stärke und Vollständigkeit heimgesucht habe.

Dennoch kennt die Geschichte so manche Periode, in welcher zumindest ökonomisch eine großräumige Verflechtung zu beobachten ist, sodass man sich berechtigt sehen mag, von auffälligen ›Vorformen‹ einer mehr oder weniger eng verbundenen, deswegen aber nicht unbedingt schon ›zusammengewachsenen‹ Welt zu sprechen. ›Welt‹ meint hier natürlich nicht den Globus als solchen – das wäre für die Zeit vor der ›(Wieder-)Entdeckung‹ Amerikas ein grober Anachronismus. ›Welt‹ meint die Ökumene, wie sie der jeweiligen Epoche bekannt war, also beispielsweise die Ökumene gemäß der ptolemäischen Geographie in der Antike, wo ›die Welt‹ von den Inseln des Nebelmeers im Nordwesten Europas – Irland, Britannien – bis zur »Zimtgegend, [dem] äußerste[n] bewohnte[n] Land gegen Süden, [...] und der dem Zimtlande gegenüber sich erhebenden [...] Gegend [...] um Taprobane [Ceylon/Sri Lanka]«[1] und darüber hinaus, ins ferne, freilich schon recht sagenhafte China reichte.

Es ist hier nicht der Ort, Überlegungen anzustellen, wie weit ein politisch, sozial, kulturell und ökonomisch so geschlossenes System wie das Imperium Romanum als Modell für ›archaische‹ Formen von Globalisierung herhalten kann. Aber darüber nachdenken sollte man schon, ob ein stafettenartig, mehr oder weniger sporadisch durchgeführter Fernhandel mit einer überschaubaren Anzahl von Luxusgütern (Seide, Gewürze, Juwelen, Edelmetalle) schon per se dazu berechtigt, von einem ›weltumspannenden System‹ (wie man den Ausdruck Globalisierung ein wenig

---

[1] Strabo 2005, 106.

salopp übersetzen mag) zu sprechen. Ähnliches wie für die antike
Welt im Westen würde auch für jene durchaus beachtlichen Frühformen eines ›indirekten‹ Ausgreifens der alten Reiche in Fernost
gelten, ein Ausgreifen, das großteils über tributäre Austauschvor-
gänge erfolgte beziehungsweise in Form ›freiwillig‹ angebotener,
also symbolischer Gaben, die nicht unbedingt dazu berechtigen,
schon von Handel im eigentlichen Sinn zu sprechen.[2]

Wie man sich nichtsdestotrotz eine ›echte‹ Globalisierung lange
vor den eingangs angesprochenen neuzeitlichen beziehungsweise
spätneuzeitlichen Trends vorzustellen hat, kann bei der Sozial- und
Wirtschaftshistorikerin Janet Abu-Lughod nachgelesen werden.[3]
In Auseinandersetzung mit der Idee Wallersteins, dass der Epoche
zwischen 1480 und 1620 ein entscheidender Stellenwert für die
Ausformung des Kapitalismus als eines ersten veritablen ›Weltsystems‹ zukomme,[4] zieht Abu-Lughod durch geschickte Perspekti-
venverschiebung – gekoppelt an eine zeitliche Vorverlegung des
Untersuchungszeitraums um rund zwei Jahrhunderte, nämlich ins
13. Jahrhundert – »die Einzigartigkeit des ›Wunders‹ des Westens«,
wie sie es nennt, in Zweifel.[5] Nicht erst im 16. oder gar 17. Jahrhundert sei ›die Welt‹ erstmals in einem Maße zusammengewach-
sen, dass man von weltumspannenden Kreisläufen sprechen könne.
Schon zwischen 1250 und 1350 sei ein ähnlich dichtes System von
vergleichbarer Ausdehnung etabliert gewesen, das nun freilich seinen Schwerpunkt gerade nicht ›im Westen‹ gehabt habe, sondern
am anderen Ende des Spektrums, im Fernen Osten.

Erstmals ›die eine Welt‹

Die Geschichte der riesigen Landmasse Eurasiens und der mit ihr
verbundenen (nord)afrikanischen Region – nicht so sehr getrennt
als vielmehr an sie angegliedert durch das mediterrane Binnenmeer – zeigt tatsächlich im Verlauf des ausklingenden Hochmit-
telalters, also etwa ab den letzten beiden Jahrzehnten des 12. Jahrhunderts, ein zuvor unbekanntes Maß an Integration. Motor dieser enormen Ost-West-Verdichtung ist das Mongolentum, konkret
die Errichtung eines Weltreichs durch den mongolischen Herrscher
Dschingis Khan (1155/67–1227), das sich nach seiner Erweite-

---

[2]   Schottenhammer 2008, 290; Wills 1986, 84 ff.
[3]   Abu-Lughod 1989; Abu-Lughod 2005, 131 ff.
[4]   Vgl. Wallerstein 1986.
[5]   Abu-Lughod 2005, 132.

rung durch Dschingis Khans Nachfolger von China und Korea im Osten bis Polen im Westen, von den südlichen Ausläufern der sibirischen Taiga bis zu den Küsten des Schwarzen Meers, des Persischen Golfs und des Indischen Ozeans erstreckte.

Was dieses Imperium so einmalig machte, war aber dessen strukturale ›Offenheit‹. Im Gegensatz zum ›europäischen Prototyp‹ des Imperiums, dem Römischen Reich, scheint es gerade nicht ›autark‹ gewesen zu sein. Letztlich durch seine relativ rasche Desintegration beziehungsweise Fragmentierung unter Dschingis Khans Nachfolgern – während sich in kultureller und ökonomischer Hinsicht seine Verdichtung und Vereinheitlichung fortsetzte, ja womöglich noch intensivierte – fungierte es als transkontinentale Brücke. Diese Funktion war weder den antiken Reichen im Westen – auch nicht dem Römischen Reich – noch der großartigen chinesischen Macht im Fernen Osten jemals zugekommen.

In bewusstem Gegensatz zum größten Teil der Standardliteratur beschreibt Abu-Lughod den Mongolenvorstoß nicht einseitig als politische und wirtschaftliche Katastrophe für die davon betroffenen Gesellschaften. Es ist die politische Stabilität des mongolischen Großreichs, auf die sie ihr Augenmerk richtet. So kann sie hinter der gewiss alles andere als ›friedfertigen‹ Expansion jener fernöstlichen Macht dennoch eine riesige ›Friedensdividende‹ entdecken: die sogenannte *Pax Mongolica*.

Anders gesagt: Abu-Lughod sieht die seit Mitte des 13. Jahrhunderts wahrnehmbare Prosperitätsphase im euro-asiatischen Raum mit dem Mongolenvorstoß (im ausgehenden 12. Jahrhundert) ursächlich verknüpft. Natürlich sind auch Abu-Lughod die mit dem Mongolenvorstoß verbundenen Verwüstungen und Bevölkerungsverluste bekannt, das Neuartige und Produktive an ihrer These bezieht sich aber auf die parallel zur mongolischen Großreichsbildung zustande gekommene Sicherheit auf den Karawanenrouten der Seidenstraße, die seit Jahrhunderten China mit der islamischen Welt und Europa verbunden, den Transport von Luxusgütern und die Reisen der Kaufleute aber noch nie mit so geringen Risiken und Protektionskosten ermöglicht hatten.[6] »Die Mongolen des 13. Jahrhunderts dienten der Weltwirtschaft weder durch herausragende Verkehrslage oder einzigartige gewerbliche Produktionskapazität noch durch besondere Transportfunktionen. Ihr Beitrag lag eher darin, Rahmenbedingungen zu schaffen, die Land-Tran-

---

6   Abu-Lughod 1989, 153 ff.; Abu-Lughod 1993, 82 f.; vgl. auch Risso 1995; Tabak 1996; Christian 1998 und 2000; Krämer 2005.

sitverkehr mit geringerem Risiko und niedrigerer Protektionsrente ermöglichten. Indem sie die entsprechenden Kosten senkten, öffneten sie einen Handelsweg durch ihre Territorien, der zumindest für kurze Zeit das Monopol der Südrouten brach«.[7]

Infolge der relativ verlässlichen politischen Lage (abgesehen von kurzfristigen Störungen bei innermongolischen Kriegen) nahm der internationale Karawanenhandel und mit diesem auch der politisch-kulturelle Integrationsprozess innerhalb riesiger Gebiete merklich zu. Wie die politischen und militärischen Konsequenzen der mongolischen Eroberungen im Einzelnen auch ausgesehen haben mögen – Tatsache ist, dass sie auf vielfältige Weise den großräumigen Austausch von materiellem Reichtum und Kulturgütern zwischen Völkern und Ländern auf hohem Niveau beförderten. Europäische und arabische Weltreisende wie Marco Polo oder Ibn Battuta vermittelten eine Fülle von Informationen zwischen Europa, Westasien und dem Fernen Osten, was den sozioökonomischen, politischen und technologischen Kulturtransfer in beide Richtungen förderte und folgenreiche Akkulturationsprozesse in Gang zu setzen half. Wenngleich der Aufenthalt Marco Polos am Hof des Großkhans neuerdings mit mehr oder weniger guten Gründen in Zweifel gezogen wird, so steht die Existenz permanenter Kolonien italienischer Kaufleute in Fernost während des 13. Jahrhunderts beziehungsweise bis zur Mitte des 14. Jahrhunderts außer Frage. Gleich mehrere Quellen berichten über das gestiegene Interesse europäischer Kaufleute, die Strapazen einer Geschäftsreise ins ferne China unter mongolischem Geleitschutz auf sich zu nehmen. Balducci Pegolotti, der persönlich nie die Reise bis China unternahm, informiert in seinem Kaufmannsmanual aus der ersten Hälfte des 14. Jahrhunderts sowohl über die Mindestdauer, die man auf der Karawanenroute für die enorme Distanz vom Schwarzen Meer bis zu Hauptstadt Chinas benötigt, als auch über das hohe Maß an Sicherheit, das bei Tag und Nacht auf dieser Strecke herrscht.[8]

Die Mongolen waren zweifellos Nutznießer dieser Entwicklungen, aber auch der Westen zog großen Vorteil aus der intensivierten Einbindung in eurasiatische Wirtschafts- und Kulturzusammenhänge.[9] Dass die *Pax Mongolica* der Handelskonjunktur und verstärkten Verknüpfung zwischen Asien und Europa förderlich war, sollte freilich nicht so verstanden werden, dass dies auch für andere, südlichere Teile Eurasiens, beispielsweise den irakisch-

---

7   Abu-Lughod 1989, 154; Übersetzung aus dem Englischen G. L.
8   Vgl. Abu-Lughod 1989, 159 ff.
9   Bentley 1993, 114 f.; Christian 2000, 22 ff.; Shagdar 2000, 137 ff.

iranischen Raum, zutraf. Hier waren die Zerstörungen der Ero-
berungsphase teilweise so erheblich, dass sich, wie etwa Gudrun
Krämer feststellt,»nicht wenige Bauern [...] in eine nomadische
Lebensweise [flüchteten]; weite Flächen wurden in Weideland
umgewandelt; das Verhältnis zwischen Sesshaften, Nomaden und
Halbnomaden verschob sich nachhaltig.«[10] Andererseits mag die
Militär- und Wirtschaftspolitik der mongolischen Ilchane im iranischen Kernland auch positive Effekte für die Landwirtschaft mit
sich gebracht haben. So könnte die Vergabe von *iqta* (Militärlehen)
an Mitglieder der Armee zwar vorrangig militärischen Bedürfnissen
gedient, gleichzeitig aber unbewirtschaftetes Land wieder reakti-
viert haben. Für den entsprechenden Aufschwung im Agrarsektor
lässt sich auch die gut dokumentierte Reparatur zahlreicher Bewäs-
serungsanlagen und das zumindest zwischen 1295 und 1320 steigende Steueraufkommen unter den Ilchanen ins Treffen führen,
desgleichen ein gesteigerter Anbau von Zuckerrohr, Baumwolle
und Maulbeerbäumen (für die Seidenraupenzucht). Wie auch
immer man die Quellen interpretiert – selbst in den am meisten
von Zerstörung betroffenen Gebieten rechtfertigt der allgemeine
Eindruck das Katastrophenszenario nicht, wie es in vielen Studien
allzu vereinfachend dargestellt wird.[11]

Abu-Lughods ›vormodernes Weltsystem‹ des 13. und 14. Jahrhunderts ist keine unstrukturierte, homogene Masse, sondern zeigt
mehrere miteinander verbundene Subsysteme, *circuits* (›Kreise‹) in
der Diktion der Autorin.[12] Es sind deren acht, und zwar (von Osten
nach Westen): der chinesisch-südostasiatische Kreis (mit dem Süd-
chinesischen Meer als maritimer Drehscheibe), der indisch-süd-
ostasiatische Kreis (rund um den Golf von Bengalen), der indisch-
südarabische Kreis (Zentrum: das Arabische Meer), der westa-
rabisch-nordostafrikanische Kreis (zwischen den Städten Kairo,
Dschidda, Aden, mit dem Roten Meer als Mittelachse), der osta-
rabisch-iranische Kreis (rund um den Persischen Golf), der mediterrane Kreis (der jedoch in der Abu-Lughod'schen Darstellung
nur das östliche Mittelmeer umfasst) sowie der westeuropäische
Kreis (welcher Südengland, Flandern, Mittelfrankreich und Nor-
ditalien abdeckt). Beinahe alle der genannten ›Kreise‹ verbindend,
erstreckt sich von Ost nach West der riesige Kreis mongolischer
Herrschaft (bei Abu-Lughod beginnt er in Nordchina und endet
am Schwarzen Meer).

---

[10] Krämer 2005, 179.
[11] Vgl. Roemer 1989, 9; Egger 2004, 265 sowie Ashtor 1981, 262 ff.
[12] Vgl. Abu-Lughod 1989, 34 (Karte/Figure 1).

Auffallend ist, dass jene »eight circuits of the thirteenth-century world system« durchaus ungleichgewichtig angelegt sind. Während die Kreise speziell im Osten und Fernen Osten ihre Gleichwertigkeit beziehungsweise ›Daseinsberechtigung‹ aus nicht unplausiblen geographischen Referenzen beziehen – die erwähnten maritimen Zentren –, scheint dies für die beiden ›europäischen‹ Kreise nicht zu gelten. Wenn, wie die Unterschrift der entsprechenden Karte suggeriert, tatsächlich das 13. Jahrhundert gemeint ist, dann will die Zerschneidung des Mittelmeerraums in zwei noch dazu höchst ungleichgewichtige Teile nicht recht einleuchten. Dem historisch Informierten fällt bei der Erwähnung der Städte Brügge, Genua, Venedig – um nur solche zu nennen, die auch die Karte Abu-Lughods verzeichnet – unwillkürlich jener Referenzpunkt ein, der bei Abu-Lughod gerade nicht verzeichnet ist, ja sogar außerhalb ihres ›Weltsystems‹ zu liegen kommt: Gibraltar.

Seit der Desintegration islamischer Herrschaft dies- und jenseits der Straße von Gibraltar (nach der Schlacht von Navas de Tolosa 1212) ist die Achse des Mittelmeers perfekt, und sie ist es deshalb, weil sie sich in den Atlantik hinaus verlängert hat – bis nach Südengland, nach Flandern und in die Nordsee. Die Vereinheitlichung zweier ›Kreise‹ zu einem einzigen, der dann sinnvollerweise *Euroméditerranée* zu nennen wäre, bietet sich gleich doppelt an: geographisch – die Achse des Mittelmeers – und politisch-ökonomisch – die ›neue‹ atlantische Fernhandelsroute, welche die Landverbindung quer durch Frankreich obsolet macht. Statt der Märkte in der Champagne spielen jetzt die südmediterranen und atlantischen Anrainer die erste Geige, ein Faktum, das man an Abu-Lughods Überlegungen vermisst.

Dabei könnte die Entwicklung am westlichen Ende des ›vormodernen‹ Weltsystems das System als Ganzes hinsichtlich seiner methodischen Glaubwürdigkeit nur stärken. Denn schon um die Mitte des 13. Jahrhunderts zeigt sich der Westen (wozu auch die islamische Hälfte der Mittelmeerwelt zu zählen ist) ungleich ›integrierter‹ und wirtschaftlich-kulturell – wiewohl natürlich nicht politisch – homogener, als das nach den Ausführungen Abu-Lughods anzunehmen wäre. Dagegen fallen andere Argumente, etwa dass der Nahe und Mittlere Osten einen eigenen ›Kreis‹ bilden und so der mediterranen Ökumene gewissermaßen entzogen erscheinen, schon fast nicht mehr ins Gewicht.[13]

---

[13]   Vgl. Abu-Lughod 2005, 143 f.

Die *Euroméditerranée* im 13. und 14. Jahrhundert

Ein Schlaglicht besonderer Art wirft die Integration islamischer
Teilgebiete in die Mittelmeerwelt. Zur Untermauerung der These
einer schon im 13. Jahrhundert ›perfekten‹ *Euroméditerranée* mag
das Skizzieren gewisser Umstände nützlich erscheinen, denen der
Mittelmeerraum seine neue ›Weltgeltung‹ in letzter Instanz ver-
dankte. Das Bild ist – jedenfalls in seinen Umrissen – nicht wirklich schwierig nachzuzeichnen. Da ist einerseits die Zeit des Hoch-
mittelalters als diejenige Periode der Mittelmeerwelt und ihrer
Ränder, die sich am weitesten von ihren antiken Wurzeln entfernt
hat; andererseits das Spätmittelalter, das im 13. Jahrhundert die
Wende bringt. Der Schwerpunkt, vor allem der Schwerpunkt ökonomischen Handelns, verlagert sich eindeutig nach Süden. Nach
einer Zeit der Vorherrschaft kontinental- und nordwesteuropäischer
Mächte – man denke etwa an die Kreuzzugsbewegung – scheint
das Gleichgewicht zumindest wieder hergestellt.[14]
    Von zentraler Bedeutung waren die italienischen Stadt- und
Seestaaten, sie wirkten gewissermaßen als Motor der neuen mediterranen Bewegung und waren ein klares Symptom der zusammenwachsenden Welt. Beim einzigen islamischen Nachfolgestaat
maghrebinischer Großreiche auf europäischem Boden, dem Emirat von Granada, handelte es sich um eine echte Parallele zu den
Stadtstaaten Italiens. Wie diese richtete es seine Wirtschaft ganz
auf die neuen Gegebenheiten aus, also auf die ›atlantischen‹ Märkte
Flandern und England.[15]
    Granadas Hinwendung zum Okzident lag voll im Trend. Christ-
liche Mächte ihrerseits hatten schon längst exzellente Beziehungen
zu islamischen Partnern aufgebaut. Venedigs Zusammenarbeit mit
dem Mamlukenreich in Sachen Fernhandel ist dafür vielleicht das
spektakulärste, jedoch bei weitem nicht einzige Beispiel. Italienische
Handelshäuser wie die der genuesischen Spinola und der floren-
tinischen Datini, Alberti, Bardi, Peruzzi – um nur einige zu nennen – standen mit ihren muslimischen Partnern, den Abu-l-Abbas
al-Hidjazi (China-, Fernosthandel), Abu-l-Madjd (Levantehandel)
oder den ägyptischen Fernhändlern, den berühmten Karimi, in
regelmäßiger Geschäftsverbindung.[16]
    Politisch äußert sich der ökonomische Expansionismus der Mit-
telmeerstaaten in einem Landhunger neuen Stils, der sich immer

---

[14] Vgl. etwa Gabrieli 1980, 83 ff.
[15] Vgl. Liedl 2001, 103-138.
[16] Vgl. Origo 1986, 45 ff.; Labib 1984, 25 ff.

häufiger in Gestalt einer frühkolonialistischen Annexionspolitik zur Geltung bringt. Venedigs Begehrlichkeit etwa konzentriert sich auf die großen Inseln des östlichen Mittelmeers, Genuas Paralleluniversum reicht von den nördlichen Gestaden des Schwarzen Meers mit Kaffa und Tana als westlichem Endpunkt der Seidenstraße über die Ägäis mit Lesbos und Chios bis nach Sardinien und Korsika im westlichen Mittelmeer.[17] Im ›europäischen‹ Emirat von Granada, genauso wie im angrenzenden Königreich Kastilien, aber auch in Nordafrika hat die Ligurische Republik relativ verlässliche Bündnispartner gegen den zweiten ewigen Rivalen (neben Venedig): Aragón.

Genua zeigt es vor: Wer den Ausgang des Mittelmeers zum Atlantik kontrolliert, kontrolliert eine, wenn nicht die Schlüsselstelle am westlichen Ende der vormodernen Weltökonomie. In Málaga trafen die Hauptrouten der Mittelmeer-Seefahrt zusammen, von wo sie gebündelt in den Atlantik weiterführten. Von Málaga, dem Verladehafen für Seide, Zucker und Trockenfrüchte, ging es manchmal über Cádiz und Sevilla, meist aber direkt und ohne diese Stationen anzulaufen nach den westeuropäischen Atlantikdestinationen, nach Southampton, Dover, Brügge. Auch noch in anderer Beziehung war die genuesisch-granadinische Arbeitsteilung auf ihre Art perfekt. »Málaga agierte [...] als Verteiler [... und] war für die Genuesen ein solider Stützpunkt ihres Nordafrikageschäfts. Man war schon wegen der Getreideimporte mit seinen maghrebinischen Nachbarn eng verbunden, und so lag es nahe, dass Málaga aus Genua und England bezogene Waren dort unten weiterverkaufte«.[18]

Für Venedig wiederum unverzichtbar war die ägyptische Handelsstadt Alexandria am anderen Ende des Mittelmeers. Sie war, wenn man so will, der westlichste ›Fühler‹ jener zweiten Seidenstraße, die man die ›maritime‹ genannt hat.[19] Die Produkte Indiens, Chinas und der Gewürzinseln wurden einige Zeit fast ausschließlich und später mehrheitlich durch das Rote Meer und weiter nach Ägypten oder zur syrischen Mittelmeerküste transportiert. Der ›islamische‹ Beitrag zu diesem wichtigen Aspekt euromediterraner Integration ins vormoderne Weltsystem bestand nun, vereinfacht gesagt, darin, dass die Mamlukensultane gegen hohe Abgaben so viel Schutz gewährleisteten, dass die Waren Asiens via

17 Feldbauer/Morrissey 2001, 70 ff., 86; Feldbauer/Morrissey 2002, 33 ff.
18 Ladero Quesada 1979, 62, 63.
19 Vgl. Ptak 2007.

Aden, Dschidda und Suez nach Europa gelangten (und nicht mehr über die unsichere ›mittlere‹ Route, die durch den Persischen Golf über Basra, das Zweistromland und Syrien an die Mittelmeerküste führte). ›Christlicherseits‹ war es natürlich die aggressive Handelspolitik der Venezianer im östlichen Mittelmeerraum, die der engen Kooperation mit den Mamluken zugrunde lag. Abgesichert durch weitreichende Privilegien in Alexandria und anderen Stapelhäfen, verfügte Venedig in den einträglichsten Zweigen des Levantehandels gegenüber den südeuropäischen Konkurrenten über eine dominante Stellung.[20]

Was schließlich den tiefen Süden der *Euroméditerranée* betrifft, so kann man auch dort beobachten, wie sich die Anbindung ans Weltsystem verstärkte. Der Transsaharahandel ging auch nach dem Ende der Almohadenherrschaft weiter, ja langfristig gesehen sogar mit einem unübersehbaren Aufwärtstrend. Sogar ein kleiner Strukturvergleich mit der *Pax Mongolica* scheint erlaubt. So wie die politische Fragmentierung der Mongolenherrschaft eher positive ökonomisch-kulturelle Auswirkungen hatte, scheint das Auseinanderbrechen des maghrebinisch-andalusischen Großreichs (nach 1212) ebenfalls keine Stockungen im Fernhandelsverkehr bewirkt zu haben, im Gegenteil. Es lässt sich der Wiederaufstieg ostmaghrebinischer Transsahararouten beobachten, auch dürfte sich dadurch die Etablierung von Mali als neuer westafrikanischer Vormacht beschleunigt haben. Letztlich kam es zu einer weiteren Festigung europäischer Kaufmannsinteressen an Nordafrikas Küsten.

Der euromediterrane ›Kreis‹ bestand im 13. Jahrhundert aus drei großen Zyklen, an die mehrere kleinere Zyklen andockten. Eine Sonderrolle nimmt dabei jene singuläre, privilegierte, somit aber auch prekäre Stelle ein, an der das Gold als Geldäquivalent der Waren in die Zirkulationssphäre eintritt. Die Straße von Gibraltar, als Engführung zwischen Mittelmeer und Atlantik an der Nahtstelle zweier Kontinente gelegen, ist im Spiel der zirkulierenden Geld-/Warenströme die entscheidende Kontroll- und Wächterinstanz.

Der für unsere Untersuchung wichtigste der drei Mega-Zyklen war der von Genua aus gesteuerte Kreislauf der Warenzirkulation im westlichen Teil der *Euroméditerranée*. Er reichte von den Schwarzmeerhäfen der Krim bis zu den Nordseehäfen Flanderns und hatte seinen ›kritischen‹ Punkt in Südspanien – genau an der Straße von

---

[20]   Lane 1980, 449 ff. Zur Bedeutung der Karawanenrouten im 15. Jahrhundert siehe Rossabi 1990, 358 f.

Gibraltar, mit den Städten Ceuta in Nordafrika, Málaga im Emirat von Granada und Sevilla im Königreich Kastilien als wichtigsten Anlaufstellen. Der zweite Mega-Zyklus war natürlich der venezianische – in scharfer Konkurrenz zum genuesischen und sich mit ihm teilweise überschneidend. Allerdings befand sich sein Gravitationszentrum im östlichen Mittelmeer, wo er – mit Alexandria in Ägypten – an den dritten Mega-Zyklus andockte, den ägyptischen. Dieser wurde von den Mamluken beherrscht, dehnte sich bis nach Indien aus und hatte als zentrale Achse das Rote Meer. Dieser Seeweg war die südlichste der drei Gewürzrouten und bildete die wichtigste Nachschubroute des venezianischen Pfefferhandels.

Von den verschiedenen ›kleineren‹ Zyklen war der granadinische einer der wichtigsten. Málaga, bedeutendster Seehafen des südspanischen Emirats, war der Punkt, an dem sich das Sudangold in Münzgold verwandelte – mit Hilfe der Genuesen als wichtigsten Goldhändlern. Dieses Sudangold wurde mit europäischen Waren bezahlt, die durch granadinische Vermittlung über die Städte Nordafrikas bis in die Sahara-Oasen gelangten, den ersten Stapelplätzen des Goldes nach seiner Reise durch die Wüste. Die Reihe der Tauschvorgänge war so einfach wie wirksam: Genua als paneuropäischer Fernhändler mit seinen Kontoren im Emirat von Granada sorgte für Warennachschub en gros – beispielsweise durch Importe von flandrischem Wolltuch, das dann von Granada en détail nach Nordafrika weiter verhandelt wurde (gegen Getreide und Gold). Gold wiederum verschafften sich Nordafrikas Händler über ihre Kontakte zu den Salz produzierenden Sahara-Oasen, denn es war das Salz, für das man im *bilâd as-sudân,* in den Ländern der Schwarzen, das begehrte Gold bekam.

An dieser Stelle sei ein Nachtrag gestattet. Es ist doch einigermaßen bemerkenswert, dass es im 13. Jahrhundert zwischen Kairo und Sevilla intensive diplomatische Kontakte gab, für die das ausgesprochen ›global‹ angelegte Projekt des kastilischen Königs Alfons‹ X., sich zum Kaiser des Heiligen Römischen Reichs krönen zu lassen, die primäre Rolle gespielt zu haben scheint. In einer iberisch-mamlukisch-mongolischen Triple-Allianz inklusive entsprechender Heiratspolitik sollte das Nonplusultra herrscherlichen Prestiges, das ›Imperium‹, erreicht werden. Schon für sich genommen ist das einigermaßen bezeichnend und als Indiz für weit über das Mittelmeer hinausreichende Integrationsprozesse zu werten. Doch ist die Serie damit nicht zu Ende. Wie Juan Vernet in einer spannenden kleinen Studie minutiös gezeigt hat, kam das wissenschaftliche Meisterwerk der ›Toledanischen Tafeln‹ (eine Sammlung astronomischer

Daten) dadurch zustande, dass unter tatkräftiger politischer Förderung zweier Herrscher – des Königs von Kastilien und des Sultans der Mamluken – mehrere Mathematiker, Geographen und Astronomen aus Südwesteuropa, dem Nahen und dem Fernen Osten über Tausende von Meilen hinweg zusammenarbeiteten.[21] Ein imposanteres Beispiel dafür, wie jenes ›Weltsystem‹ zwischen Westeuropa und China auf der Ebene des Individuums tatsächlich funktionierte, wird man schwerlich finden.

Die Rolle der ›Krise‹ – die Zeit von 1350 bis 1450

Bleibendes Verdienst des Abu-Lughod'schen Modells eines ›vormodernen‹ Weltsystems ist es wohl, dem monokausalen Modell eines westlichen Sonderwegs ihr multikausales Gegenmodell zur Seite gestellt zu haben. Anders gesagt, die Erklärung, wonach die Welt ihr Zusammenwachsen einer ganz seltenen Konstellation, einem einmaligen ›Gelegenheitsfenster‹ verdanke – nämlich dem spezifischen Zustand, in dem sich das westeuropäische Feudalsystem am Ende des Mittelalters befand –, diese Erklärung sieht sich mit alternativen Denkmöglichkeiten konfrontiert, die sich mit guten Gründen auf divergente Vorläufermodelle oder Parallelentwicklungen zum ›abendländischen Modell‹ berufen dürfen: »Die grundsätzliche Schlussfolgerung, zu der ich gelangte, war, dass es vor dem Aufstieg des Westens zur Vorrangstellung im 16. Jahrhundert sehr wohl ein komplexes und florierendes Vorläufermodell gegeben hatte [...] – wenn auch bloß auf den Gipfelpunkten eines Inselmeers an Städten. [...] Folglich hätte man damals auch gewiss nicht den Ausgang eines etwaigen Konflikts zwischen Ost und West vorhersagen können. [...] Zugegeben, das ›moderne‹ Weltsystem, das sich vielleicht entwickelt hätte, wäre der Osten dominant geblieben, hätte höchstwahrscheinlich eine differente Organisation und andere Institutionen aufgewiesen als die historisch spezifische Version, die sich unter europäischer Hegemonie entwickelte. Es gibt allerdings keinerlei Grund für die Annahme, dass – wäre der ›Aufstieg‹ des Westens nicht erfolgt – die Welt unter anderer Führung stagniert hätte.«[22]

---

[21] Vernet 1993, 137 ff.
[22] Abu-Lughod 2005, 133 f.

Angesichts einer derart klaren Absage an monokausale Erklä-
rungsmodelle verwundert die Einbettung in die Faktengeschichte,
die Abu-Lughod ihrem eigenen Modell zuteil werden lässt. Das
Ende des vormodernen Weltsystems wird ziemlich linear auf die
große Krise des 14. Jahrhunderts zurückgeführt, mit anderen Worten (beziehungsweise wenn man die Verkürzung Abu-Lughods noch
einmal um einen Grad verkürzt) auf die Pest. ›Krisen‹ in der Art,
wie Abu-Lughod sie einsetzt, erscheinen uns ein wenig wie wohl-
feile *Dei ex machina,* nach deren Auftreten der Historiker beru-
higt zur nächsten Epoche weiterschreiten kann. Was man an dieser Stelle einfordert, ja einfordern muss, wäre ein Modell, in dem
auch die ›Krise‹ noch integraler Bestandteil dessen wäre, wovon sie
die Störung oder gar das Ende sein soll.

Fernand Braudel hat in Bezug auf seine Mittelmeerstudien und
jedenfalls für die Frühe Neuzeit ein Krisenmodell vorgeschlagen,
das dem eben geäußerten Postulat recht nahe kommt. Als Abfolge
von Entflechtung und Verdichtung zeigt sich sein Konzept der
›langen Dauer‹ (*longue durée*), methodisch verschränkt mit kürzeren Phasen, sogenannten Konjunkturen, in denen Krisen als Kul-
minationspunkte beziehungsweise Grenzwerte besagter Konjunkturen fungieren.[23] Entscheidend aber ist, dass es, von seltenen Ausnahmen abgesehen, nicht die Krise ist, die über das Geschehen im
epochalen Maßstab – auf der Ebene der *longue durée* – wacht oder
den Epochen ihren spezifischen Charakter verleiht. Dafür sind ganz
andere Instanzen zuständig, beispielsweise die Geographie.

Abu-Lughods Konzept einer vormodernen Weltökonomie, aus-
gespannt zwischen Europa und dem Fernen Osten, bestehend aus
mehreren ›Kreisen‹, die über privilegierte Handelspartnerschaften
wie durch Scharniere verbunden sind, ließe sich mit Braudels struk-
turalistischem Betrachten der Mittelmeerwelt in einer Weise ver-
einigen, die ihr selbst womöglich ein wenig zu weit ginge. Man
könnte mit Abu-Lughod gegen Abu-Lughod vermuten, dass sie
die Desintegration der Weltökonomie zu früh ansetzt – vielleicht
gerade wegen des geringen Anteils, den sie dem euromediterranen
›Kreis‹ für die Funktion des Ganzen zuerkennt. War der Seuchen-
zug um die Mitte des 14. Jahrhunderts tatsächlich schon der alles
bestimmende, alle Gleichgewichte nachhaltig störende Einschnitt,
als den sie ihn darzustellen scheint? Gab es nach 1350 wirklich
keine ›Weltökonomie‹ mehr? Sie selbst weist im Zusammenhang
mit den chinesischen Seeexpeditionen, beispielsweise unter dem

---

[23] Vgl. Braudel 1990, II, 168 ff.

Flottenadmiral Zheng He, auf den bemerkenswerten Umstand hin, dass dergleichen »Machtdemonstrationen [...] letztendlich in den dreißiger Jahren des 15. Jahrhunderts eingestellt [wurden]«.[24] Des 15. Jahrhunderts, wohlgemerkt – viele Jahrzehnte nach der *mid-century crisis* um 1350. Das seien Nuancen, wird man vielleicht einwenden. Mag sein. Aber dann sind es Nuancen, die das Bild im Rahmen beträchtlich verschieben.

Auf die Mittelmeerwelt, auf den europäischen ›Kreis‹ des vormodernen Weltsystems bezogen, behielte Abu-Lughods Modell auch über die Krise zwischen 1350 und 1450 hinaus seine Gültigkeit, wenn man die Scharnierfunktion, die bei Abu-Lughod den Überschneidungszonen ihrer ›Kreise‹ zukommt, auf die Mittelmeerwelt als ganze übertrüge. Sofort bekäme auch die Krise einen anderen methodischen Stellenwert – statt einer einzigen großen Zäsur hätten wir, gut braudelianisch gedacht, eine Serie: eine Serie von Krisen, die zugleich integrale Bestandteile des Systems wären, dem sie in ihrer Funktion als Einschnitte auf der einen Seite mindestens so viel Energie zuführten, wie sie ihm (anderswo) vielleicht entzögen. Sie würden damit nicht ›das Ende‹ des Systems signalisieren, sondern wären Ausdruck seines Funktionierens. Und was den Modellcharakter eines solchen mit seinen eigenen Krisen beinahe identischen Systems beträfe, so wäre es eben kein statisches, sondern ein oszillierendes Gebilde.[25]

Das lässt sich faktenhistorisch beziehungsweise unter dem Gesichtspunkt der regional betrachteten Wirtschaftsentwicklung durchaus konkretisieren. So hat etwa James D. Tracy in seiner Einleitung zum Buch *The Rise of Merchant Empires* auf die Bedeutung bloß ›vorübergehender‹ Gleichgewichtszustände für weit gespannte Strukturanalysen und Definitionen (beispielsweise ganzer Epochen) hingewiesen.[26] Vergleichbare Überlegungen sind denn auch hinsichtlich konkreter ›konjunkturbildender‹ Phänomene des Fernhandels im 13. und 14. Jahrhundert (Luxusgüter- versus Massengütertransport) angestellt worden.[27] Und immer wieder scheinen krisenhafte Umstände dabei eine positive, nämlich kontinuitätsbefördernde Rolle zu spielen.

Dies bedenkend, wird man das Phänomen der *mid-century crisis* ab 1350 auch in den einzelnen davon betroffenen Regionen differenzierter beurteilen. So wäre etwa durchaus noch zu klä-

---

24   Abu-Lughod 2005, 151.
25   Vgl. Liedl 2008, 116-151.
26   Tracy 1990, 10 f.
27   Van der Wee 1990, 23 ff.

ren, inwieweit man die Seuchenwelle in Ägypten, im islamischen Osten und in Nordafrika eher als Krisenauslöser oder möglicherweise doch schon als Krisenfolge deuten sollte.[28] Unabhängig von der Beantwortung dieser offenen Frage war die pestbedingte Zerrüttung wichtiger Wirtschaftszweige des Mamlukenstaates seit der zweiten Hälfte des 14. Jahrhunderts eine Katastrophe, deren Ausmaße und Langzeitfolgen ebenfalls zumindest strittig sind. So wurde etwa das Textilgewerbe Ägyptens durch die demographischen Verluste unstreitig schwer getroffen, ging aber deswegen nicht unter, wie der Erfolg der Webereien Alexandrias bis zum Ende des 14. Jahrhunderts beweist. Die Leinen-, Seiden-, Zucker-, Papier- und Glaserzeugung Ägyptens und Syriens ermöglichten weiterhin einträgliche Exporte in maghrebinische und ostarabische Länder, im Fall von Zucker sogar nach Venedig, Genua, Aigues-Mortes, Marseilles und Barcelona. In Damaskus florierte nach Berichten europäischer Reisender nicht nur der Fernhandel, sondern auch das Gewerbe bis in die zweite Hälfte des 14. Jahrhunderts. Der Niedergang nach 1400 wird daher vor allem mit den Plünderungen der Armeen Timurs und der Zwangsauswanderung vieler Handwerker zu erklären sein. »Die Gewerbebetriebe Ägyptens und Syriens«, sagt Ashtor, »waren nicht gänzlich verschwunden. In Damaskus und Alexandria existierten bis zum Ende des fünfzehnten Jahrhunderts Manufakturen von Seide und Brokat, die nach Nordafrika und in europäische Länder exportierten.«[29] Während sich das ökonomische Bild in der östlichen Mittelmeerhälfte produktionsseitig zweifellos verdüsterte, hellte es sich angesichts der günstigeren Entwicklung des Handels wieder auf. Um den Preis zunehmender Rohstoffausfuhren bei gleichzeitiger Zunahme des Imports von Fertigprodukten[30] konnten sich die Mamluken als respektable regionale Großmacht im Spiel der Mächte immerhin bis weit ins 15. Jahrhundert hinein behaupten.

In den irakisch-iranischen Ländern des Mongolenreichs wirkte sich die Pestwelle wohl ähnlich verheerend aus wie in Ägypten. Dies noch dazu vor dem Hintergrund eines jahrzehntelangen Verfalls der politischen Autorität im Staatswesen der Ilchane, wo seit der Reformära unter Gazan (1295–1304) die Kämpfe zwischen verschiedenen

---

[28]   Den besten Einstieg dazu bietet weiterhin Dols 1977; Dols 1979; Dols 1981. Zur Situation in Europa siehe etwa Gottfried 1983; Keil 2003; Naphy/Spicer 2003.

[29]   Ashtor 1976, 307.

[30]   Perlin 1989, 138 ff. Zu den krisenhaften politisch-militärischen Rahmenbedingungen siehe Garcín 1995, 359 f.

Mongolensippen den allmählichen Untergang der Mongolenherrschaft in Westasien einleiteten. Dennoch ist wiederum bemerkenswert, dass gegen Ende der Mongolenherrschaft eine Ausweitung der
Baumwoll- und Rohseideproduktion in vielen persischen Provinzen und in Obermesopotamien einsetzte, was auf ein ausreichendes
Arbeitskräfteangebot trotz Seuchen und Kriegswirren schließen lässt.
Den mediterranen Zusammenhang muss man auch hier nicht lange
suchen – eine steigende Nachfrage der Südeuropäer.[31]
    Ähnlich entwickeln sich die Dinge in Indien. Wohl ist unbe-
stritten, dass (mit einer kleinen zeitlichen Verschiebung zu den Problemen im iranisch-irakischen Raum) das Sultanat von Delhi einen
deutlichen Niedergang erlebte, woran die Plünderungen durch
Timurs Truppen im Jahre 1398 vielleicht einen größeren Anteil
hatten als die generelle Krise. Andererseits kann die wirtschaftliche Lage auf dem Subkontinent, der sich seine stabile agrarische
Basis und damit seine prinzipielle Autarkie bewahrte, so katastro-
phal nicht gewesen sein, wie der rasche und fulminante Aufstieg
neuer Dynastien zu Beginn des 16. Jahrhunderts zeigt (Südindien
ging ohnedies von jeher einen vom Norden und dessen Problemen
verhältnismäßig unabhängigen Weg). Der Niedergang des Indien-
handels auf der Golfroute steht zwar außer Frage, mag aber durch
den Rotmeer-Handel kompensiert worden sein und ist, in schöner
Parallele zum neuerlichen Aufschwung der persisch-anatolischen
Route des Chinahandels im 15. Jahrhundert (eine Folge der Reichsgründung Timurs), am Beginn der Neuzeit immerhin so stark,
dass er ein lohnendes Objekt der Begierde neuer Player wird: der
Portugiesen. Was den Großraum zwischen Anatolien und Indien
als solchen betrifft, so sei zuletzt noch an die starke Präsenz chinesischer und türkischer Kaufleute im iranisch-irakischen Raum erinnert, die man ebenfalls als Indiz für eine zumindest relative Erholung nach der *mid-century crisis* des 14. Jahrhunderts betrachten
darf. Nach Ansicht Abu-Lughods hing dies in erheblichem Maß
mit einschneidenden Modifikationen im Asienhandel sowie dem
wirtschaftlichen Erstarken Westeuropas zusammen. Zugleich mit
der schon erwähnten Verlagerung des Indien-Seewegs vom Persischen Golf zum Roten Meer ist dies ein zusätzlicher Beweis für
die Krisenresistenz des westlichsten der acht ›Kreise‹ des vormodernen Weltsystems, der *Euroméditerranée*.[32]

---

[31] Vgl. dazu Ashtor 1976, 249 ff.; Lambton 1988, 181 f.; Morgan 1988,
      81.
[32] Zur Rotmeer-Route vgl. Abu-Lughod 1989, 205 ff., 241 ff. und
      340 ff.; Adshead 1988, 194 ff.; Rossabi 1990, 358 f.; Risso 1995, 51;

Werfen wir daher abschließend einen Blick auf deren südliche ›Fassade‹, den Maghreb. Dass hier infolge des Zerfalls des Almohadenreichs eine politische Zäsur ähnlicher Bedeutung stattgefunden hatte wie die Etablierung der Mamluken im ägyptisch-syrischen Raum bzw. die Neuorganisation des arabisch-iranischen Ostens durch die Mongolen, ist zwar für die Beurteilung der Lage in der *mid-century crisis* ohne Belang, sei hier wegen gewisser struktureller Parallelen dennoch in Erinnerung gerufen.[33] Die turbulente Situation in vielen Reichsteilen dürfte beispielsweise zur vorübergehenden Stockung der Goldlieferungen aus Westafrika beigetragen haben, was natürlich an die Lage zu Anfang des 15. Jahrhunderts gemahnt, als Portugal nach den mediterranen Endpunkten des Goldhandels griff. Auslöser einer allgemeinen Rezession im Maghreb war aber weder die Desintegration der Almohadenmacht im 13. noch die – vorübergehende – Schwäche der Maghrebstaaten im 15. Jahrhundert. Getreideexporte nach Andalusien, die in der ersten Hälfte des 14. Jahrhunderts keine Seltenheit waren, hörten selbst nach der Pestwelle, die ab 1347 auch im Maghreb die Bevölkerung um etwa ein Drittel reduziert hatte, nicht gänzlich auf, obwohl es Anzeichen dafür gibt, dass sich das südspanische Emirat von Granada im 15. Jahrhundert immer stärker Flandern als Getreidelieferanten zuwandte.[34] Trotzdem gilt auch hier der schon oben, im Zusammenhang mit dem Indienhandel geäußerte Generalverdacht: Wäre in den Maghrebländern nach der *mid-century crisis* die Wirtschaft, insbesondere die Agrarproduktion, tatsächlich so stark zurückgegangen, wie das gewisse Krisenszenarios suggerieren, hätten die betroffenen Regionen für den portugiesischen beziehungsweise kastilischen Adel schwerlich jenes interessante Expansionsziel dargestellt, das sie seit Beginn des 15. Jahrhunderts waren.[35]

Generell scheint zu gelten, dass sich in einer Phase wiederkehrender Seuchenwellen und zunehmender innenpolitischer Zersplitterung die Kaufleute recht gut behaupteten. Das traf auch für die Maghrebländer zu. Als im 13. und 14. Jahrhundert die große Zeit

---

Ptak, 2007, 212 ff. Zur Reichsgründung Timurs und zur Wirtschaft der Timuriden vgl. Nagel 1993; Lambton 1981, 305; Adshead 1993, 103 ff.; Krämer 2005, 182 ff.

[33] Zur politischen Umgestaltung des Maghreb vgl. etwa Lapidus 1988, 390 ff. oder Guichard 1995.

[34] Ladero Quesada 1979, 62.

[35] Brauchbare Informationen zur Agrarentwicklung und zur Krise des 14. Jahrhunderts in den Maghrebländern bieten Laroui 1976, 199 ff.; Rosenberger 1977, 218 ff.; Fernández-Armesto 1987, 142.

der Obstplantagen und Getreidekulturen nur mehr Erinnerung war, begann für den Transsaharahandel eine neuerliche Phase des Aufschwungs, die auf wachsenden Gold-, Sklaven-, Salz- und Datteltransporten sowie einer verbreiterten Palette europäischer Gewerbeprodukte basierte. Dieser Aufschwung erreichte sogar erst lange nach der *mid-century crisis*, nämlich nach 1550, seinen Höhe- und Wendepunkt. Hauptnutznießer des florierenden Handels waren wiederum, neben maghrebinischen, andalusischen und südeuropäischen Kaufleuten, die italienischen Seerepubliken, wozu dann – eine folgenschwere Entwicklung – seit dem 15. Jahrhundert auch die iberischen Königreiche kamen, allen voran Portugal.

Fassen wir zusammen: Statt des schlüssigen Bildes der einen großen Krise bietet die Agrar- und Gewerbeentwicklung im 14. Jahrhundert in den meisten Teilen des vormodernen Weltsystems eher das Bild einer labilen ökonomischen Situation, die durch den Ausbruch der Pest sicherlich verschlechtert wurde. Was speziell die Verhältnisse im Nahen Osten betrifft, so stehen deren eminent ›weltpolitische‹ Konsequenzen außer Frage. Mit dem Ende der politischen Stabilität in einem Teil ihres Geltungsbereichs begann die berühmte *Pax Mongolica* als ganze zu kränkeln, was das Ende der Prosperität auf den Karawanenrouten nach Zentralasien bedeutete – mit Konsequenzen bis in den Fernen Osten.[36] Es kann hier nicht ausgeführt werden, welch komplizierte, dialektische Prozesse gerade im Fernen Osten jene entscheidende Zwischenzeit bis zur Ankunft der ersten Europäer prägten. Dass aber auch dort nach dem Einschnitt der Pest nicht definitiver Niedergang und Stagnation herrschten, sei mit Nachdruck festgestellt, bevor wir uns der zweiten großen Globalisierungswelle zuwenden, jener des 16. Jahrhunderts.

Das 16. Jahrhundert: Expansion und Globalisierung

Lange vor der Jahrtausendwende und bis zum 15. Jahrhundert war Europa Teil, aber nicht Zentrum eines eurasiatischen Kommunikationsnetzwerks, das zwischen 1250 und 1350 eine enorme Verdichtung im Zeichen der *Pax Mongolica* erfuhr, wie im ersten Teil des Aufsatzes erläutert wurde. Voraussetzung und Triebfeder für diese Verdichtung waren die politisch-militärische Stärke der Rei-

---

[36] Zum Niedergang der Ilchane und zur Schwäche der lokalen Nachfolgedynastien siehe Morgan 1988, 77 ff.; Roemer 1989, 17 ff.; Adshead 1993, 92 f. und Calmard 1995, 321 ff.

tervölker des zentralasiatischen Raums sowie die ökonomische und
kulturelle Attraktivität Ostasiens und der islamischen Welt.[37] Nach
einer langen, seit Mitte des 14. Jahrhunderts große Teile der Alten
Welt erfassenden ökonomischen, demographischen und politischen
Krise begann die maritime Expansion der Portugiesen und Spanier.
Sie weitete die bereits bestehenden Netzwerke aus – Amerika wurde
erstmals einbezogen – und vertiefte sie zugleich, wodurch sich das
Antlitz der Welt grundlegend veränderte. Wieso der große Expansi-
onsschub des 15. Jahrhunderts letztlich von Westeuropa und nicht
etwa von China oder vom islamischen Mittelmeerraum ausging, ist
eine bislang nicht zufriedenstellend beantwortete Frage einer global ansetzenden Geschichtswissenschaft.[38] Welcher Antwort man
aber auch zuneigen mag: Der europäische Triumph stand vor dem
Durchbruch der Industriellen Revolution keineswegs von vornher-
ein fest, und die Bewohner der anderen Kontinente mit ihren vielfältigen Ökonomien, politischen Organisationsformen und Kulturen waren nirgendwo nur passive Opfer entschlossen handeln-
der oder gar überlegener Europäer. Es ist auch keineswegs klar, ob
man die iberisch-italienischen Anfänge der atlantischen Expansion
so ohne weiteres als erste Phase einer weltumspannenden Globalisierung deuten kann – blieben doch riesige Regionen und große
Bevölkerungsgruppen zunächst außerhalb systematischer, folgenreicher wirtschaftlicher, politischer, technologischer und kultureller Interaktionen.[39]

   Die europäische Expansion erreichte die außereuropäische
Welt zu unterschiedlichen Zeitpunkten, und die von ihr erfassten Gesellschaften traten in ganz unterschiedlicher Weise mit den
Europäern in Kontakt. Dieser Kontakt reichte von der kolonialen
Durchdringung (Lateinamerika, Karibik) über die Organisation
von Beutezügen (Westafrika) bis hin zu Handelskontakten mit
wirtschaftlich attraktiven, politisch durchaus stabilen Gewerbe-
regionen im osmanischen, mogulischen, chinesischen oder japanischen Herrschaftsbereich. Ungeachtet der vielfältigen möglichen
Gründe, Motive und Voraussetzungen der im 15. Jahrhundert wirksam werdenden neuen westeuropäischen Dynamik, in deren Rahmen erstaunlicherweise das kleine, peripher gelegene Portugal zum

---

[37]   Grundlegend dazu Abu-Lughod 1989; vgl. ergänzend Bentley/Zieg-
       ler 2000, 407-427.
[38]   Anregend zu diesem Problem Braudel 1974, 258 f.; Wallerstein 1986,
       59-71; Steensgaard 1990, 343-361.
[39]   Siehe dazu Flynn/Giráldez 2006, 244.

Vorreiter des Ausgreifens nach Übersee wurde,[40] sind die Auswirkungen der atlantischen Expansion auf die verschiedenen Weltregionen höchst differenziert zu betrachten. Man darf vor allem nicht übersehen, dass im 15. Jahrhundert Ostasien weltweit die größte ökonomische und politische Stärke aufwies und dass außereuropäische Reiche und Kulturen vor und nach den ersten Kontakten mit Europäern eigenständige zwischenregionale Beziehungen aufwiesen, die ganz unterschiedliche Ziele verfolgten und unterschiedlichen Dominanz- und Abhängigkeitsverhältnissen unterlagen.[41] Diese Vielfalt macht es schwer, Westeuropa im sogenannten ›langen 16. Jahrhundert‹, das Braudel von etwa 1450 bis 1620 reichen ließ, als globalen Hauptakteur zu sehen, wenngleich es Wallerstein mit guten Gründen zum Zentrum seines neuen Weltsystems machte.[42] Der sich genau in diesem Zeitraum enorm ausweitende und beschleunigende transkontinentale Interaktions- und Kommunikationsprozess, der keine der großen Weltzivilisationen und Weltregionen unberührt ließ, legt es aber dennoch nahe, von einer globalhistorischen Epoche der Expansion zwischen der Mitte des 15. Jahrhunderts und den Krisenjahrzehnten des frühen 17. Jahrhunderts zu sprechen.[43]

Kulturelle Begegnungen, wirtschaftliche Verflechtung und politisch-militärische Auseinandersetzungen zwischen Asien, Afrika und Europa hatte es, wie gesagt, schon sehr viel früher gegeben, wozu neben weit zurückreichenden maritimen Kontakten insbesondere die von Beduinen- bzw. Tribalverbänden dominierten Transsahararouten und Seidenstraßen sowie die staatenbildende Kraft der Nomadenvölker Zentralasiens und Arabiens beitrugen. Die zweite Hälfte des 15. Jahrhunderts stellt in dieser Hinsicht keine exakte, aber doch eine stimmige Zäsur dar, da sich mit dem Aufstieg dauerhafter ›Schießpulverreiche‹ – die Osmanen, Safawiden und Großmogul bezogen ihre militärisch-politische Stärke zunehmend aus dem Einsatz gut beweglicher Feldartillerie – ein folgenreicher Wandel anbahnte. Ähnliches gilt mit Blick nach Westen: Die ›(Neu-)Entdeckung‹ Amerikas war zwar noch nicht abzusehen, die iberische Atlantikexpansion lief aber schon an. Folgte in Amerika nach den ersten Kontakten fast umgehend die europäische Eroberung und Durchdringung der politischen und wirtschaftlichen Verdichtungszonen, so blieben die sich intensivierenden mariti-

[40] Diffie/Winius 1977; Wallerstein 1986, 47 ff.; Feldbauer 2005.
[41] Siehe dazu Chaudhuri 1985; Frank 1998; Feldbauer/Lehners 2008.
[42] Braudel 1990; Braudel 1986; Wallerstein 1986.
[43] Vgl. dazu Feldbauer/Komlosy 2003.

men Kontakte zwischen Afrika, den meerzugewandten Regionen Süd- und Ostasiens und den expandierenden Europäern auf wenige Küstenstriche und Stapelplätze beschränkt. Ausgehend von diesen Stützpunkten boten sich insbesondere Niederländern und Briten später große ökonomische und kolonialpolitische Möglichkeiten, auf welche im nächsten Beitrag eingegangen wird. Schon vor diesen langfristig in koloniale Abhängigkeit führenden Entwicklungen setzte aber eine Verdichtung aller Arten von Kommunikation und Interaktion zwischen vorerst noch gleichrangigen und jedenfalls autonomen Partnern ein.[44]

Von Westasien aus rückte in der Zeit von 1450 bis 1620 das militärisch überaus mächtige Osmanische Reich von den bereits seinem Imperium einverleibten Balkanprovinzen weiter in den Kern Zentraleuropas bis Westungarn und an die Grenzen des Habsburgerreichs vor. Das ruft zwei welthistorisch wichtige Tatbestände in Erinnerung: zum einen die jahrhundertelange enorme historische Dynamik der zentralasiatischen Nomadenvölker, deren Einflussbereich vom Schwarzen Meer bis zur Chinesischen Mauer reichte;[45] zum zweiten erinnern der osmanische Vormarsch sowie der Aufstieg des Mogul- und Safawidenreichs daran, wie unangemessen es ist, die Anfänge der europäischen Expansion nach Übersee geradlinig als erste Etappe eines irreversiblen globalen Kolonialisierungs- und Unterwerfungsprozesses zu begreifen, an dessen Ende dem siegreichen Westen nicht nur die wirtschaftliche Ausbeutung und politisch-militärische Beherrschung der Neuen Welt, sondern auch aller asiatischen, afrikanischen und pazifischen Gesellschaften alternativlos zufallen musste. Für das China der Ming-Dynastie, welches im langen 16. Jahrhundert eine Periode wirtschaftlicher Prosperität und erst langsam schwindender politischer Stabilität erlebte, ist eine entsprechende eurozentrische Deutung noch haltloser als im Fall der genannten ›Schießpulverreiche‹.[46]

Der Vorstoß der Europäer erfolgte am Beginn einer Phase massiven Wandels von Gesellschaften, Ökonomien und Kulturen im Weltmaßstab. Die Radikalität dieses Wandels lässt es vielleicht sogar sinnvoll erscheinen, vom Anbruch einer neuen Epoche zu

---

[44] Zum wachsenden Asien-Europa-Handel siehe Boyajion 1993; Reid 2000; Feldbauer 2005, 132 ff.; zum spanischen Atlantikhandel vgl. Birmingham 2000; Hausberger 2008, 357 ff.

[45] Neben der im ersten Teil des Aufsatzes genannten Literatur siehe auch noch Osterhammel 2000, 435 und Bentley/Ziegler 2000, 407 ff.

[46] Grundlegend zum letzten Punkt – trotz mancher Einseitigkeit und Übertreibung – ist die kämpferische Monographie von Frank 1998.

sprechen, für die die Bezeichnung ›Frühneuzeit‹ trotz der mit dem Begriff häufig assoziierten eurozentrischen Untertöne brauchbar sein könnte.[47] Ob der Beginn dieser ›Frühneuzeit‹ auch den Start einer ersten Globalisierungswelle signalisiert, ist damit freilich noch nicht gesagt, obwohl manche Momente des Wandels in diese Richtung weisen. Die wichtigsten der seit dem späten 15. Jahrhundert weltweit zu beobachtenden Veränderungen sind wohl das allgemeine Bevölkerungswachstum, die Etablierung weltumspannender Schifffahrtsrouten und Edelmetallkreisläufe, der Aufstieg einer sich dauerhaft verdichtenden Weltwirtschaft, die Intensivierung der Landwirtschaft, die Ausformung großer stabiler Staaten sowie die globale Diffusion neuer Technologien, Kultur- und Religionsmuster.[48]

Analog zu 1450 lassen sich die Jahre um 1620 als pragmatische Periodengrenze sehen. Dies deshalb, weil im Anschluss an die in verschiedenen Weltregionen fast zeitgleich auftretenden ökonomischen, demographischen und soziopolitischen Schwierigkeiten – deren Etikettierung als Krise des 17. Jahrhunderts freilich nicht unproblematisch ist, wie die ganz unterschiedlichen Positionen anerkannter Asienhistoriker[49] belegen – zunächst eine Kontraktionsphase im Prozess frühneuzeitlicher (Proto-)Globalisierung einsetzte, bevor es zu dem im nächsten Beitrag analysierten neuen Verdichtungsschub globaler Wirtschaftsbeziehungen und weltpolitischer Kommunikation bzw. Konfrontation kam.[50]

Protoglobalisierung?

Die Geschichte der Religionen, Künste, Wissenschaften, Technologien und anderer Lebensbereiche könnte weitere Beispiele für den Tatbestand liefern, dass das Zusammenwachsen der Welt seit dem 15. Jahrhundert nicht bloß die Durchsetzung westlicher Errungenschaften bedeutete. Neben Homogenisierungsprozessen infolge gesteigerter Kommunikation und Interaktion, deren außereuropäische Anteile nicht leicht zu gewichten, aber evident sind,

---

[47] Siehe dazu Schulze 1999, 117-126 sowie allgemeiner Plott/Dolin/Mays 1999, 33-51. Skeptisch beispielsweise Rothermund 2003, 12-15.

[48] Richards 1997, 197-209.

[49] Subrahmanyam 1994, 186-218; Reid 1993; Richards 1990, 625-638.

[50] Goldstone 1988, 103-142.

verstärkten sich auch neue Formen der Abgrenzung und lokalen Identität. Neben dem ökonomischen und militärtechnologischen Zusammenwachsen der Welt war es insbesondere die missionarische Verbreitung der universalistischen Religionen Christentum und Islam, die ab dem 16. Jahrhundert verstärkt zu umfassenden Wellen von Wissens- und Kulturtransfer beitrug.

»Mission betreibt«, nach den Worten von Hausberger, »gezielten Kultur- und Wertetransfer. Sie ist folglich immer grenzüberschreitend und entwickelt sich in einer Praxis der Interaktion und interkulturellen Kommunikation [...]. Mission ist, möchte man sagen, ein Agent der Globalisierung.«[51] Für die Ziele Roms und der katholischen Kirche gründete der Jesuitenorden noch im 16. Jahrhundert auf allen bekannten Kontinenten Niederlassungen, die einer zentralistischen Verwaltungshierarchie und einem weithin einheitlichen Regelwerk unterworfen waren, die aber immer auch zum gegenseitigen Kennenlernen, zur Interaktion zwischen Missionsträgern und Missionierten führten. Amerika, Afrika und Asien waren damals, abgesehen von ihrer internen Vielfalt, zweifellos sehr verschieden von Europa; sie waren aber nicht das völlig fremde, undurchdringliche ›ganz Andere‹. Und sie waren sicherlich auch nicht einfach das ganz Unterlegene, wenngleich Europas Aufstieg zu weltweiter militärischer Überlegenheit exakt erst in der Frühen Neuzeit einsetzte.[52] Andre Gunder Frank ging sogar noch einen Schritt weiter und schrieb, Europa und der Westen seien bis ins 18./19. Jahrhundert marginal geblieben im Vergleich zu den großen Reichen und Kulturen Asiens.[53] Das dürfte überzogen sein, wie vor allem Arrighi und Wallerstein[54] in ihrer Kritik dargelegt haben. Die spätere Dominanz der nordwesteuropäischen Metropolen über China, Indien, Persien und das Osmanische Reich lässt sich aber in der Ära der iberischen Expansion sicherlich noch nicht erahnen, und die Erfolge der europäischen Expansion waren Ende des 16. Jahrhunderts erst in wenigen Weltgegenden irreversibel.[55] An den geradezu explosiv zunehmenden Wirtschaftsverflechtungen, Kulturkontakten und Technologietransfers ist aber dessenungeachtet ebenso wenig zu zweifeln wie an der rasch wachsenden Bedeutung wechselseitiger Einflüsse, deren Stellenwert oft viel größer ist, als es

---

[51] Hausberger 2004, 11 f.
[52] Als guter allgemeiner Einstieg in dieses Thema empfehlen sich Black 1998 und Black 1999.
[53] Frank 1998.
[54] Arrighi 1999 sowie Wallerstein 1999.
[55] Feldbauer 2005, 167 ff.

zunächst scheint, was Subrahmanyam an einem schönen Beispiel demonstriert: »So sehr manchmal in Asien lokale Faktoren bestimmend waren, so waren sie in anderen Fällen weniger wichtig: So wie die Erhöhung des japanischen Silberausstoßes von Ereignissen in Portugal unabhängig blieb, hatten die Gründe der europäischen Gegenreformation wenig bis gar nichts mit Japan zu tun. […] Jedoch, ohne die Gesellschaft Jesu und ohne japanisches Silber wäre die Geschichte der Portugiesen in Asien im 16. und 17. Jahrhundert wohl anders verlaufen. In abschließender historischer Analyse sind die Jesuiten und japanisches Silber offenbar eine komplexe historische Interaktion eingegangen.«[56]

Im Unterschied zu Lateinamerika, wo die Kernräume präkolumbianischer Hochkulturen im Zuge der militärischen und spirituellen Conquista der Spanier in verhältnismäßig kurzer Zeit unter kastilische Kontrolle gestellt wurden, und im Unterschied auch zu den relativ kleinräumigen Staatsgebilden Afrikas wiesen die großen Agrarbürokratien des Ostens – insbesondere China, das Mogulreich und das Osmanische Reich, aber auch Japan und Persien– zumindest bis zur Krise des 17. Jahrhunderts hinsichtlich ihrer wirtschaftlichen Leistungskraft, ihrer staatlichen Verwaltungskompetenz und ihres militärischen Potenzials kein niedrigeres Niveau auf als die führenden Nationalstaaten und Imperien in West- und Zentraleuropa.[57] Man sollte allerdings nicht übersehen, dass die nordwesteuropäischen und iberischen Metropolen in dieser schwierigen und konfliktreichen Phase bereits wichtige Teile Amerikas und Osteuropas kontrollierten sowie eine Kette von Stützpunkten an den Küsten der Weltmeere besaßen, was infolge systematischer Ausbeutung, internationaler Arbeitsteilung und steigender Handelsprofite einen kontinuierlichen Kapitaltransfer nach Westeuropa erlaubte. Diese Tatsache stellte im Rahmen des sich konstituierenden kapitalistischen Weltsystems, d.h. in den Grenzen einer beschleunigt zusammenwachsenden, intensiver verflochtenen Welt, zweifellos einen Vorteil gegenüber China, Indien und den islamischen Großreichen dar, wenngleich verstärkte Kommunikation und Interaktion sicherlich keine Einbahnstraße in Richtung Kontrolle und Ausbeutung garantierten.[58]

Ein gutes Beispiel für Veränderungen und Verdichtungen weltweiter Kommunikationsnetze, zu denen unterschiedliche Akteure

---

56 Subrahmanyam 1993, 277.
57 Prägnant dargestellt in den Beiträgen von Hausberger, Schottenhammer und Schulze in Feldbauer/Lehners 2008.
58 Klassisch dazu Wallerstein 1986.

aus vier Kontinenten beitrugen, die aber mittelfristig den führenden Staaten Europas – etwa im Vergleich zum expandierenden Transfer von Militärtechnologien, der immer wieder auch den Gegnern der westlichen Kolonialmächte diente – überproportionalen Nutzen brachten, ist das kontinuierliche Wachstum der Hochseeschifffahrt, der globalen Handelsbeziehungen und Edelmetallströme. Die Etablierung regelmäßig befahrener Seewege zwischen den Kontinenten war naturgemäß die unabdingbare Voraussetzung für die Verstärkung des allmählich globale Dimensionen erlangenden Fernhandels und die rapide Ausweitung der transkontinental ausgetauschten Warenmengen. Einige besonders berühmte regelmäßige Handelslinien wie die Seidenstraßen zwischen Ost- bzw. Zentralasien und ihren westlichsten Endpunkten auf der Krim beziehungsweise in Nordsyrien, die Schifffahrt zwischen dem arabisch-persischen Raum und Südasien, die spanische Amerikapassage oder auch die bisweilen stark frequentierten Transsahararouten schufen dauerhafte Verbindungen zwischen den weit voneinander entfernten politischen und ökonomischen Zentren der Weltzivilisationen des 15. und 16. Jahrhunderts. Darüber hinaus gab es bedeutsame indirekte Gewinne aus dem frühneuzeitlichen Hochseefernhandel. Sie bestanden einerseits in brauchbareren Vorstellungen von der Beschaffenheit des Globus, andererseits in der Verfügbarkeit von hochwertigen Fasern, Farbstoffen, Drogen und Heilmitteln aus allen Weltregionen oder auch in Kenntnissen über Verfahrenstechniken für die Verarbeitung auswärtiger Rohstoffe.[59]

Am spektakulärsten lassen sich Frühformen von Globalisierung am Beispiel der Edelmetalle zeigen. Eine durch den portugiesischen Zugriff auf Westafrikas Gold vorbereitete und durch den kastilischen Vorstoß nach Amerika rasch spürbar werdende wirtschaftliche Konsequenz der europäischen Expansion war der anschwellende Zufluss von Edelmetallen nach Europa, in die Levanteländer und weiter nach Asien. Die Verfrachtung beachtlicher amerikanischer Silbermengen über den Atlantik machte den mitteleuropäischen Silberbergbau unrentabel und trug möglicherweise zur sehr kontrovers diskutierten ›Preisrevolution‹[60] bei. Diese Silberzufuhr leistete langfristig einen wichtigen Beitrag zur Finanzierung der spanischen Großmachtpolitik. Zudem verschaffte sie den westeuropäischen Kaufleuten eine begehrte Ware, ohne die die Intensivierung des Levante- und Asienfernhandels schwieriger oder

---

[59]   Beck 1999, 1-17, besonders 4.
[60]   Vgl. dazu Abel 1966, 113-120; North 1994, 93-96; Munro 1998, 35-50.

vielleicht sogar unmöglich gewesen wäre. In weiterer Folge förderte das auch über den Pazifik zuströmende amerikanische Silber die Monetarisierung asiatischer Ökonomien, die abgesehen von Japan über keine größere eigene Silberproduktion verfügten. Dies schlug sich in einer gesteigerten Wirtschaftsdynamik nieder.[61]

Das mit Zwangsmitteln in Mexiko und im Andenraum geförderte Silber wurde zum Träger eines wahrhaft globalen Handelsverkehrs bereits im 16. Jahrhundert. Es wurde von Spanien zum Ankauf nordwesteuropäischer Gewerbeprodukte und orientalischer Luxuswaren verwendet, außerdem zur Finanzierung von Söldnerarmeen; es erlaubte Portugiesen und Niederländern in den Weiten des Indischen Ozeans den Erwerb von Gewürzen, Porzellan und Baumwollstoffen, die ihrerseits eine wichtige Rolle beim Kauf von westafrikanischen Sklaven spielten, die für den Ausbau profitabler Kolonialökonomien in der Neuen Welt bald unentbehrlich waren oder wenigstens zu sein schienen. War Silber auch keineswegs das alleinige transkontinentale Zahlungsmittel des 16. Jahrhunderts, so trug es zusammen mit Gold und Kupfer – deren globale Zirkulation des Öfteren andere Wege und Rhythmen aufwies als jene des Silbers – doch ganz maßgeblich dazu bei, dass venezianisches Glas oder holländische Uhren via Goa und Malakka nach Japan gelangten oder Gewürznelken ihren Weg von Ternate über Lissabon bis Marokko und Amerika fanden. Amerikanisches Silber wurde nicht bloß auf der Kaproute und den westasiatischen Karawanenwegen, sondern seit etwa 1570 auch via Manila nach China und Südostasien exportiert. Das förderte vielfältige Kommerzialisierungsprozesse in der Welt des Indischen Ozeans, die den jahrhundertealten Emporienhandel belebten, die beachtlichen Erfolge des portugiesischen *Estado da India* ermöglichten, Armee und Administration des Mogulreichs stärkten und den traditionellen Handel mit Luxuswaren immer stärker durch jenen mit Massengütern – man denke an Nahrungsmittel, Eisenwaren, Sklaven und vor allem Pferde – erweiterten. Auf den europäischen Märkten ergab sich eine weitere Steigerung des Angebots von Asienwaren (Seide, Porzellan, Gewürze etc.), mit denen sich große Gewinne erzielen und weltweite frühkapitalistische Handelsnetzwerke stabilisieren ließen. Dass das enorme Angebot asiatischer Waren, die im Mittelmeerraum und im atlantischen Westen stark nachgefragt wurden – was einen gewaltigen Zustrom des Zahlungsmittels Silber nach Asien bewirkte –, geradezu der Motor dieses frühen, auf

---

[61] Siehe dazu Flynn/Morineau/Glahn 1998; Perlin 1983, 30-95.

Edelmetallkreisläufen basierenden Welthandels war, verweist darauf, dass diese embryonale Weltwirtschaft nicht ausschließlich auf
Europa zentriert war, sondern mehrere Mittelpunkte besaß. Und
sie alle wiesen ein hohes Maß an politischer Autonomie, kultureller Eigenart sowie ökonomischer Stärke auf, was die Verdichtung
systemischer Wirtschafts- und Kulturkontakte rund um den Erd-
ball eher gefördert als gebremst haben dürfte.[62]

Es waren selbstverständlich nicht nur Edelmetallströme, Technologietransfer und vielfältige Formen von Kulturaustausch, die
das 16. Jahrhundert zu einer frühen Phase von ›Protoglobalisie-
rung‹ machten. Wohl ebenso wichtig waren die vielen Menschen,
die aus wirtschaftlichen, politischen, militärischen und verschie-
densten anderen Gründen große Strecken zurücklegten, Ozeane
überquerten und politische, religiöse oder kulturelle Grenzen überwanden. Meist verließen die Menschen ihre ursprünglichen Wohn-
orte auf Dauer, kehrten nicht mehr dahin zurück und verloren den
Kontakt zu den Zurückgebliebenen. Erst mit dem Sklavenhandel
etablierten sich regelmäßige (Zwangs-)Migrationsschübe unter
dem Vorzeichen der Globalisierung. Bisweilen agierten einzelne
Personen aber auch jahrzehntelang fern von ihrem Herkunftsland
im Spannungsfeld weitreichender, globalgeschichtlicher Vernet-
zungen, ohne für immer in der Fremde zu bleiben.[63] Selbstverständlich gab es solche Menschen schon lange vor dem 16. Jahrhundert. Seit der Jahrtausendwende stößt man in der Geschichte
Ost- und Südasiens, Europas und der islamischen Welt immer
wieder auf sie. Im Zeitalter der europäischen Expansion seit etwa
1450 erweiterten dann die Innovationen von Schiffstechnologie,
Navigation und Kartographie die Möglichkeiten von Mobilität
und transkontinentalen Aktivitäten ganz erheblich, was naturgemäß die weltwirtschaftliche Vernetzung förderte und vielfältige
Prozesse von Akkulturation ermöglichte.[64]

Ein aus der Geschichte Zentraleuropas wohlbekanntes Beispiel
sind die Familienmitglieder des Augsburger Handelshauses der
Fugger. Dieses spielte ja nicht nur in der europäischen Finanzge-

---

[62] Einander ergänzend Landsteiner 2001, 104-139; Flynn/Giráldez
      1995, 201-221; Russell-Wood 1998; Feldbauer 2005; Hausberger
      2008, 357 ff.; Schottenhammer 2008, 321 ff.

[63] Vgl. dazu Hausberger 2006, 9-27; siehe dazu auch Osterhammel/
      Petersson 2003, 30.

[64] Islamische und italienische Expansion beispielsweise hatten im Mit-
      telmeerraum schon viel früher ähnliche Konsequenzen gehabt. Siehe
      etwa Liedl/Pittioni/Kolnberger 2002.

schichte als *merchant bankers* eine wesentliche Rolle, sondern agierte im Rahmen seines vielfältigen Engagements in Lateinamerika und in Portugiesisch-Asien lange Zeit als typischer *global player*.[65] Noch wichtiger als ihre wiederholte Beteiligung an den Geschäften der portugiesischen Krone auf der Kaproute waren sicherlich die Aktivitäten im Zusammenhang mit Spaniens Kolonialpolitik in Amerika. So hatten sie mit einer kurzen Unterbrechung von 1525 bis 1645 die Quecksilberminen von Almadén gepachtet, von wo aus der mexikanische und teilweise auch der südamerikanische Bergbau der Andenregion mit dem für die Amalgamierung unverzichtbaren Metall versorgt wurden. Die diesbezüglich erfolgreichste Zeit der Fugger fiel in die Zeit knapp nach der Wende zum 17. Jahrhundert, als der Höhepunkt ihres Einflusses im südwest- und zentraleuropäischen Raum längst überschritten war. Schon 1553 hatten sie einen Vertrag mit der kastilischen Krone ausgehandelt, der ihnen die Anwerbung von 160 deutschen Bergbaufachleuten nach Spanien erlaubte. In weiterer Folge trafen im kastilischen Guadalcanal immer wieder deutsche und lateinamerikanische Bergbauspezialisten aufeinander, wodurch der Ort zu einem Zentrum des Technologieaustausches zwischen Zentraleuropa und dem spanischen Weltreich wurde.[66] Dazu passt, dass die Faktoren der Fugger in Sevilla 1537 eine Mine in Sultepec erwarben und deutsche Fachleute nach Mexiko schickten, was vermutlich die Einführung zentraleuropäischer Technologien vorantrieb.[67] Es dürfte wohl klar sein, dass die Geschicke der Fugger – und somit Zentraleuropas – auf vielfältige Weise schon im 16. Jahrhundert global vernetzt waren. Die Reichweite von Kaufleuten anderer Weltregionen war damals in aller Regel etwas geringer, wenngleich Juden, Araber und Perser ihre Vermittlerrolle zwischen den Anrainerkontinenten des Mittelmeers nicht völlig verloren hatten und Armenier, Inder oder Chinesen ihre kommerziellen Netze über große Teile Asiens spannten.[68]

Naturgemäß waren es nicht bloß Mitglieder und Angestellte von Handelshäusern, die über längere Zeiträume auf verschiedenen Kontinenten wirkten und in kulturell höchst unterschiedlichen

---

[65] Zu den Asienaktivitäten, auf die hier nicht weiter eingegangen wird, einführende Hinweise in Feldbauer 2005, 132-166; allgemein zur Rolle der Fugger siehe Landsteiner 2008.

[66] Lang 1977; Gómez 1997, 17-263.

[67] Pieper 1992, 353-368.

[68] Siehe allgemein dazu Curtin 1984 und Chaudhuri 1985 sowie Nagel 2007, 24.

Gesellschaften lebten. Und es war auch nicht immer freiwillig, dass einem dieses Geschick widerfuhr: Al-Hassan Ibn Muhammad al-Wazzan alias Leo Africanus beispielsweise musste sich als Gefangener in einer fremden und feindlichen Umgebung durchschlagen. Aus dem heutigen Andalusien vertrieben, lebte er zunächst im marokkanischen Exil in Fez, bereiste im diplomatischen Dienst große Teile des Maghreb, Ägypten sowie verschiedene Orte im Songhai-Reich. Schließlich wurde er auf einer Seereise verschleppt, versklavt und Papst Leo X. geschenkt. Sein unterwegs erworbenes Wissen ermöglichte es ihm, sich aus dem einfachen Sklavenschicksal zu befreien, was mit seiner Konversion verbunden war. In der Folge gelang es ihm, seine Doppelidentität als Übersetzer, Interpret und schreibender Kulturvermittler vorteilhaft und folgenreich zu nutzen. Ausgelöst durch die Plünderung Roms 1527 glückte schließlich sogar die Rückkehr des inzwischen Getauften ins muslimische Nordafrika, wo er allerdings erhebliche Schwierigkeiten hatte, sich wieder einen geachteten Platz in muslimischer Gemeinschaft und Familie zu sichern. Nachdem dies in Fez offenbar nicht gelang, finden wir Al-Hassan am Ende seiner Tage in Tunis, wo sich seine Spuren verlieren.[69]

1571 – Beginn der Globalisierung?

Sprunghaftes Wachstum von Edelmetallzirkulation und Warenkreisläufen im Weltmaßstab, die zu dauerhaften Netzwerk- und Interaktionsstrukturen führen, welche Gesellschaft, Wirtschaft und Politik eines großen Teils der Weltregionen alltäglich und systemisch prägen, prädestinieren das ›lange 16. Jahrhundert‹ dazu, als Startphase von Globalisierung zu gelten. Flynn und Giráldez geben sich damit nicht zufrieden. Sie verweisen wohl zu Recht darauf, dass Globalisierung ein evolutionärer Prozess ist, bestehen aber überdies darauf, für dessen Erklärung einen präzisen Startpunkt zeitlich fixieren zu müssen: »All historical ›ages‹ must be defined in terms of identifiable origins.«[70]

Zur Bestimmung dieses genauen Datums, das in etwa der Rolle des ersten Atombombenabwurfs auf Japan für das Etikett ›Atomzeitalter‹ entsprechen soll, analysieren sie die sich verdichtenden

[69]   Hausberger 2006, 15 ff.; vgl. dazu Davis 2006; Mukherjee 2006, 28-45; ergänzend siehe auch Rauchenberger 1999.

[70]   Flynn/Giráldez 2006, 234; vgl. Flynn/Giráldez 1994; Flynn/Giráldez 1995 sowie Flynn/Giráldez/Sobredo 2001.

und beschleunigenden Edelmetallkreisläufe des 16. Jahrhunderts – insbesondere den Silberzyklus. Sie gelangen dabei zu einer weniger eurozentristischen Interpretation der Silberströme von West nach Ost, d.h. von Amerika und Europa insbesondere nach China, indem sie das geläufige Bild des Ausgleichs einer negativen Handelsbilanz seitens des Westens relativieren und darauf verweisen, dass Gold und Kupfer auf ihrem Weg um die Welt anderen Regeln folgten. Nur selten kam es zu parallelen Gold- und Silberflüssen. Vielmehr führte Chinas silberbasierte Währung zu einem wachsenden Zustrom des entsprechenden Edelmetalls aus allen Erdteilen, wohingegen Gold aus Afrika des Öfteren zwar ebenfalls nach Osten in den Indischen Ozean ging, gar nicht selten aber auch von Ostasien in den Westen abfloss. Die in Summe recht komplizierten und differenzierten Edelmetallströme waren also nicht nur eine Chance für die Europäer, einen florierenden Asienhandel immer weiter auszubauen, sondern schufen darüber hinaus die Möglichkeit, regelmäßige weltumspannende Wirtschaftsbeziehungen zu etablieren. Die Öffnung einer direkten Schiffsroute zwischen Acapulco und Manila (d.h. zwischen Spanisch-Amerika und Ost- bzw. Südostasien) im Jahr 1571 schloss und perfektionierte die entsprechenden Kreisläufe, hatte also für die Anfänge von Globalisierung erhebliche Bedeutung.[71]

Erst jetzt tauschten alle stark bevölkerten Landmassen kontinuierlich Produkte aus – entweder direkt auf weitgespannten Hochseerouten oder vielfach vermittelt auf regionalen Handels- oder auch transkontinentalen Karawanenwegen, die die beteiligten Länder und Gesellschaften nachhaltig beeinflussten. Ansatzweise hatte es dies alles auf niedrigerem Niveau schon viel früher gegeben. Aber erst die Gründung des spanischen Stapelhafens Manila schuf eine direkte Verbindung zwischen Amerika und Asien, ermöglichte also einen ›kompletten‹, kohärenten Weltmarkt. »The birth of globalization occurred in 1571, the year that Manila was founded as a Spanish entrepôt connecting Asia and the Americas. After more than 10,000 years of isolation, the ›Columbian Exchange‹ (Atlantic) and the ›Magellan Exchange‹ (Pacific) permanently linked all populated continents in terms of trade, diseases, ecologies and cultures. For the sixteenth to the eighteenth centuries, silver was an essential commodity that linked the world, and China was its dominant end-market.«[72]

---

[71] Flynn/Giráldez 1994 und Flynn/Giráldez 2006. Zur Manila-Galeone siehe schon Chaunu 1960.

[72] Flynn/Giráldez 2006, 235 und 244 (Zitat).

Schluss

Die vorangegangene ausführliche Erläuterung der silberindu-
zierten Etablierung eines weltumspannenden Handelsnetzes und
der Verweis auf unterschiedliche ›globale Lebensläufe‹ verdeutli-
chen, wieso das ›lange 16. Jahrhundert‹ wohl zu Recht als eine Ära
von sich allmählich globalisierenden ökonomischen und soziopolitischen Interaktionsmustern gelten darf. Bei der Startphase der
›Europäisierung‹ der Erde bzw. des ›europäischen Weltsystems‹ von
1450 bis 1620 handelt es sich offenkundig um eine erste Etappe
auf dem Weg zu jenem engmaschigen, fast alle Bereiche von Wirtschaft, Politik und Kultur erfassenden weltweiten Beziehungsge-
flecht und Kommunikationsnetzwerk, das im Zeichen beschleu-
nigter Globalisierung heute mit Recht als ›eine Welt‹ gilt. Bayly
spricht für die Zeit vor 1780 zwar nur von ›archaischen‹ Netzwerken, die eine Vorgeschichte der Globalisierung darstellten und vielfach Grundprinzipien entsprachen, die es beispielsweise bei mone-
tären Transaktionen 500 oder sogar 1000 Jahre zuvor auch schon
gegeben hatte.[73] Ruft man sich allerdings die Vervielfachung und
räumliche Ausweitung der transkontinentalen Edelmetallströme,
das explosiv wachsende Handelsvolumen zwischen Asien, Afrika
und Europa oder die Beschleunigung und Verdichtung des Transfers
der Waffentechnologien ins Gedächtnis – man denke an die Proli-
feration der Feldartillerie oder die Verbreitung kanonenbestückter,
hochseetauglicher Schiffe –, so drängt sich doch der Schluss auf,
dass die sogenannten ›archaischen‹ Netzwerke für die Anfänge von
Globalisierung von wesentlicher Bedeutung waren.[74] In Übereinstimmung mit Wallerstein und Arrighi, die der Epoche zwischen
1480 und 1620 einen entscheidenden Stellenwert für die Ausformung eines kapitalistischen Weltsystems bzw. eines ersten – genu-
esisch geprägten – Akkumulationszyklus zuschreiben,[75] macht es
demnach Sinn, das 16. Jahrhundert als Startphase eines Globalisierungsprozesses zu konzipieren, der auf dem Aufbau, der Verdichtung und zunehmenden Bedeutung weltweiter Vernetzung

---

[73] Bayly 2004, 41 ff.
[74] Die Öffnung eines portugiesischen Seewegs nach Indien – *Carreira
      da India* – hat die nach Europa gelangenden Pfeffer- und Gewürz-
      mengen mehr als verdoppelt (zusammengefasst in Feldbauer 2005,
      132 ff.); zum Siegeszug der Feldartillerie durch die ›Schießpulverrei-
      che‹ des frühen 16. Jahrhunderts siehe Dahm/Feldbauer/Rothermund
      2008, 230 ff.
[75] Wallerstein 1986; Arrighi 1994, 109 ff.

basierte.[76] Ob man dem Jahr 1571 in diesem Zusammenhang eine Schlüsselrolle zuweist, sei dahingestellt.

Es fällt nun auch leichter, die von Abu-Lughod entworfene Phase des ›vormodernen Weltsystems‹ zwischen etwa 1250 und 1350 sowie die Krise des 14. Jahrhunderts bzw. – im europäischen Kontext – die Krise des Feudalismus hinsichtlich ihres Globalisierungspotenzials zu beurteilen.

Literatur

Abel 1966 = Wilhelm Abel, Agrarkrisen und Agrarkonjunktur. Eine Geschichte der Land- und Ernährungswirtschaft Mitteleuropas seit dem hohen Mittelalter, 2. Aufl., Hamburg-Berlin 1966.

Abu-Lughod 1989 = Janet L. Abu-Lughod, Before European Hegemony. The World System A.D. 1250–1350, New York-Oxford.

Abu-Lughod 1993 = Janet L. Abu-Lughod, The World System in the Thirteenth Century. Dead-End or Precursor?, Washington.

Abu-Lughod 2005 = Janet L. Abu-Lughod, Das Weltsystem im 13. Jahrhundert: Sackgasse oder Wegweiser?, in: Peter Feldbauer/Gottfried Liedl/John Morrissey (Hg.), Mediterraner Kolonialismus. Expansion und Kulturaustausch im Mittelalter, Essen, 131-156.

Adshead 1988 = Samuel A.M. Adshead, China in World History, Basingstoke-London.

Adshead 1993 = Samuel A.M. Adshead, Central Asia in World History, Basingstoke-London.

Arrighi 1994 = Giovanni Arrighi, The Long Twentieth Century. Money, Power and the Origins of Our Times, London-New York.

Arrighi 1999 = Giovanni Arrighi, The World According to Andre Gunder Frank, in: Review 22/3, 327-354.

Ashtor 1976 = Eliyahu Ashtor, A Social and Economic History of the Near East in the Middle Ages, London.

Ashtor 1981 = Eliyahu Ashtor, The Economic Decline of the Middle East During the Later Middle Ages. An Outline, in: Asian and African Studies 15/3, 253-286.

Bayly 2004 = Christopher A. Bayly, The Birth of the Modern World 1780–1914. Global Connections and Comparisons, Malden-Oxford.

Beck 1999 = Thomas Beck, Ist der Faden gerissen? Die ›europäische Geschichte‹ im Konflikt mit ›neuer Ethnizität‹ und Globalisierung, in: Thomas Beck/Horst Gründer/Horst Pietschmann/Roderich Ptak (Hg.), Überseegeschichte. Beiträge der jüngeren Forschung (Beiträge zur Kolonial- und Überseegeschichte 75), Stuttgart, 1-17.

Bentley 1993 = Jerry H. Bentley, Old World Encounters. Cross-Cultural Contacts and Exchange in Pre-Modern Times, New York-Oxford.

---

[76] Siehe Osterhammel/Petersson 2003, 20 ff.

Bentley/Ziegler 2000 = Jerry H.Bentley/Herbert F. Ziegler, Tradition and Encounters. A Global Perspective of the Past, Bd. 1: From the Beginnings to 1500, Boston, 407-427.

Birmingham 2001 = David Birmingham, Trade and Empire in the Atlantic, 1400–1600, London-New York.

Black 1998 = Jeremy Black, War and the World. Military Power and the Fate of Continents 1450–2000, New Haven-London.

Black 1999 = Jeremy Black (Hg.), War in the Early Modern World, London.

Boyajion 1993 = James C. Boyajion, Portuguese Trade in Asia under the Habsburgs 1580–1640, Baltimore.

Braudel 1974 = Fernand Braudel, Europäische Expansion und Kapitalismus 1450–1650, in: Ernst Schulin (Hg.), Universalgeschichte (Neue Wissenschaftliche Bibliothek 72), Köln.

Braudel 1990 = Fernand Braudel, Das Mittelmeer und die mediterrane Welt in der Epoche Philipps II., 3 Bde., Frankfurt am Main.

Bruhns/Nippel 2000 = Hinnerk Bruhns/Wilfried Nippel (Hg.), Max Weber und die Stadt im Kulturvergleich (Kritische Studien zur Geschichtswissenschaft 140), Göttingen.

Cahen 1987 = Claude Cahen, Der Islam I. Vom Ursprung bis zu den Anfängen des Osmanenreichs (Fischer Weltgeschichte 14), Frankfurt am Main.

Calmard 1995 = Jean Calmard, L'invasion mongole. La domination des Mongols et de leurs successeurs sur le monde irano-musulman, in: Claude Garcin, u. a. (Hg.), États, sociétés et cultures du monde musulman médiéval (Xe–XVe siècle), Bd. 1: L'évolution politique et sociale, Paris, 315-341.

Cardoso/Brignoli 1979 = Ciro Flamarion Cardoso/Héctor Pérez Brignoli, Historia económica de América Latina, Bd. 1: Sistemas agrarios e historia colonial, Barcelona.

Chaudhuri 1985 = Kriti N. Chaudhuri, Trade and Civilisation in the Indian Ocean. An Economic History from the Rise of Islam to 1750, Cambridge, u. a.

Chaunu 1960 = Pierre Chaunu, Les Philippines et le Pacifique des îles ibériques (XVIe, XVIIe, XVIIIe siècles), Bd. 1: Introduction méthodologique et indices d'activité, Paris.

Christian 1998 = David Christian, A History of Russia, Central Asia and Mongolia, Bd. 1: Inner Eurasia from Prehistory to the Mongol Empire, Oxford, u. a.

Christian 2000 = David Christian, Silk Roads or Steppe Roads? The Silk Roads in World History, in: Journal of World History 11/1, 1-26.

Curtin 1984 = Philip D. Curtin, Cross-cultural Trade in World History, Cambridge.

Dahm/Feldbauer/Rothermund 2008 = Bernhard Dahm/Peter Feldbauer/Dietmar Rothermund, Agrarzivilisationen, Hafenfürstentümer, Kolonialsiedlungen. Indischer Ozean, Süd- und Südostasien, in: Peter Feldbauer/Jean-Paul Lehners (Hg.), Globalgeschichte. Die Welt 1000–2000, Bd. 3: Die Welt im 16. Jahrhundert, Wien, 210-264.

Davis 2006 = Natalie Zemon Davis, Trickster Travels. A Sixteenth-Century Muslim Between Worlds, New York.

Diffie/Winius 1977 = Bailey W. Diffie/George D. Winius, Foundations of the Portuguese Empire 1415–1580 (Europe and the World in the Age of Expansion 1), Minneapolis.

Dols 1977 = Michael W. Dols, The Black Death in the Middle East, Princeton.

Dols 1979 = Michael W. Dols, The Second Plague Pandemic and Its Recurrences in the Middle East 1347–1894, in: Journal of the Economic and Social History of the Orient 22/2, 162-189.

Dols 1981 = Michael W. Dols, The General Mortality of the Black Death in the Mamluk Empire, in: Abraham L. Udovitch (Hg.), The Islamic Middle East 700–1900. Studies in Social and Economic History, Princeton, 397-428.

Ebrey 1999 = Patricia Buckley Ebrey, The Cambridge Illustrated History of China, Cambridge.

Egger 2004 = Vernon O. Egger, A History of the Muslim World to 1405. The Making of a Civilization, Upper Saddle River.

Ertl 2005 = Thomas Ertl, Der China-Spiegel. Gedanken zu Chinas Funktionen in der deutschen Mittelalterforschung des 20. Jahrhunderts, in: Historische Zeitschrift 280/2, 305-344.

Feldbauer 1995 = Peter Feldbauer, Die islamische Welt 600–1250. Ein Frühfall von Unterentwicklung?, Wien.

Feldbauer 2005 = Peter Feldbauer, Die Portugiesen in Asien 1498–1620, Essen.

Feldbauer/Komlosy 2003 = Peter Feldbauer/Andrea Komlosy (2003): Globalgeschichte 1450–1820. Von der Expansions- zur Interaktionsgeschichte, in: Carl-Hans Hauptmeyer/Dariusz Adamczyk/Beate Eschment/Udo Obal (Hg.), Die Welt querdenken. Festschrift für Hans-Heinrich Nolte, Frankfurt am Main, 59-93.

Feldbauer/Lehners 2008 = Peter Feldbauer/Jean-Paul Lehners (Hg.), Globalgeschichte. Die Welt 1000–2000, Bd. 3: Die Welt im 16. Jahrhundert, Wien.

Feldbauer/Liedl 2008 = Peter Feldbauer/Gottfried Liedl, Die islamische Welt 1000 bis 1517. Wirtschaft. Gesellschaft. Staat (Expansion. Interaktion. Akkulturation 11), Wien.

Feldbauer/Mitterauer/Schwentker 2002 = Peter Feldbauer/Michael Mitterauer/Wolfgang Schwentker (Hg.), Die vormoderne Stadt. Asien und Europa im Vergleich (Querschnitte. Einführungstexte zur Sozial-, Wirtschafts- und Kulturgeschichte 10), Wien-München.

Feldbauer/Morrissey 2001 = Peter Feldbauer/John Morrissey, Italiens Kolonialexpansion – östlicher Mittelmeerraum und die Küsten des Schwarzen Meeres, in: Peter Feldbauer/Gottfried Liedl/John Morrissey (Hg.), Vom Mittelmeer zum Atlantik. Die mittelalterlichen Anfänge der europäischen Expansion (Querschnitte. Einführungstexte zur Sozial-, Wirtschafts- und Kulturgeschichte 6), Wien-München, 83-102.

Feldbauer/Morrissey 2002 = Peter Feldbauer/John Morrissey, Venedig 800–1600. Wasservögel als Weltmacht (Expansion. Interaktion. Akkulturation 1), Wien.

Fernández-Armesto 1987 = Felipe Fernández-Armesto, Before Columbus. Exploration and Colonisation from the Mediterranean to the Atlantic 1229–1492, Basingstoke-London.

Florescano 1984 = Enrique Florescano, The Formation and Economic Structure of the Hacienda in New Spain, in: Leslie Bethell (Hg.), The Cambridge History of Latin America, Bd. 2: Colonial Latin America, Cambridge, 153-188.

Flynn/Giráldez 1994 = Dennis O. Flynn/Arturo Giráldez, China and the Manila Galleons, in: A. J. H. Latham/H. Kawakatsu (Hg.), Japanese Industrialisation and the Asian Economy, London-New York, 71-90.

Flynn/Giráldez 1995 = Dennis O. Flynn/Arturo Giráldez, Born with a ›Silver Spoon‹. The Origin of World Trade in 1571, in: Journal of World History 6/2, 201-221.

Flynn/Giráldez 2006 = Dennis O. Flynn/Arturo Giráldez, Globalization began in 1571, in: Barry K. Gills/William R. Thompson (Hg.), Globalization and Global History, London-New York, 232-247.

Flynn/Giráldez/Sobredo 2001 = Dennis O. Flynn/Arturo Giráldez/James Sobredo (Hg.), European Entry into the Pacific. Spain and the Acapulco-Manila Galleons, Aldershot-Burlington.

Flynn/Morineau/von Glahn 1998 = Dennis O. Flynn/Michel Morineau/ Richard von Glahn (Hg.), Monetary History in Global Perspective (Proceedings of the Twelfth International Economic History Congress B6), Sevilla.

Frank 1998 = Andre Gunder Frank, ReORIENT. Global Economy in the Asian Age, Berkeley-Los Angeles.

Gabrieli 1980 = Francesco Gabrieli, Der Islam in der Mittelmeerwelt, in: Joseph Schacht/C. E. Bosworth (Hg.), Das Vermächtnis des Islams, Bd. 1, Zürich-München, 83-131.

Garcin 1995 = Jean-Claude Garcin, Le Proche-Orient à l'époque mamluke, in: Jean-Claude Garcin, u. a. (Hg.), États, sociétés et cultures du monde musulman médiéval (Xe–XVe siècle), Bd. 1: L'évolution politique et sociale, Paris, 343-369.

Goldstone 1988 = Jack Goldstone, East and West in the Seventeenth Century. Political Crises in Stuart England, Ottoman Turkey, and Ming China, in: Comparative Studies in Society and History 30/1, 103-142.

Gómez 1997 = Julio Sánchez Gómez, La técnica en la producción de metales monedables en España y en América, 1500–1650, in: Ders./ Guillermo Mira delli Zotti/Rafael Dobado, La savia del imperio. Tres estudios de economía colonial, Salamanca, 17-263.

Gottfried 1983 = Robert S. Gottfried, The Black Death. Natural and Human Disasters in Medieval Europe, London-Basingstoke.

Guichard 1995 = Pierre Guichard, La pousse européenne et les musulmans d'Occident, in: Claude Garcín, u. a. (Hg.), États, sociétés et cultures du monde musulman médiéval (Xe–XVe siècle), Bd. 1: L'évolution politique et sociale, Paris, 281-314.

Hausberger 2004 = Bernd Hausberger, Mission. Kontinuität und Grenzen eines universalen Anspruchs, in: Ders. (Hg.), Im Zeichen des Kreuzes.

Mission, Macht und Kulturtransfer seit dem Mittelalter (Expansion. Interaktion. Akkulturation 7), Wien, 9-25.

Hausberger 2005 = Bernd Hausberger, Wirtschaft und Wirtschafts-räume, in: Friedrich Edelmayer/Bernd Hausberger/Barbara Potthast (Hg.), Lateinamerika 1492–1850/70 (Edition Weltregionen 12), Wien, 171-193.

Hausberger 2006 = Bernd Hausberger, Globalgeschichte als Lebens-geschichte(n), in: Ders. (Hg.), Globale Lebensläufe. Menschen als Akteure im weltgeschichtlichen Geschehen (Globalgeschichte und Entwicklungspolitik 3), Wien, 9-27.

Hausberger 2008 = Bernd Hausberger, Das Reich, in dem die Sonne nicht unterging. Die iberische Welt, in: Peter Feldbauer/Jean-Paul Lehners (Hg.), Globalgeschichte. Die Welt 1000–2000, Bd. 3: Die Welt im 16. Jahrhundert, Wien, 335-372.

Keil 2003 = Gundolf Keil, Pest, in: Lexikon des Mittelalters, Bd. 6, Mün-chen, 1915–1919.

Khazanov 1984 = Anatolii M. Khazanov, Nomads and the Outside World, Cambridge.

Krämer 2005 = Gudrun Krämer, Geschichte des Islam, München.

Labib 1984 = Subhi Labib, Wirtschaft und Handel im mittelalterlichen Orient, in: Ruprecht Kurzrock (Hg.), Die islamische Welt, Bd. II, Berlin, 25-35.

Ladero Quesada, 1979 = Miguel Ángel Ladero Quesada, Granada. Histo-ria de un país Islámico (1232–1571), Madrid.

Lambton 1981 = Ann K. S. Lambton, Reflections on the Role of Agricul-ture in Medieval Persia, in: Abraham L. Udovitch (Hg.), The Islamic Middle East 700–1900. Studies in Social and Economic History, Princeton, 283-312.

Lambton 1988 = Ann K. S. Lambton, Continuity and Change in Medieval Persia. Aspects of Administrative, Economic and Social History, 11th–14th Century (Columbia Lectures on Iranian Studies 2), Albany.

Landsteiner 2001 = Erich Landsteiner, Nichts als Karies, Lungenkrebs und Pellagra? Zu den Auswirkungen des Globalisierungsprozesses auf Europa 1500–1800, in: Friedrich Edelmayer/Erich Landsteiner/Renate Pieper (Hg.), Die Geschichte des europäischen Welthandels und der wirtschaftliche Globalisierungsprozeß, Wien-München, 104-139.

Landsteiner 2008 = Erich Landsteiner, Kein Zeitalter der Fugger. Zen-traleuropa, in: Peter Feldbauer/Jean-Paul Lehners (Hg.), Globalge-schichte. Die Welt 1000–2000, Bd. 3: Die Welt im 16. Jahrhundert, Wien, 52-82.

Lane 1980 = Frederic C. Lane, Seerepublik Venedig, München.

Lang 1977 = Mervyn F. Lang, El monopolio estatal del mercurio en el México colonial. 1550–1710, México D.F.

Lapidus 1988 = Ira M. Lapidus, A History of Islamic Societies, Cam-bridge.

Laroui 1976 = Abdallah Laroui, L'histoire du Maghreb. Un essai de syn-thèse, Paris.

Liedl 2001 = Gottfried Liedl, Die andere Seite der Reconquista. Islamisch Spanien im Wirtschaftsraum des Spätmittelalters, in: Peter Feldbauer/ Gottfried Liedl/John Morrissey (Hg.), Vom Mittelmeer zum Atlan-

tik. Die mittelalterlichen Anfänge der europäischen Expansion (Querschnitte 6), Wien-München, 103-138.

Liedl 2008 = Gottfried Liedl, Vernunft und Utopie. Die Méditerranée
(1350–1650), in: Peter Feldbauer/Jean-Paul Lehners (Hg.), Globalgeschichte. Die Welt 1000–2000, Bd. 3: Die Welt im 16. Jahrhundert, Wien, 116-151.

Liedl/Pittioni/Kolnberger 2002 = Gottfried Liedl/Manfred Pittioni/Tho-
mas Kolnberger, Im Zeichen der Kanone. Islamisch-christlicher Kulturtransfer am Beginn der Neuzeit (Expansion. Interaktion. Akkulturation 2), Wien.

Mitterauer 2003 = Michael Mitterauer, Warum Europa? Mittelalterliche
Grundlagen eines Sonderwegs, München.

Mörner 1984 = Magnus Mörner, The Rural Economy and Society of
Colonial Spanish South America, in: Leslie Bethell (Hg.), The Cambridge History of Latin America, Bd. 2: Colonial Latin America, Cambridge, 189-217.

Morgan 1988 = David Morgan, Medieval Persia 1040–1797, London-
New York.

Morrissey 2001 = John Morrissey, Die italienischen Seerepubliken, in:
Peter Feldbauer/Gottfried Liedl/John Morrissey (Hg.), Vom Mittel-
meer zum Atlantik. Die mittelalterlichen Anfänge der europäischen
Expansion (Querschnitte 6), Wien-München, 61-82.

Mukherjee 2006 = Rila Mukherjee, Leo Africanus (1486/88–1535?). Ein
andalusischer Exilant in Afrika und im Europa der Renaissance, in:
Bernd Hausberger (Hg.), Globale Lebensläufe. Menschen als Akteure
im weltgeschichtlichen Geschehen (Globalgeschichte und Entwicklungspolitik 3), Wien, 28-45.

Munro 1998 = John H. Munro, Precious Metal and the Origins of the
Price Revolution Reconsidered. The Conjuncture of Monetary and
Real Forces in the European Inflation of the Early to Mid-16th Cen-
tury, in: Dennis O. Flynn/Michel Morineau/Richard von Glahn
(Hg.), Monetary History in Global Perspective 1500–1808 (Pro-
ceedings of the Twelfth International Economic History Congress
B6), Sevilla, 35-50.

Nagel 2007 = Jürgen G. Nagel, Abenteuer Fernhandel. Die Ostindienkompanien, Darmstadt.

Nagel 1993 = Tilman Nagel, Timur der Eroberer und die islamische Welt
des späten Mittelalters, München.

Naphy/Spicer 2003 = William Naphy/Andrew Spicer, Der Schwarze Tod.
Die Pest in Europa, Essen.

North 1994 = Michael North, Das Geld und seine Geschichte. Vom Mittelalter bis zur Gegenwart, München.

Origo 1986 = Iris Origo, ›Im Namen Gottes und des Geschäfts‹. Lebens-
bild eines toskanischen Kaufmanns der Frührenaissance, München.

Osterhammel 1998 = Jürgen Osterhammel, Die Entzauberung Asiens.
Europa und die asiatischen Reiche im 18. Jahrhundert, München.

Osterhammel 2000 = Jürgen Osterhammel, Asien. Geschichte im euro-
asiatischen Zusammenhang, in: Anette Völker-Rasor (Hg.), Frühe Neuzeit, München, 429-444.

Osterhammel/Petersson 2003 = Jürgen Osterhammel/Niels P. Petersson, Geschichte der Globalisierung. Dimensionen, Prozesse, Epochen, München.

Perlin 1983 = Frank Perlin, Proto-Industrialization and Pre-Colonial South Asia, in: Past and Present 98, 30-95.

Perlin 1989 = John Perlin, A Forest Journey. The Role of Wood in the Development of Civilization, Cambridge (MA)-London.

Pieper 1992 = Renate Pieper, Innovaciones tecnológicas y problemas del medio ambiente en la mineria novohispana. Siglos XVI al XVIII, in: IX Congreso internacional de Historia de América. Actas, Sevilla, 353-368.

Plott/Dolin/Mays 1999 = John C.Plott/James M. Dolin/Paul D. Mays, Das Periodisierungsproblem, in: Polylog. Zeitschrift für interkulturelles Philosophieren 2/1, 33-51.

Ptak 2007 = Roderich Ptak, Die maritime Seidenstraße. Küstenräume, Seefahrt und Handel in vorkolonialer Zeit, München.

Rauchenberger 1999 = Dietrich Rauchenberger, Johannes Leo der Afrikaner. Seine Beschreibung des Raumes zwischen Niger und Nil nach dem Urtext, Wiesbaden.

Reid 1993 = Anthony Reid, Southeast Asia in the Age of Commerce 1450–1680, Bd. 2: Expansion and Crisis, New Haven-London.

Reid 2000 = Anthony Reid, Five Centuries, Five Modalities. European Interaction with Southeast Asia 1497–1997, in: Anthony Disney/Emily Booth (Hg.), Vasco da Gama and the Linking of Europe and Asia, New Delhi-Oxford-New York, 167-177.

Richards 1990 = John F. Richards, The Seventeenth-Century Crisis in South-Asia, in: Modern Asian Studies 24/3, 625-638.

Richards 1997 = John F. Richards, Early Modern India and World History, in: Journal of World History 8/2, 197-209.

Risso 1995 = Patricia Risso, Merchants and Faith. Muslim Commerce and Culture in the Indian Ocean, Boulder-San Francisco-Oxford.

Roemer 1989 = Hans Robert Roemer, Persien auf dem Weg in die Neuzeit. Iranische Geschichte von 1350–1750 (Beiruter Texte und Studien 40), Beirut-Stuttgart.

Rosenberger 1977 = Bernard Rosenberger, L'histoire économique du Maghreb, in: Bertold Spuler (Hg.), Handbuch der Orientalistik I/6/6. Wirtschaftsgeschichte des Vorderen Orients in islamischer Zeit 1, Leiden-Köln, 205-238.

Rossabi 1990 = Morris Rossabi, The ›Decline‹ of the Central Asian Caravan Trade, in: James D. Tracy (Hg.), The Rise of Merchant Empires. Long Distance Trade in the Early Modern World 1350–1750, Cambridge, 351-370.

Rothermund 2003 = Dietmar Rothermund, Südasien in der ›Neuzeit‹, in: Karin Preisendanz/Dietmar Rothermund (Hg.), Südasien in der ›Neuzeit‹. Geschichte und Gesellschaft 1500–2000 (Edition Weltregionen 5), Wien, 12-15.

Russell-Wood 1998 = Anthony J. R. Russell-Wood, The Portuguese Empire 1415–1808. A World on the Move, Baltimore-London.

Schottenhammer 2008 = Angela Schottenhammer, Eine chinesische Weltordnung. Ostasien, in: Peter Feldbauer/Jean-Paul Lehners (Hg.), Globalgeschichte. Die Welt 1000–2000, Bd. 3: Die Welt im 16. Jahrhundert, Wien, 290-334.

Schulze 1999 = Reinhard Schulze, ›Neuzeit‹ in Außereuropa, in: Periplus. Jahrbuch für außereuropäische Geschichte, Bd. 9, 117-126.

Schulze 2008 = Reinhard Schulze, Reiche und Reichskulturen. Die Frühe Neuzeit in der islamischen Welt, in: Peter Feldbauer/Jean-Paul Lehners (Hg.), Globalgeschichte. Die Welt 1000–2000, Bd. 3: Die Welt im 16. Jahrhundert, Wien, 152-176.

Shagdar 2000 = Bira Shagdar, The Mongol Empire in the Thirteenth and Fourteenth Centuries, in: Vadime Elisseeff (Hg.), The Silk Roads. Highways of Culture and Commerce, Paris-New York-Oxford, 127-144.

Steensgaard 1990 = Niels Steensgard, Before the World Grew Small. The Quest for Patterns in Early Modern World History, in: Mats Lundahl/Thommy Svensson (Hg.), Essays in Honour of Magnus Mörner, London-New York, 343-361.

Strabo 2005 = Strabo, Geographica. In der Übersetzung und mit Anmerkungen von Dr. A. Forbiger, Wiesbaden.

Subrahmanyam 1993 = Sanjay Subrahmanyam, The Portuguese Empire in Asia 1500–1700. A Political and Economic History, London-New York.

Subrahmanyam 1994 = Sanjay Subrahmanyam, Precious Metal Flows and Prices in Western and Southern Asia 1500–1700. Some Comparative and Conjunctural Aspects, in: Ders. (Hg.), Money and the Market in India 1100–1700, Delhi, 186-218.

Tabak 1996 = Faruk Tabuk, Ars Longa, Vita Brevis? A Geohistorical Perspective on Pax Mongolica, in: Review 19/1, 23-48.

Tracy 1990 = James D. Tracy, (Hg.), The Rise of Merchant Empires. Long Distance Trade in the Early Modern World 1350–1750, Cambridge.

van der Wee 1990 = Herman van der Wee, Structural Changes in European Long-distance Trade, and Particularly in the Re-export Trade from South to North, 1350–1750, in: James D. Tracy (Hg.), The Rise of Merchant Empires. Long Distance Trade in the Early Modern World 1350–1750, Cambridge, 14-33.

Vernet 1993 = Juan Vernet, El Islam en España, Madrid.

Wallerstein 1986 = Immanuel Wallerstein, Das moderne Weltsystem. Die Anfänge kapitalistischer Landwirtschaft und die europäische Weltökonomie im 16. Jahrhundert, Frankfurt am Main.

Wallerstein 1999 = Immanuel Wallerstein, Frank Proves the European Miracle, in: Review 22/3, 355-371.

Wills 1986 = John E. Wills, Tribute, Defensiveness, and Dependency. Uses and Limits of Some Basic Ideas About Mid-Ch'ing Foreign Relations, in: Annals of the Southeast Conference for Asian Studies 8, 84-90.

Von der Krise des 17. Jahrhunderts zum Triumph der Industriellen Revolution (1620–1850)

DIETMAR ROTHERMUND

Einleitung: Von Krisen und Revolutionen

Die Epoche, um die es hier geht, begann mit einer tiefen Krise und wurde von vielen Revolutionen geprägt. An ihrem Ende stand die Industrielle Revolution, die Europa den Vorsprung gewinnen ließ, der es diesem marginalen Subkontinent ermöglichte, in der folgenden Epoche das Schicksal der Welt maßgeblich zu bestimmen. Die Rede von Krisen und Revolutionen kennzeichnet die Versuche der Historiker, den dynamischen Verlauf der Geschichte darzustellen. Dabei wird von diesen Begriffen oft sehr großzügig Gebrauch gemacht, und es ist daher notwendig, sie etwas schärfer zu fassen. Sonst dienen sie lediglich als beliebig verwendbare Ausrufungszeichen, die die Bedeutsamkeit von Ereignissen im Bericht des Historikers hervorheben.

Der Begriff der Krise ist gerade in Bezug auf das 17. Jahrhundert sehr vielfältig verwendet worden. Die zeitliche Spannweite reicht von einer Begrenzung auf die erste Hälfte des Jahrhunderts bis zu einer anhaltenden Krise, die sich bis weit ins 18. Jahrhundert erstreckte. Ähnliche Variationen gibt es in Bezug auf die Tiefe der Krise. Einige Historiker charakterisieren die Krise als einen dramatischen Abschwung, für andere ist sie eher eine Periode der Konsolidierung, eine »Phase B«, die der »Phase A« des expansiven 16. Jahrhunderts folgte. Der amerikanische Historiker Theodore Rabb, der sein Lebenswerk dem 17. Jahrhundert widmete, hat den Vorschlag gemacht, den Begriff der Krise in Analogie zu seiner Verwendung in der Medizin zu definieren. Dem Ansteigen des Fiebers folgt schließlich ein Umschlagen zur Genesung, falls nicht der Tod eintritt. Rabb plädiert dafür, sich nicht nur mit dem Verlauf der Krise zu beschäftigen, sondern sie auch rückblickend zu deuten, indem man die Folgezeit betrachtet. Wie später noch näher erläutert werden soll, ist für Rabb die Krise durch eine Suche nach

Stabilität in Europa gekennzeichnet, die erst in der zweiten Hälfte des Jahrhunderts erreicht wurde.[1]

Der Begriff der Revolution ist noch umstrittener als der der Krise. In erster Linie wird er auf den politischen Umsturz angewandt. Er wurde freilich gerade bei der Deutung der Epoche, um die es hier geht, oft auf Rebellionen aller Art bezogen. Die Aufstände der Katalanen gegen die spanische Krone, die der Süditaliener gegen den spanischen Vizekönig in Neapel bis hin zur französischen Fronde wurden oft als »revolutionär« interpretiert. Niels Steensgaard hat vorgeschlagen, alle diese Aufstände als »Reaktionen« zu bezeichnen, die sich gegen den Druck der königlichen Herrschaft richteten, aber letztlich nicht zu ihrem Sturz führten.[2] Das Kriterium für eine Revolution wäre also der erfolgreiche Regimewechsel, der zugleich auch nachhaltige Folgen hat. So gesehen wären die von Oliver Cromwell geführte Revolution in England, aber auch die Glorreiche Revolution von 1688 ›echte‹ Revolutionen und dann natürlich auch die Amerikanische und die Französische Revolution.

Schwieriger wird die Begriffsbestimmung bei den Revolutionen, die nicht politisch sind, sondern in Analogie zur Politik als solche benannt werden. Da gibt es die kommerzielle, die landwirtschaftliche, die finanzielle und schließlich die Industrielle Revolution. Manche dieser sogenannten Revolutionen sind eher als ›Evolutionen‹ zu bezeichnen, obwohl sie sich in Umschwüngen manifestierten, die durchaus dramatisch waren, so zum Beispiel die Umkehr des maritimen Fernhandels im Mittelmeer, als die Güter aus Asien, die zuvor über die Levante und Venedig ihren Weg nahmen, im frühen 17. Jahrhundert plötzlich von niederländischen Schiffen vom Atlantik her ins Mittelmeer gebracht wurden.[3] Dennoch wäre es ratsam, in dieser Beziehung mit dem Begriff Revolution sparsamer umzugehen. Die Industrielle Revolution und die ihr vorausgehende wissenschaftliche Revolution verdienen jedoch diese Bezeichnung. Sie vollzogen sich zwar sehr langsam, aber führten auf ihren Gebieten zu einem tiefgreifenden ›Regimewechsel‹, der nicht nur für Europa, sondern letztlich für die ganze Welt schicksalhafte Folgen hatte. Auf dieses Ziel läuft die Darstellung dieser Epoche hinaus. Sie beginnt und endet mit der Entwicklung Europas. Doch soll dabei die Geschichte der Länder außerhalb Europas nicht zu kurz kommen, von denen etliche in dieser Zeit Europa an

---

[1] Rabb 1975, 31.
[2] Steensgaard 1997, 50.
[3] Steensgaard 1974.

Macht und Reichtum weit übertrafen. Der vierte Abschnitt dieses Kapitels ist diesen Ländern gewidmet. Es wäre natürlich durchaus möglich, diese Epoche aus der Perspektive etwa Indiens oder Chinas darzustellen. Dann erschiene die Geschichte Europas bis ins 18. Jahrhundert als eine sehr unbedeutende Randerscheinung. Stattdessen soll hier doch die europäische Perspektive bevorzugt werden. In diesem Sinne beginnt die Darstellung mit der Krise des 17. Jahrhunderts, die für Europa sehr gut belegt ist, aber auch außerhalb Europas Spuren hinterließ, über die bisher freilich noch wenig bekannt ist.

Der Kontext der Krise:
Kälte, Krieg und Wachstum der Staatsmacht

Die Krise, die hier analysiert werden soll, ist ein Phänomen kumulativer Verursachung. Es spielten dabei Faktoren eine Rolle, die sehr verschiedene Ursprünge hatten. Einer der wichtigsten Faktoren war die über mehrere Jahrzehnte anhaltende Verschärfung der Symptome der ›Kleinen Eiszeit‹. An sich setzte diese Kälteperiode schon zu Beginn des 13. Jahrhunderts ein und dauerte bis ins 19. Jahrhundert. Die Jahrzehnte von 1580 bis 1630 zeichneten sich jedoch durch besonders niedrige Temperaturen aus.[4] Der erste ›Kältegipfel‹ dieser Periode wurde 1568–71 erreicht, der letzte 1626–1628. Die Jahre um 1598 und der sehr kalte Winter von 1614 markierten weitere Gipfel dieser Art, doch auch in allen anderen Jahren dieser Periode war es kälter als je zuvor und danach. Um 1650 waren noch einmal besonders tiefe Temperaturen zu verzeichnen. Insgesamt war die zweite Hälfte des 17. Jahrhunderts wärmer als die erste. Die Kälte hinterließ tiefe Spuren auf vielen Gebieten. In Kleidung und Wohnung passten sich die Menschen dem Klima an. Selbst die Landschaftsmalerei zeugt von dem eisigen Wetter. Bedeutsam war aber vor allem die Einwirkung kürzerer Sommer auf die landwirtschaftliche Produktion. Getreidepreise stiegen, der Hunger nahm zu. Untersuchungen von Skeletten aus dieser Zeit haben sogar ergeben, dass die Menschen deutlich kleiner waren als in den Jahrzehnten zuvor und danach.[5] Mangelernährung bewirkte eine Zunahme von Krankheiten. Es wird angenommen, dass die oft hervorgehobene Reduktion der

---

[4] Pfister 2005, 43 ff.
[5] Behringer 2005, 445 f.

deutschen Bevölkerung um ein Drittel in den Jahren des Dreißigjährigen Kriegs nicht allein durch den Krieg, sondern auch durch
das ungünstige Klima bewirkt wurde. Dabei haben natürlich Plünderungen durch die Soldateska an vielen Orten noch zur Not der
Bevölkerung beigetragen.

Neben dem Klima war es der Krieg, der die Krise verschärfte.
Dabei ist der Dreißigjährige Krieg nur der bekannteste unter den
Kriegen, die in jenen Jahren Europa heimsuchten. Während Kriege
auch in früheren Zeiten überall geführt wurden, hatten die Kriege
der Krisenzeit doch eine ganz neue Qualität. Die Heere waren größer als je zuvor. Es gab bereits stehende Heere der verschiedenen
Machthaber, aber diese wurden durch Söldner ergänzt, die brutal
ganze Landstriche ausplünderten. Die Ausrüstung der Heere mit
Geschützen und Handfeuerwaffen etc. machte die Kriege kostspieliger. Strategie und Taktik nahmen neue Dimensionen an.
Zuvor waren die berühmten Terzios der spanischen Infanterie von
schlachtentscheidender Bedeutung. Nach dem Vorbild des Moritz
von Nassau, der die Truppen der Niederländer im Krieg gegen die
Spanier anführte, teilte der schwedische König Gustav Adolf seine
Truppen in kleinere, bewegliche Einheiten auf. Dazu gehörte auch
eine Kavallerie, deren Reiter nicht mehr nur mit dem Säbel bewaff-
net waren, sondern auch Pistolen mitführten, mit denen sie treff-
sicher schießen konnten.[6] Gustav Adolfs Königreich hatte damals
kaum mehr als eine Million Einwohner, doch es gelang ihm, aus
schwedischen Bauern disziplinierte Krieger zu machen. Ohne die
finanzielle Unterstützung Frankreichs wären ihm aber seine kriegerischen Unternehmungen gar nicht möglich gewesen. Wenn man
bedenkt, dass diese aufwändige Kriegführung in einer Zeit schlechter Ernten stattfand, kann man sich vorstellen, welcher Steuerdruck
erforderlich war, um solche Kriege zu finanzieren. Um diesen Druck
auszuüben bedurfte es einer ständig wachsenden Staatsmacht. Es
gab denn auch gerade in dieser Krisenzeit bemerkenswerte Staatsmänner, die noch vor dem Siegeszug des Absolutismus ihre Staaten sozusagen auf ›Vordermann‹ bringen wollten.

Drei Beispiele sollen hier genannt werden: Gaspar de Guzman
Graf von Olivares (1587–1645) in Spanien, Kardinal Richelieu
(1585–1642) in Frankreich und Axel Oxenstierna (1583–1654) in
Schweden. Diese drei Zeitgenossen hatten unterschiedlichen Erfolg
in ihren Bemühungen. Olivares scheiterte bei seinem Versuch, das
aus vielen Herrschaftsgebieten bestehende spanische Königreich in

---

6   Weigley 2001, 143 f.

einen effizienten Zentralstaat zu verwandeln. Die oben genannten Aufstände der Katalanen und Süditaliener waren in erster Linie gegen seine Politik gerichtet, und sein König, Philipp IV., musste ihn schließlich 1643 entlassen.[7] Er brachte ihn den aufmüpfigen Ständen seines dahinsiechenden Reichs zum Opfer. Richelieu war dagegen erfolgreicher, er überlebte mehrere Anschläge adliger Attentäter, die den von ihm angestrebten Zentralstaat hassten. Die Fronde, die ebenfalls Widerstand gegen diesen Staat leistete, rottete sich erst nach seinem Tod zusammen, doch der von Richelieu und seinem Nachfolger, Kardinal Mazarin, geführte Staat überlebte diese Herausforderung. Der Absolutismus von Louis XIV. wurde auf diesem Fundament errichtet.[8]

Richelieu war besonders erfolgreich in seiner Außenpolitik, die darauf ausgerichtet war, die Macht der Habsburger zu zerschlagen. Dabei wurde ihm Schweden zum wichtigsten Bundesgenossen, und hier war es der von ihm hoch geschätzte Axel Oxenstierna, der die Geschicke dieses kleinen, aber militärisch mächtigen Landes lenkte, zunächst als Kanzler Gustav Adolfs, dessen volles Vertrauen er besaß, und nach dem Tod des Königs auf dem Schlachtfeld (1632) als De-facto-Regent Schwedens bis 1654. Im Unterschied zum gescheiterten Olivares war Oxenstierna auch deshalb erfolgreich, weil er im kleinen und vergleichsweise homogenen Schweden auf weniger Widerstand stieß als Olivares in Spanien. Zudem verfolgte er in Anlehnung an die Niederländer eine sehr erfolgreiche Wirtschaftspolitik.[9] Schweden betrieb eine merkantilistische Politik. Es erschloss seine Kupfer- und Eisenerzvorräte sowie Teer und zog dazu ausländisches Kapital an. Es baute aber auch eine eigene Rüstungsindustrie auf und schöpfte Zölle im Ostseeraum ab. Gerade in der krisengeplagten ersten Hälfte des 17. Jahrhunderts hatten die Niederlande und Schweden ökonomische Erfolge zu verbuchen, wobei die Staatsmacht in Schweden wohl am effizientesten organisiert war.

Der wirtschaftlich effiziente Staat war das Ziel der ›Merkantilisten‹. Der Begriff Merkantilismus wurde erst später von den Kritikern dieser ›Wirtschaftsphilosophen‹ geprägt. Von Freihändlern wie Adam Smith wurde ihnen vorgeworfen, den internationalen Handel als ein Nullsummenspiel betrachtet zu haben, bei dem der Gewinn des einen zum Verlust eines anderen führen muss. So konnten sie nicht erkennen, dass der Handel allen, die an ihm teil-

---

[7]   Bernecker/Pietschmann 1993, 130.
[8]   Burckhardt 1935–1966.
[9]   Wallerstein 1998, 238.

nehmen, Vorteile bringt und das allgemeine Wirtschaftswachstum fördert. Anstatt die als abwertend gemeinte Bezeichnung zu verwenden, die die ›Merkantilisten‹ ja selbst noch nicht kannten, sollte man sie eher als Vertreter eines frühen Etatismus bezeichnen, die die Instrumente der vor ihren Augen anwachsenden Staatsmacht dazu nutzen wollten, die Wohlfahrt des Staates und seiner Bürger zu mehren. Diese Ziele werden schon sehr deutlich in dem ersten ›merkantilistischen‹ Traktat dargestellt, den Antonio Serra 1613 im Gefängnis in Neapel schrieb,[10] wohl um den spanischen Vizekönig zu beeindrucken, der ihn gefangen hielt. Serra war ein Vorläufer moderner Analysten nationaler Innovationssysteme. Gewerbefleiß und Regierungskunst in Genua, Florenz und Venedig dienten ihm als Vorbilder. Er empfahl Importsubstitution und Exportförderung, die den Wohlstand der Nation mehren sollten. Dies erfordere eine kluge Staatstätigkeit, die den Umständen angemessen sein müsse. Dieselben Sonnenstrahlen härten den Ton und schmelzen das Wachs, schrieb Serra, um zu illustrieren, dass die staatliche Intervention sorgfältig geplant werden müsse. Er analysierte auch bereits die kumulative Verursachung des Wirtschaftswachstums. Genau wie Serra betonte auch Thomas Mun (1571–1641) die Bedeutung einer positiven Außenhandelsbilanz für den Reichtum einer Volkswirtschaft.[11] Er hatte einen sehr konkreten Grund für seine Analyse der Handelsbilanz, denn er war einer der Direktoren der englischen Ostindiengesellschaft, und dieser wurde vorgeworfen, große Mengen von Edelmetall zu exportieren und damit England Schaden zuzufügen. Er betonte dagegen, dass die Gesellschaft stets billig einkaufe und teuer verkaufe und somit England weit mehr einbringe, als sie an Edelmetallen ausführe. Er erklärte ferner, dass die Handelsbilanz nicht als bilaterale, sondern als multilaterale Bilanz zu betrachten sei. Eine negative Bilanz gegenüber einem Land könne durch eine positive gegenüber einem anderen ausgeglichen werden. Der große niederländische Rechtsgelehrte Hugo Grotius (1583–1645), der aufgrund seiner berühmten Schrift *Mare Liberum* (Freiheit der Meere, 1609) eigentlich als früher Vertreter des freien Handels gilt, weil er postulierte, dass kein Staat Hoheitsrechte in internationalen Gewässern habe, konnte – wenn es sein musste – auch merkantilistische Grundsätze vertreten, als es darum ging, Monopolrechte der niederländischen Ostindiengesellschaft zu verteidigen. Er argumentierte, dass der Gesellschaft

---

[10]   Rothermund 1978, 7.
[11]   Ebda., 60 f.

durch die Verteidigung von Kolonien in Übersee Kosten entstehen, die sie nur durch ihr Monopol decken könne.[12]

Es ist bezeichnend, dass das merkantilistische Gedankengut in der Zeit der Krise und der wachsenden Staatsmacht seinen Ursprung hatte. Not macht erfinderisch. Man suchte nach Instrumenten einer Wirtschaftspolitik, die es ermöglichten, das Wirtschaftswachstum zu sichern. Die erstarkende Staatsmacht gab Anlass zu der Hoffnung, dass sie zur Förderung des Wachstums eingesetzt werden konnte.

Die neue Ordnung Europas:
Absolutismus, Parlamentarismus und Aufklärung

Theodore Rabb, der die Krise als Suche nach Stabilität in Europa beschrieb, deutete die Beruhigung, die ab 1660 in Europa eintrat, als die Zeit einer neuen Ordnung, die selbst in der Kunst ihren Ausdruck fand.[13] Die dramatische, ausdrucksstarke Kunst des Hochbarock wich einer gelasseneren und eleganteren Form. Mit dem Klima hat sich Rabb nicht beschäftigt, sonst hätte er erwähnen können, dass nun das Wetter in Europa wieder wärmer wurde und es seltener schlechte Ernten gab. Nach dem Westfälischen Frieden entstand ein Europa der in ihren nun gezogenen Grenzen allgemein anerkannten Territorialstaaten. In den meisten dieser Staaten etablierte sich der Absolutismus als stabile Regierungsform. Wie sehr diese Form gleichsam als politische Norm galt, zeigte das Beispiel Dänemarks, das von seinen Gläubigern dazu gezwungen wurde, ein ordentliches absolutistisches Regime einzuführen, da es sonst nicht als kreditwürdig gegolten hätte.[14]

Eine besondere Art der Kreditwürdigkeit brachte aber der in England erstarkende Parlamentarismus mit sich. Das Parlament hatte schon zuvor in England eine wichtige Rolle gespielt. Es musste nach der Restauration der Monarchie Rückschläge hinnehmen, erlangte dann aber durch die Glorreiche Revolution 1688 eine neue Machtfülle. Besonders wichtig war dabei, dass nun nicht mehr der König, sondern das Parlament die Garantie für die Staatsschuld übernahm. Könige kamen und gingen und ihr Finanzgebaren war oft unzuverlässig. Das Parlament aber blieb bestehen. Als das Haus Hannover auf den englischen Thron kam, dessen Könige

---

[12] Ebda., 30.
[13] Rabb 1975, 100 ff.
[14] Wallerstein 1998, 260.

zunächst kaum Englisch sprachen und sich schon daher nicht in die
Politik einmischten, konnte sich die Macht des Parlaments unge-
stört entwickeln und damit auch der ›finanziellen Revolution‹ eine
gesunde Grundlage bieten. Diese führte dazu, dass niedrige Zinsen (ca. 3 Prozent) vorherrschten und die Wirtschaft einen raschen
Aufschwung nahm.[15] Außerdem konnte es sich England auf diese
Weise leisten, Kriege durch Bundesgenossen führen zu lassen, die
man finanziell unterstützte.

In Kontinentaleuropa wurde Frankreich unter dem absolutistischen Regime des ›Sonnenkönigs‹ Louis XIV. zur Vormacht.
Die französische Wirtschaftspolitik wurde entscheidend von seinem Finanzminister Jean-Baptiste Colbert (1619–1683) geprägt,
der denselben merkantilistischen Grundsätzen verpflichtet war wie
Antonio Serra und Thomas Mun. Das architektonische Profil des
absolutistischen Regimes wurde vom Feldmarschall und königlichen Baumeister Sébastien de Vauban (1633–1707) geprägt, dessen Festungsbauten Weltruhm erlangten. Absolutistische Herrscher
residierten nicht mehr in befestigten Schlössern, sondern errichteten Festungen an den Grenzen ihres Reichs und ließen sich von
einem stehenden Heer verteidigen. Sie lebten in von Parkanlagen
umgebenen Palästen, von denen der von Versailles (gebaut von 1661
bis 1688) für viele europäische Herrscher zum Vorbild wurde. Der
Staat wurde im wahren Sinne des Wortes zum ›Hofstaat‹, das Hof-
zeremoniell spiegelte die Ordnung des Staates wider.

Das Zeitalter des Absolutismus war zugleich das der Aufklärung
und seine Idealgestalt war der aufgeklärte Monarch, der sein Land
nach den Regeln der Vernunft regierte. Friedrich II. von Preußen
und der Habsburger Kaiser Joseph II. galten im 18. Jahrhundert als
Herrscher, die diesem Vorbild entsprachen. Die Philosophen und
Intellektuellen, die die eigentlichen Träger der Aufklärung waren,
standen oft nicht in der Gunst ihrer Herrscher oder fanden bei
fremden Herrschern mehr Anerkennung als bei ihren eigenen. So
erging es Voltaire (1694–1778), der von einem Hof zum anderen
reiste, und Denis Diderot (1713–1784), der in Frankreich mehr-
mals ins Gefängnis kam. Diderot wurde schließlich zum Protago-
nisten eines Projekts, das in ganz besonderem Maße den Zeitgeist
widerspiegelte: die Enzyklopädie.[16]

Der absolutistische Herrscher bemühte sich darum, sein Territorium zu kontrollieren und zu verteidigen, der Philosoph der Auf-

---

[15]   Dickson 1967, 471.
[16]   Blom 2005.

klärung wollte alle Gebiete der Wissenschaft erfassen und überzeugend darstellen. Diesem Zweck diente die Enzyklopädie. Diderot war nicht der erste Autor, der ein solches Projekt in Angriff nahm. Den Anfang machte der Brite Ephraim Chambers (1680–1740), dessen zweibändige *Cyclopedia* 1728 erschien. Dem folgte bald darauf das wesentlich ambitioniertere Projekt des jungen deutschen Verlegers Johann Heinrich Zedler (1706–1751), dessen *Universallexikon* von 1732 bis 1750 veröffentlicht wurde und 64 Bände umfasste.[17] Erst danach erschien Diderots *Encyclopédie,* deren 17 Textbände von 1751 bis 1765 veröffentlicht wurden. Ursprünglich sollte Diderot im Auftrag seines Verlegers nur eine Übersetzung der *Cyclopedia* besorgen, doch dann wurde er von der Aufgabe, eine Gesamtdarstellung des menschlichen Wissens seiner Zeit vorzulegen, in Bann gezogen und widmete sich ihr mit missionarischem Eifer. Er lehnte die Theorien früherer Philosophen ab und betonte eine vernunftgeleitete Empirie. In diesem Sinne widmete er auch den von Menschen erfundenen Werkzeugen und Maschinen besondere Aufmerksamkeit. Neben Wissenschaft und Kunst wurde von ihm auch das Handwerk beachtet. Insgesamt sollen 139 Autoren an der *Encyclopédie* mitgearbeitet haben. Diderots Zeitgenosse, der Qianlong-Kaiser, der sich darum bemühte, die geistige Tradition Chinas enzyklopädisch zu erfassen, wäre von Diderots Werk sicher beeindruckt gewesen. Aber Qianlong war kein Aufklärer, sondern ein orthodoxer Konfuzianer, der Diderots Plädoyer für die geistige Freiheit des Menschen sicher für ebenso subversiv erachtet hätte wie die absolutistischen Herrscher Europas und der Papst, der die *Encyclopédie* auf den Index setzte.

Die Vielfalt der Entwicklungen in Asien und Amerika

Die asiatische Macht, die in dieser Epoche Europa unmittelbar konfrontierte, war das Osmanische Reich, dessen Heer 1683 vor Wien stand. Die Osmanen hatten Wien schon einmal im Jahr 1526 bedroht, doch gegen Ende des 16. Jahrhunderts hatte ihr Reich eine Schwächeperiode erlebt. Das aus Amerika einströmende Silber hatte auch hier eine Inflation mit sich gebracht. Korruption war weit verbreitet. Erst der fähige Sultan Murad IV. (1623–1640) stärkte die Macht der Osmanen erneut.[18] Er eroberte 1638 Bagdad.

---

[17]   Quedenbaum 1977.
[18]   Rothermund 1993a, 61.

Ihm folgten wieder mehrere schwache Herrscher. Doch die Wesire
der Familie Köprülü erwiesen sich als energische Mehrer des osmanischen Ruhms, sodass 1672 das Reich seine größte Ausdehnung
erlebte. Der erfolglosen Belagerung Wiens folgten dann die Tür-
kenkriege, in denen das Reich viele Territorien verlor. Im Lauf des
18. Jahrhunderts wurde Russland der größte Gegner der Osmanen, die die Krim und große Teile der Schwarzmeerküste abtreten
mussten. Nun pochte der Sultan auf seine Funktion als Kalif und
damit als Beschützer der Muslime, die unter russische Herrschaft
geraten waren. Es ist bezeichnend, dass die osmanischen Sultane
sich meist dann auf ihre Position als Kalif beriefen, wenn sie an
weltlicher Macht verloren hatten.[19] Im frühen 19. Jahrhundert
forderten die griechischen Freiheitskämpfer die Osmanen heraus.
Die Griechen hatten viele Sympathisanten in Europa. Der Sultan musste sich nicht nur der Griechen erwehren, sondern geriet
auch in Konflikt mit seiner ›Prätorianergarde‹, den Janitscharen,
die allzu mächtig geworden waren. Sie wurden 1826 eliminiert.
Sultan Abdul Medschid I. (1839–1861) führte dann eine Verwal-
tungsreform (Tansimat) ein, mit der er versuchte, sein Reich auf
den europäischen Stand zu bringen. Dies gelang ihm aber nur
bedingt, sein Land wurde mehr und mehr von den europäischen
Mächten abhängig.

Schon früher als die Macht der Osmanen verfiel die der Safawiden im benachbarten Iran. Die berühmte Safawiden-Dynastie,
deren größter Herrscher Abbas I. (1629–1642) gewesen war, fand
schon 1722 ein Ende. Für mehr als ein Jahrzehnt beherrschte der
Usurpator Nadir Shah (1736–1747) das Land. Nach seiner Ermor-
dung erlebte der Iran eine turbulente Zeit, bis mit der Kadscharen-
Dynastie, deren erste drei Herrscher von 1794 bis 1848 regierten,
wieder Ruhe einkehrte. Sie wurde unterbrochen durch zwei Kriege
mit Russland, die zu iranischen Gebietsverlusten führten. Die 1828
gezogene Grenze konnte der Iran dann auch in Zukunft wahren.
Von europäischen Übergriffen blieb das Land verschont.

Ganz anders erging es Indien, das unter britische Kolonialherrschaft geriet, nachdem die einst so mächtige Dynastie der Großmoguln verfallen war. Das Reich der Großmoguln hatte im 17.
Jahrhundert den Höhepunkt seiner Macht erreicht. Wie das Reich
der Osmanen und der Safawiden gehörte das Mogulreich zu den
sogenannten ›Schießpulverreichen‹, die man besser Feldartillerie-
staaten nennen sollte, denn es war diese Waffengattung, der sie

---

[19] Ortaylı 1993, 7.

ihren Aufstieg im 16. Jahrhundert verdankten.[20] Die Feldartillerie war eine gefürchtete Antikavalleriewaffe und ließ sich auf dem Schlachtfeld mobil einsetzen. Es war eine teure Waffengattung, die daher zur Erhaltung zentraler Mächte beitrug, die sie sich leisten konnten. Von einer Krise des frühen 17. Jahrhunderts war in Indien wenig zu merken. Außer einer regionalen Hungersnot in Gujarat 1630 scheint es zu keinen größeren Katastrophen gekommen zu sein.[21] Unter Shah Jahan, der von 1627 bis 1658 regierte, erlebte das Reich sowohl politisch als auch kulturell eine Blütezeit. Er eroberte weite Teile des indischen Hochlands und baute in Delhi das berühmte Rote Fort und in Agra das Taj Mahal, das Grabmal seiner Lieblingsfrau. Auf Shah Jahan folgte sein Sohn Aurangzeb, nachdem er seinen Vater gefangengesetzt und seine Brüder besiegt hatte. Die Großmoguln kannten keine feste Erbfolgeregel, deshalb herrschte ein dynastischer Darwinismus. Meist kam der rücksichtsloseste Prinz an die Macht, und so konnte die Dynastie mehrere Generationen ohne Zeichen des Verfalls überstehen. Aurangzeb setzte durch sein langes Leben diesen Prozess der Auslese außer Kraft. Er starb 1707, als sein Sohn und Nachfolger bereits selbst sehr alt war. Aurangzeb war ein großer Eroberer. Er hatte fast den ganzen indischen Subkontinent unterworfen und die Reichshauptstadt von Delhi nach Aurangabad im Hochland verlegt, um den Süden besser in den Griff zu bekommen. Sein Reich litt jedoch unter dem Phänomen der imperialen Überdehnung (*imperial overstretch*). Nach seinem Tod zerbrach es daran.[22]

Im 18. Jahrhundert wurde Indien von vielen regionalen Machthabern beherrscht. Wirtschaftlich ging es Indien zu dieser Zeit gut. Es exportierte Baumwolltextilien in großen Mengen, zumal die europäische Nachfrage nach diesen neuen Stoffen bereits im 17. Jahrhundert rasch gewachsen war. Nach den Niederländern hatten vor allem die Briten den Handel mit Baumwolltextilien vorangetrieben und waren dabei immer weiter ins Innere des Landes vorgedrungen, um in Kontakt mit den Produzenten zu kommen. Die dabei gewonnenen Ortskenntnisse konnten sie nutzen, als sie sich mit indischen Herrschern anlegten und schließlich zur territorialen Kolonialherrschaft übergingen. Dies soll im nächsten Abschnitt näher behandelt werden, weil indische und europäische Geschichte im Siebenjährigen Krieg miteinander verflochten wurden.

---

[20] Kulke/Rothermund 2006, 251 f.
[21] Mundy 1914. Peter Mundy war 1630 ein Augenzeuge der Hungersnot.
[22] Kulke/Rothermund 2006, 264.

Dass Asien bis ins 18. Jahrhundert Europa noch in vieler Hinsicht voraus war, zeigte sich vor allem in einem bemerkenswerten Aufschwung Chinas unter der Mandschu(Qing)-Dynastie. Im frühen 17. Jahrhundert wurde China unter der Ming-Dynastie ebenfalls von einer Krise geplagt, die vermutlich – so wie jene in Europa – klimatische Ursachen hatte. Die Jahre von 1630 bis 1640 waren von Ernteausfällen und Hungersnöten geprägt.[23] Unruhen erschütterten das große Land, und der letzte Ming-Kaiser beging aus Verzweiflung Selbstmord. Die militärisch sehr gut gerüsteten Mandschu standen schon vor den Toren des Landes und übernahmen es 1644 sozusagen im Handstreich. Das mandschurische Militär war in acht ›Banner‹ unterteilt, die auf mehrere Garnisonen in China verteilt wurden. Dieses wohlorganisierte stehende Heer verlieh der neuen Dynastie eine Macht, die die der Ming-Dynastie weit übertraf. Auch brachte diese Dynastie zwei außergewöhnliche Herrscher hervor, den Kangxi-Kaiser und den Qianlong-Kaiser, die zudem sehr lange regierten (Kangxi von 1662 bis 1722, Qianlong von 1736 bis 1795). Sie eroberten weite Gebiete Zentralasiens, verliehen ihrem Reich zugleich aber eine bemerkenswerte innere Stabilität. Die Agrarproduktion und damit auch die Bevölkerung nahmen wieder zu.[24] Am Ende der Regierungszeit Qianlongs hatte China eine Bevölkerung von rund 350 Millionen.

Der Kangxi-Kaiser, ein Zeitgenosse Louis' XIV., war für neue Ideen sehr aufgeschlossen. Jesuiten an seinem Hof brachten ihm die Erkenntnisse der westlichen Astronomie und gestalteten seinen Kalender. Er interessierte sich auch für die Prinzipien der westlichen Musik und ließ von Jesuiten eine Darstellung dieser Prinzipien verfassen, die in die kaiserliche Enzyklopädie aufgenommen wurde. Musik galt in China als Inbegriff der kosmischen Harmonie, und so war die Beachtung der westlichen Musik durch Kangxi eine erstaunliche Neuerung.[25] Die Mandschu folgten an sich dem lamaistischen Buddhismus, doch Kangxi förderte in China eine Renaissance des Konfuzianismus. Er hatte erkannt, dass der orthodoxe Konfuzianismus eine starke Stütze des Staates war, und nutzte dies zur Erhaltung seiner Macht. Sein Lieblingsenkel Qianlong folgte ihm darin. In seinen Bemühungen um die Besinnung auf die chinesische Tradition ging er sogar noch weiter und gab eine Sammlung der gesamten chinesischen Literatur in Auftrag, die schließlich 36.000 Bände umfasste. Dabei wurden freilich auch

---

[23] Atwell 1997, 238.
[24] Osterhammel 1989, 33 f.
[25] Zhang Que 1999, 247.

Werke ausgemerzt, die Qianlong für staatsgefährdend hielt. Gegen
Ende der Regierungszeit dieses außergewöhnlichen Kaisers nahm
die Günstlingswirtschaft zu, und dies provozierte Aufstände. Zu
Beginn des 19. Jahrhunderts war die Herrschaft der Qing-Dynastie bereits geschwächt. Die Briten fügten ihr in den Opiumkriegen
(1839–1842, 1856–1858) schwere Niederlagen zu. Von entscheidender Bedeutung waren dabei die Kanonenboote, die die Briten
einsetzten.[26] Diesen Produkten der Industriellen Revolution hatte
China nichts Gleichwertiges entgegenzusetzen. Außerdem war es
durch das Opium, mit dem die Briten die Chinesen regelrecht ver-
giftet hatten, in vieler Hinsicht geschwächt worden. Die Ostindiengesellschaft hatte in Indien den Anbau von Mohn für die Opi-
umherstellung systematisch vorangetrieben und sich ein Monopol
auf diesem Gebiet gesichert. Da die Einfuhr von Opium in
China verboten war, beteiligte sich die Ostindiengesellschaft nicht
direkt an diesem Handel, sondern verkaufte das Opium an private Händler, die es nach China hineinschmuggelten. Millionen
von Chinesen verfielen der Sucht des Opiumkonsums. Dabei floss
das Silber, das die Briten im Rahmen des Teehandels nach China
gebracht hatten, wieder aus dem Land heraus. Dies bewirkte eine
Deflation, die die chinesische Wirtschaft schädigte und zu Unruhen führte.[27] Der chinesische Kaiser hatte also gute Gründe dafür,
energisch gegen den Opiumhandel vorzugehen. Durch den Opiumkrieg wurde er dann aber dazu gezwungen, den Handel weiter
zuzulassen und sogar noch mehr chinesische Häfen zu öffnen und
dort die Stationierung britischer Kanonenboote zu gestatten.

Der Machtverfall Chinas im 19. Jahrhundert stand in kras-
sem Gegensatz zu seiner Blütezeit im 18. Jahrhundert. Diese Blütezeit hat etliche Historiker dazu inspiriert, den Kontrast zwischen
einem noch recht armen Europa und dem reichen China in jener
Zeit hervorzuheben. Für Kenneth Pomeranz, der ein viel beach-
tetes Buch (*The Great Divergence*) über dieses Thema geschrieben
hat, begann die Divergenz zwischen China und Europa erst im frühen 19. Jahrhundert.[28] Aus diesen Studien ergibt sich die Frage,
warum die Industrielle Revolution in Europa und nicht in China
stattgefunden hat. Dazu soll im vorletzten Abschnitt dieses Beitrags Stellung genommen werden. Zu der angeblich erst im frühen 19. Jahrhundert auftretenden Diskrepanz zwischen China und
Europa sei jedoch bereits hier vermerkt, dass China zu jener Zeit

[26]   Osterhammel 1989, 134.
[27]   Ebda., 146.
[28]   Pomeranz 2000.

noch ein Agrarstaat war, dem wesentliche Strukturelemente eines
›modernen‹ Staates fehlten, die die westeuropäischen Staaten jener
Zeit bereits aufwiesen. Wie zuvor erwähnt, hatten sich europäische
Staatsmänner bereits seit dem 17. Jahrhundert darum bemüht,
zentralstaatliche Verwaltungen zu entwickeln. Diese Bemühungen
waren nicht überall von Erfolg gekrönt und riefen oft beträcht-
lichen Widerstand hervor. Besonders die Briten hatten jedoch seit
der Glorreichen Revolution bedeutende Fortschritte auf diesem
Gebiet gemacht. In China war jedoch ein eindrucksvolles Wirtschaftswachstum nicht von der Entwicklung einer vergleichbaren
staatlichen Struktur begleitet worden. Das aber machte China im
19. Jahrhundert verwundbar, als es die in dieser Hinsicht besser
organisierten Briten herausforderten.

Ähnlich verwundbar war auch Japan, das eine andere politische
Entwicklung durchlaufen hatte als China, aber dabei ebenfalls keine
Strukturen eines modernen Staats hervorgebracht hatte. In Japan
wurden das 17. und 18. Jahrhundert vom Shogunat der Tokugawa
geprägt. Tokugawa Ieyasu hatte sich 1600 zum unumschränkten
Herrscher des Landes aufgeschwungen. Der Kaiser hatte nur noch
zeremonielle Funktionen. Die Tokugawa-Shogune etablierten ein
sehr striktes Feudalsystem und schotteten Japan weitgehend gegen
das Ausland ab. Lediglich der niederländischen Ostindiengesellschaft war auf einer Insel im Hafen von Nagasaki eine Niederlas-
sung zugestanden worden. Im frühen 17. Jahrhundert nutzte den
Niederländern der Zugang zum japanischen Silber, denn Japan
hatte als einziges Land Asiens reiche Silbererzvorkommen.[29] Die
Japaner wiederum profitierten von technischen Kenntnissen, die
die Niederländer ihnen vermittelten. Unter den Tokugawa blüh-
ten die Handelsstädte und die Kaufmannschaft auf, die eigentlich
nicht so recht in das herrschende Feudalsystem passten und eine
Eigendynamik entwickelten. Die Begehrlichkeit der Ausländer
wurde durch die wirtschaftliche Entwicklung Japans geweckt. Die
Tokugawa verwehrten ihnen den Zugang zum japanischen Markt,
bis der Amerikaner Perry 1853 mit der Waffengewalt seiner Kriegs-
schiffe die Öffnung der japanischen Häfen erzwang.

In Südostasien machte sich die Krise des 17. Jahrhunderts sehr
deutlich bemerkbar. Ein Grund dafür war die zunehmende Gewalt-
tätigkeit der Niederländer, die viele Teile des maritimen Südostasien sehr leicht erreichen konnten. Nach dem ›langen 16. Jahrhundert‹, in dem der maritime Handel rasch gewachsen war, wurde

---

[29]   Prakash 1998, 59, 100.

das 17. Jahrhundert zu einer Epoche, in der viele südostasiatische Staaten sich von diesem Handel zurückzogen, weil sie die Macht der Niederländer fürchteten. Es kam hinzu, dass auch in dieser Weltregion ein ungünstiges Klima die Agrarproduktion empfindlich reduzierte. Die Untersuchung der Jahresringe von Bäumen auf Java hat ergeben, dass die Regenfälle im ersten Jahrzehnt des 17. Jahrhunderts stark zurückgingen und dann noch stärker in den Jahrzehnten von 1630 bis 1660. Für Anthony Reid bezeichnet die Krise des 17. Jahrhunderts das Ende einer Epoche des blühenden Handels, die mit dem Strom des amerikanischen Silbers nach Asien begonnen hatte.[30]

Amerika erlebte in der fraglichen Periode eine ganz andere Entwicklung als Europa und Asien. Seit der Entdeckung und Erschließung durch die Europäer befand es sich geradezu in einer Dauererkrise. Die einheimische Bevölkerung starb wie die Fliegen nach der Begegnung mit den Europäern, die Krankheiten mitbrachten, die in Amerika unbekannt waren. Die Europäer verpflanzten viele amerikanische Agrarprodukte nach Europa und Asien, wo sie sich rasch verbreiteten.[31] Im Gegenzug brachten sie Zucker und Baumwolle nach Amerika, die dort von europäischen Pflanzern als Nutzfrüchte für den Export angebaut wurden. Als Arbeitskräfte wurden afrikanische Sklaven in großer Zahl nach Amerika gebracht, viele gingen bereits während des Transports zugrunde. Das in Mexiko und Peru gefundene Silber strömte nach Europa und Asien, brachte aber den Indianern, die es abbauten, nur Elend und Tod. Im 17. Jahrhundert ging der Strom des Silbers bereits zurück.

Im Unterschied zu Asien, das nie eine größere Zahl europäischer Auswanderer anzog, wurde Amerika für sie zum bevorzugten Einwanderungsgebiet. Die Zahl der weißen Einwohner der britischen Kolonien in Nordamerika wuchs von 1700 bis 1780 von 223.000 auf 2,1 Millionen an, die der nach Nordamerika verbrachten schwarzen Sklaven von 28.000 auf 557.000.[32] Die spanischen Kolonien in Lateinamerika erwiesen sich als weniger attraktiv. In den drei Jahrhunderten spanischer Kolonialherrschaft waren nur ca. 750.000 Menschen dorthin ausgewandert. Die französische Auswanderung nach Amerika war im Vergleich zur britischen und spanischen geringfügig, allerdings waren die Franzosen sowohl im Norden (Kanada) als auch im Hinterland der britischen Kolonien sehr

---

[30] Reid 1997, 207 ff.
[31] Ortmayr 2004, 77 ff.
[32] Rothermund 2004, 30.

viel weiter vorgedrungen.[33] Das sollte beim Ringen von Briten und
Franzosen um die Weltherrschaft eine wichtige Rolle spielen.

Der Siebenjährige ›Weltkrieg‹ und seine Folgen

In Europa ist der Siebenjährige Krieg (1756–1763) in erster Linie
mit den Eroberungszügen Friedrichs des Großen gegen Österreich
verbunden. Im globalen Kontext bewährte sich Friedrich jedoch
als der ›Festlandsdegen‹ der Briten, der französische Kräfte auf dem
Kontinent band, während in Kanada und Indien britische gegen
französische Truppen um die Weltherrschaft kämpften. Natürlich
ist dieser ›Weltkrieg‹ in seiner Intensität und der Zahl seiner Opfer
nicht mit denen des 20. Jahrhunderts zu vergleichen, aber seine
Folgen waren in ihrer Tragweite von ähnlicher Bedeutung wie die
der späteren Weltkriege. Die Amerikanische und die Französische
Revolution gehörten zu den Folgen dieses Kriegs ebenso wie die
Sicherung der britischen Kolonialherrschaft in Indien. Die europäischen Kriegsereignisse dürfen als bekannt vorausgesetzt werden,
hier sollen die Auseinandersetzungen von Briten und Franzosen in
Amerika und Indien im Vordergrund stehen.

In Nordamerika hatten sich die Franzosen in Kanada und in
den weiten Räumen westlich der britischen Kolonien einen Vorsprung gesichert. Sie hatten es verstanden, mit den Indianerstäm-
men Bündnisse zu schließen. Schon in den 1740er Jahren kam es
zu den *French and Indian Wars*, die die Siedler in den britischen
Kolonien bedrohten. Auch in Indien gab es schon zu dieser Zeit
Auseinandersetzungen zwischen Franzosen und Briten. Dem französischen Admiral La Bourdonnais gelang es, 1746 Madras zu erobern und damit den Briten ihren wichtigsten Stützpunkt in Südindien zu nehmen. Madras wurde den Briten im Friedensvertrag
von 1748 zurückgegeben.[34] Doch in der Folgezeit kam es zu einem
Stellvertreterkrieg. Indische Fürsten auf dem Hochland bekämpften
einander, und Briten und Franzosen nahmen Partei für jeweils einen
der indischen Kontrahenten. Der tatkräftige französische Gou-
verneur Dupleix glaubte, diesen Krieg gewonnen zu haben, doch
seine Vorgesetzten in Paris sahen das anders. Die französische Ostindiengesellschaft hatte zu den Zeiten des Kriegs keinen Gewinn
eingebracht. Dupleix wurde abberufen und die Niederlassungen

---

[33]   Lloyd 1984, 70.
[34]   Kulke/Rothermund 2006, 287.

der Gesellschaft 1754 wurden zum großen Teil aufgegeben, denn noch ahnten die Franzosen nicht, dass ihnen 1756 bereits wieder ein Krieg in Indien drohte.[35]

In den Jahren von 1757 bis 1761 fanden drei Schlachten in Indien statt, die in keinem Zusammenhang miteinander standen, aber letztlich alle darauf hinausliefen, den Briten die Vormacht in Indien zu sichern. In Bengalen besiegte Robert Clive 1757 den Nawab in der Schlacht von Plassey, in Wandiwash in der Nähe von Madras gewannen die Briten 1760 eine entscheidende Schlacht gegen die Franzosen und auf dem Schlachtfeld von Panipat nördlich von Delhi besiegten die Afghanen ein großes Heer der Marathen. Danach zogen sich die Afghanen nach Norden und die Marathen nach Süden zurück. So entstand ein Machtvakuum, in das die Briten geradezu hineingesaugt wurden.[36]

Inzwischen hatte in Kanada der britische General Wolfe 1759 Quebec erobert und damit den entscheidenden Sieg errungen, der den Briten dort die Vorherrschaft sicherte.[37] Sie eroberten bald darauf auch Montreal. Der Friedensvertrag, der 1763 in Paris besiegelt wurde, bezeichnete die Geburtsstunde der britischen Weltmacht und verurteilte Frankreich dazu, von nun an nur noch eine zweitrangige Rolle zu spielen. Natürlich strebte Frankreich nach Revanche. Doch war es durch die Kriegsfolgen so belastet, dass es zunächst nichts gegen die Briten unternehmen konnte. Auch Großbritannien war hoch verschuldet. Die Bemühungen beider Länder, Steuererhöhungen durchzusetzen, wurden zum Anlass für die Amerikanische und für die Französische Revolution.

Die Amerikanische und die Französische Revolution

Großbritannien hatte für den Krieg in Nordamerika beträchtliche Kosten zu tragen, und die nahmen nach dem Krieg nicht ab, denn die Sicherung der Grenzen der Kolonien verursachte weiterhin hohe Militärausgaben, an denen sich die Kolonien selbst jedoch nicht beteiligen wollten. Diese Kolonien hatten im 18. Jahrhundert ihre jeweils eigene demokratische Entwicklung erlebt. Ihre selbstbewussten Legislativen (*assemblies*) behaupteten ihre Eigenständigkeit gegenüber dem britischen Parlament, in dem die Kolonien nicht vertreten waren. Sie waren aber auch nicht geneigt,

---

[35] Ebda., 288.
[36] Ebda., 290 f.
[37] Lloyd 1984, 80.

Gemeinschaftsaufgaben aller Kolonien zu finanzieren. Als nun das Parlament damit begann, den Kolonien Steuern aufzuerlegen, die sie alle trafen, wurde damit eine Solidarität der Kolonien erzeugt, die sich sonst nicht ergeben hätte. Als es zum bewaffneten Widerstand kam, setzte die britische Regierung Truppen ein, um den Gehorsam der Kolonisten zu erzwingen. König George III., der seit 1760 regierte, war der erste seiner Dynastie, der in Großbritannien aufgewachsen war und sich stolz als Brite bezeichnete. Er war vom Zeitgeist des Absolutismus beeinflusst, respektierte die gewachsene Macht des Parlaments, wollte aber den Ungehorsam der Kolonien auf keinen Fall dulden.[38] Er trug so zum Ausbruch der Amerikanischen Revolution bei. Es kam hinzu, dass Frankreich sich die Chance nicht entgehen ließ, sich für die Schmach von 1763 zu revanchieren, und deshalb den Kampf der amerikanischen Kolonien unterstützte, obwohl es seine Staatsfinanzen noch nicht in Ordnung gebracht hatte. Dieser Einsatz wurde zum Bumerang, der Frankreich mit einiger zeitlicher Verzögerung empfindlich traf. Die freiheitlichen Ideen der Amerikanischen Revolution verbreiteten sich auch in Frankreich, und die Krise der französischen Staatsfinanzen zwang zur Einberufung der Generalstände, die sich als Vorstufe zur Französischen Revolution erwies.[39]

Die privilegierten Stände Frankreichs, die zumeist gar keine Steuern zahlten, hatten sich erfolgreich allen Finanzreformversuchen widersetzt. Es blieb daher gar keine andere Wahl, als die Generalstände, die bereits seit Jahrzehnten nicht mehr getagt hatten, zur Bewilligung von Steuern einzuberufen. Um ein Gleichgewicht zwischen den ersten beiden Ständen (Adel und Geistliche) und dem dritten Stand, der bisher allein die Steuerlast trug, herzustellen, wurde die Zahl der Vertreter des dritten Standes verdoppelt. Das war nur gerecht, erwies sich aber als geradezu revolutionär. Die Hoffnung, dass der dritte Stand die Forderungen des Königs gegen die anderen beiden Stände durchsetzen werde, erwies sich als trügerisch. Letztlich blieb auch der König dabei auf der Strecke. Die Monarchen Europas verbündeten sich in einer ›Heiligen Allianz‹ gegen das revolutionäre Frankreich, konnten aber die schlagkräftige Armee der revolutionären Nation nicht besiegen. Aus dieser Armee ging dann das Heer Napoleons hervor, der die Ideale der Revolution verriet und sich selbst zum Kaiser krönte. Er eilte zunächst von Sieg zu Sieg und verhängte gegen Großbritan-

---

38   Namier 1929 und Namier 1930.
39   Schulin 2004.

nien die Kontinentalsperre, die es empfindlich traf. Doch schließlich scheiterte Napoleon, und damit war Frankreichs Großmachtstraum ausgeträumt.

Die Amerikanische Revolution wurde dagegen zum Fundament einer künftigen Großmacht, die das alte Europa in den Schatten stellen sollte. Diese Revolution hatte in der Unabhängigkeitserklärung von 1776 ihren beredten Ausdruck gefunden, doch wäre man dabei stehen geblieben, so hätten die einzelnen Kolonien je für sich auf ihrer Unabhängigkeit beharrt, und es wäre nicht zur Gründung der Vereinigten Staaten gekommen. Vom Friedensvertrag von 1783, mit dem der Unabhängigkeitskrieg erfolgreich abgeschlossen wurde, bis zur Verabschiedung der Verfassung von 1789 war ein mühevoller Weg zu gehen. George Washington, der Sieger im Unabhängigkeitskrieg, hätte leicht zum amerikanischen Napoleon werden können, doch er war ein überzeugter Demokrat, der sogar nach zwei Amtsperioden als Präsident aus prinzipiellen Gründen auf eine Wiederwahl verzichtete. Unter seiner Ägide hatten die Väter der amerikanischen Verfassung konstruktive Arbeit geleistet. Sie hatten die Egoismen der verschiedenen Kolonien überwunden und sie zu einem demokratischen Bundesstaat zusammengeführt.[40]

Großbritannien verschmerzte den Verlust der Kolonien sehr rasch. Diese hatten Großbritannien wirtschaftlich nichts eingebracht und es nur mit Verteidigungskosten belastet. Die britischen Handelsbeziehungen mit den Vereinigten Staaten entwickelten sich sehr gut. Nur einmal kam es noch zu einem Konflikt, als die Amerikaner die britische Blockade des Handels mit dem europäischen Kontinent, die die Antwort auf Napoleons Kontinentalsperre war, nicht respektieren wollten. Es kam hinzu, dass die Amerikaner gern Kanada vereinnahmt hätten, das unter britischer Herrschaft verblieben war. Ein kurzer Krieg (1812–1814) endete mit einem britischen Sieg, doch im Friedensvertrag wurde der Status quo wiederhergestellt. Danach entwickelten sich die britisch-amerikanischen Wirtschaftsbeziehungen wiederum sehr gut. Amerika erwies sich als expandierender Markt, der die britischen Industrieerzeugnisse aufnahm, die im Zuge der Industriellen Revolution in wachsendem Maße exportiert wurden.

---

[40] Guggisberg 1975, 52 ff.

Revolution der Wissenschaft und Industrielle Revolution

Die Industrielle Revolution hatte gerade in den Jahren, in denen Kontinentaleuropa von den Wirren der Französischen Revolution und den Eroberungszügen Napoleons betroffen war, in Großbritannien große Fortschritte gemacht. Sie hatte dort freilich im 18. Jahrhundert bereits eine lange Inkubationszeit durchlaufen. Eine wichtige Voraussetzung für die Industrielle Revolution war die Revolution der Wissenschaft, die schon im 17. Jahrhundert sehr bedeutsam war. In Analogie zu heutigen Softwareprodukten kann man die Erkenntnisse der Wissenschaft als eine *public domain* bezeichnen, die ganz Europa umfasste.

Meist steht bei der Schilderung der europäischen Revolution der Wissenschaft Kopernikus und sein heliozentrisches Weltbild am Anfang. Doch ein solches Weltbild gab es bereits in der Antike, und im 13. Jahrhundert hatte der Astronom al-Tusi in Bagdad ein System entworfen, das jenes des Kopernikus vorwegnahm.[41] Es hatten sich aber daraus keine weiteren wissenschaftlichen Entwicklungen ergeben. Das hätte auch das Schicksal des Kopernikus sein können. Davor wurde er durch die Arbeiten späterer Wissenschaftler bewahrt, die Empirie und Theorie miteinander verbanden. Hier wären in erster Linie die Zeitgenossen Johannes Kepler (1571–1630) und Galileo Galilei (1584–1642) zu nennen.[42] Kepler konnte als kaiserlicher Hofmathematiker auf die detaillierten Beobachtungen der Planetenbewegungen, die sein Vorgänger, der Däne Tycho Brahe, aufgezeichnet hatte, zurückgreifen und nachweisen, dass die Planetenbahnen keine Kreise, sondern Ellipsen sind. Er leitete daraus seine Sätze über die Bewegung im Gravitationsfeld ab, die später zu Newtons Formulierung des allgemeinen Gravitationsgesetzes beitrugen. Kepler korrespondierte mit Galilei, der an den Fallgesetzen arbeitete und Theorien über die Beschleunigung aufstellte. Während Brahes Beobachtungen, auf die sich Keplers Theorien stützten, noch ohne Fernrohr gemacht worden waren, konstruierte Galilei Fernrohre, die ihm schließlich eine 33-fache Vergrößerung einbrachten. Die Linsen für diese Fernrohre schliff Galilei mit eigner Hand. Empirie und Theorie ergänzten sich bei ihm auf bemerkenswerte Weise. Dies kann man auch von Otto von Guericke (1602–1686) sagen, der für seine Untersuchungen zur Pneumatik 1649 die Kolbenvakuumluftpumpe erfand, mit der

---

[41] Huff 1993.
[42] Zu Keplers Gesetzen vgl. Guthmann 1994; zu Galilei vgl. Drake 2006.

er dann die berühmten Magdeburger Halbkugeln luftleer pumpte, die von acht Pferdegespannen nicht auseinander gerissen werden konnten. Diese Demonstration des enormen atmosphärischen Drucks war für viele technische Neuerungen der Folgezeit von großer Bedeutung. Guericke führte auch den Nachweis, dass zwar das Licht, nicht aber der Schall den luftleeren Raum durchdringen kann, und er konstruierte ein Barometer, das sich zur Wettervorhersage einsetzen ließ.[43]

In der nächsten Generation waren es Isaac Newton (1642–1727) und Gottfried Wilhelm Leibniz (1646–1716), die Theorie und Empirie miteinander verbanden.[44] Newton formulierte das allgemeine Gravitationsgesetz und griff dabei auf Kepler und Galilei zurück. Bei der Konstruktion von Fernrohren ging Newton einen Schritt über Galilei hinaus und erfand das Spiegelteleskop. Newtons grundlegende Werke über Mechanik und Optik waren wegweisend für die Zukunft. In der Mathematik war er der Pionier der Infinitesimalrechnung, die unabhängig von ihm auch von Leibniz in der Form der Integral- und Differentialrechnung eingeführt wurde. Leibniz betätigte sich einerseits auf dem abstrakten Gebiet der symbolischen Logik und entwarf eine universale Zeichensprache, erfand aber auch eine Rechenmaschine, die mit Staffelwalzen arbeitete. Diese Maschine wurde zum Vorbild für viele spätere Maschinen dieser Art. Leibniz war seiner Zeit weit voraus, als er die binäre Kodierung empfahl, die erst zwei Jahrhunderte später im Computer Anwendung fand. Auch seine Pläne für ein Unterseeboot waren sozusagen futuristisch.

Es geht hier nicht darum, die Wissenschaftsgeschichte erschöpfend darzustellen. Die genannten Beispiele sollten nur dazu dienen, aufzuzeigen, wie Empirie und Theorie miteinander verknüpft wurden, um die Wissensbasis zu erweitern, auf die sich dann später technische Neuerungen aller Art stützen konnten. Joel Mokyr hat diese systematische Erweiterung der Wissensbasis als wesentliche Voraussetzung der Industriellen Revolution hervorgehoben und betont, dass so auch erklärt werden könne, warum sie in Europa und nicht in Asien stattgefunden habe.[45] In Asien wurden zwar auch große wissenschaftliche Leistungen vollbracht – man denke nur an die indische Mathematik – und viele technische Erfindungen gemacht – so etwa Kompass, Papier und Buchdruck in China –, doch es fehlte die Zusammenführung von Wissen-

---

43 Schneider 2002.
44 Zu Newton vgl. Heuser 2005; zu Leibniz vgl. Poser 2005.
45 Mokyr 2002.

schaft und Technik auf der Grundlage einer gemeinsamen Wissensbasis. Ein weiterer Grund für das Fehlen einer Industriellen Revolution in Asien war jedoch das enorme Angebot an Arbeitskräften aller Art, das die Bemühung um arbeitssparende Maschinen überflüssig machte.

Die Knappheit an Arbeitskräften machte sich in Europa zunächst in der englischen Baumwolltextilindustrie bemerkbar. Im Unterschied zur Wollweberei, die in England eine alte handwerkliche Tradition hatte, war die Herstellung von Baumwolltextilien in England eine Neuheit, die sich daraus ergab, dass die aus Indien importierten bedruckten Baumwolltuche Europa geradezu im Sturm eroberten. Die Niederländer hatten diese neuen Waren zunächst versuchsweise bei den Auktionen aus Asien importierter Waren in Amsterdam angeboten. Die Auktion nach der niederländischen Methode (*Dutch auction*)[46] eignete sich hervorragend, um die Nachfrage nach neuen Waren zu testen. Im Unterschied zur sonst üblichen Versteigerung, bei der der Meistbietende den Zuschlag erhält, wird hier zunächst ein hoher Preis genannt, der dann schrittweise reduziert wird, bis die Waren abgesetzt sind. Als die bedruckten indischen Stoffe dann auch in der Damenmode für Aufsehen sorgten, wuchs die Nachfrage enorm an. Doch die indischen Stoffe waren mit stets gleichbleibenden traditionellen Mustern bedruckt, die nicht modisch variiert wurden. Daher bot es sich geradezu an, weiße indische Baumwollstoffe zu importieren und in Europa mit modischen Mustern bedrucken zu lassen. Ein Anfang wurde damit schon in den Niederlanden im späten 17. Jahrhundert gemacht, aber den eigentlichen Durchbruch schafften erst die Londoner Textildrucker, die zum Teil sehr große Werkstätten mit mehreren hundert Mitarbeitern unterhielten. Sie wurden 1700 durch ein britisches Gesetz begünstigt, das nur noch die freie Einfuhr weißer Baumwolltuche erlaubte, während bedruckte Stoffe allein für den Reexport eingeführt werden durften. Die britische Ostindiengesellschaft besorgte in Bengalen in großen Mengen weißes Baumwolltuch für die Londoner Drucker und ließ es dort sorgfältig bleichen und vorbereiten. Eine falsche Behandlung des Tuchs wäre erst beim Bedrucken in London entdeckt worden. So wurde in Indien ein halbfertiges Fabrikat hergestellt,

---

[46] Diese Methode wurde durch die Tulpenzwiebelversteigerungen in Amsterdam um 1630 bekannt. In jüngster Zeit benutzte sie die Firma Google, um bei ihrem Börsengang 2004 ihre Aktien unterzubringen.

das für die Drucker zunächst unentbehrlich war.[47] Indien war so schon um 1700 keine „externe" Arena mehr (d.h. ein außerhalb des kapitalistischen Weltsystems gelegenes Gebiet), wie Wallerstein meint[48], sondern unmittelbar in die kapitalistische Produktion einbezogen.

Die Londoner Drucker mit ihren großen Werkstätten waren keine kleinen Handwerker, sondern bereits Fabrikanten. Als es infolge kriegerischer Wirren in Indien immer schwieriger wurde, die Baumwolltuche in genügender Quantität und Qualität zu besorgen, mussten sie in England hergestellt werden. Doch dort machte sich bald der Mangel an Arbeitskräften bemerkbar. Die Wollindustrie, die über die Konkurrenz der Baumwolltextilproduktion klagte, war dennoch völlig ausgelastet und exportierte immer mehr Wollstoffe. Sie konnte daher keine Arbeitskräfte freisetzen. Arbeitssparende Geräte wurden dringend notwendig. Das erste Gerät dieser Art war das fliegende Weberschiffchen, das John Kay 1733 erfand. Es konnte mit einem Seilzug mit einer Hand vom Weber durch die aufgespannten Fäden der Kette geschleudert werden. Zuvor hatte er das Schiffchen mit beiden Händen durch die Fäden hindurchführen müssen. Bei breiteren Stoffen musste ein Gehilfe das Schiffchen hindurchstecken. Mit Kays Schiffchen konnte ein Weber in geringerer Zeit mehr Garn verweben und so die Produktion von acht Spinnern verbrauchen. Mehrere Erfinder bemühten sich darum, eine Spinnmaschine zu produzieren. Schließlich gelang es James Hargreaves 1764, die *Spinning Jenny* zu konstruieren, die mit acht Spulen bestückt war und es einer Arbeitskraft ermöglichte, die Arbeit von acht zu leisten. Bald darauf erfand Richard Arkwright den *water frame*, eine Spinnmaschine, die mit Wasserkraft betrieben wurde, und 1778 stand Samuel Cromptons *Spinning Mule* bereit, die schneller und vielseitiger war als die *Jenny*, denn sie konnte nicht nur weiches Garn für den Schuss, sondern auch zähes Garn für die Kette herstellen.[49]

Nach diesem Fortschritt bei der Spinnerei lag es nahe, nun auch den Webstuhl zu mechanisieren. Der Theologe Dr. Edmond Cartwright ließ sich 1786 einen mechanischen Webstuhl patentieren, der mit Dampfkraft betrieben werden konnte (*Power Loom*). Er errichtete dann selbst eine Weberei mit seinen eigenen Maschinen, die aber bald wieder geschlossen werden musste. Er hatte zu seinen Lebzeiten keinen Erfolg mit dem *Power Loom*. Das lag daran,

---

[47] Aiolfi 1987, 209 ff.
[48] Wallerstein 1998, 110, 319.
[49] Paulinyi/Troitzsch 1997, 294 f.

dass die neue Maschine zu teuer und noch nicht ausgereift war.[50]
Der Fortschritt der Werkzeugmaschinentechnik ließ erst später
eine Herstellung von solchen Webstühlen mit Metallteilen zu. Bis
dahin war der Einsatz von verbesserten Handwebstühlen kosten-
günstiger und flexibler.

Die Entwicklung der einfachen Textilmaschinen basierte noch
nicht auf den Erkenntnissen der Wissenschaft. Hargreaves war
Analphabet, er war Spinner und Schreiner von Beruf und ver-
dankte seine Erfindung seinen handwerklichen Fähigkeiten. Die
von James Watt (1736–1819) erfundene Dampfmaschine beruhte
jedoch auf wissenschaftlichen Erkenntnissen, die der belesene Erfinder sich angeeignet hatte. Es gab bereits einfache Dampfmaschinen zum Antrieb von Wasserpumpen in Bergwerken. Bei ihnen
besorgte der Luftdruck den Kolbenrückstoß, in Watts Maschine
erfolgte auch dieser durch Dampfdruck. Er ließ sie 1769 patentieren. Dadurch wurde der Weg frei, die Dampfmaschine mit Überdruck zu betreiben, der das Mehrfache des atmosphärischen Drucks
erreichte.[51] Watt war in dieser Hinsicht noch vorsichtig, weil er eine
Kesselexplosion befürchtete. Richard Trevithick (1771–1833), der
1801 eine Dampfmaschine herstellte, die mit fünffachem atmosphärischen Überdruck betrieben wurde, und sie sogar schon als
Lokomotive einsetzte, hörte nicht auf Watts Warnung und musste
erleben, dass 1803 tatsächlich der Kessel einer seiner Maschinen
explodierte und dabei Menschenleben forderte. Doch Trevithick
ließ sich davon nicht beirren und setzte die Arbeit an seinen Über-
druckmaschinen fort.[52] Es dauerte allerdings noch eine geraume
Zeit, bis die Dampfmaschinen so weit verbessert wurden, dass
sie als Lokomotiven und als Antriebsaggregate in der Industrie
erfolgreich eingesetzt werden konnten. Cartwrights *Power Loom*
war seiner Zeit weit voraus. Bis 1830 nahm die Zahl der verbesserten Handwebstühle sprunghaft zu. Erst danach wurden sie von
den *Power Looms* überholt, die dann auch mit Dampfmaschinen
betrieben werden konnten.

Ein weiteres industrielles Antriebsaggregat war der Elektromo-
tor, dessen Siegeszug aber erst Jahrzehnte nach dem der Dampfmaschine begann. Der dänische Wissenschaftler Hans Christian Oer-
sted entdeckte 1821 den Elektromagnetismus.[53] Erst danach war
die Konstruktion von Elektromotoren möglich. Der Elektromag-

---

50   Ebda., 308 f.
51   Ebda., 341 ff.
52   Ebda., 441 f.
53   König/Weber 1997, 315.

netismus konnte auch zur Konstruktion von Telegraphen genutzt werden. Der Göttinger Mathematiker Carl Friedrich Gauss (1777–1855) stellte 1833 einen ersten Telegraphen her, mit dem er Nachrichten übermitteln konnte.[54] Perfektioniert wurde der Telegraph aber erst vom Amerikaner Samuel Morse (1791–1872), der 1837 einen Apparat vorstellte, mit dem er einen Zahlencode übertragen konnte. Erst später übernahm er den Code, der dann als Morse-Alphabet bekannt wurde.[55] Zuerst zeigte kaum jemand Interesse für das »Morsen«, doch dann nutzten die amerikanischen Eisenbahnen diese Methode der Nachrichtenübermittlung, und es wurden Telegraphendrähte entlang der Bahnschienen installiert. Nach 1850 wurde die Telegraphie zum globalen System der Nachrichtenübermittlung.

Nachdem Motoren Muskelkraft und Wasserkraft abgelöst hatten, war es möglich, überall mehrstöckige Fabriken zu errichten, die nun das Bild der Städte prägten. Dies geschah zunächst in England, doch die Industrielle Revolution verbreitete sich bald auch in anderen Ländern. Die Frage, warum sie in England und nirgendwo anders ihren Ursprung hatte, wird weiterhin heftig debattiert. Die Antwort dürfte sein, dass hier eine kleine Nation, die nur eine begrenzte Zahl von Arbeitskräften hatte, beim Handel mit indischen Baumwollstoffen, die den europäischen Markt im Sturm eroberten, durch die große Nachfrage dazu angeregt wurde, selbst zur Produktion dieser Stoffe überzugehen, dazu aber arbeitssparende Maschinen einsetzen musste. Zunächst steigerte man mit handwerklich erstellten Geräten die Produktivität der Arbeitskräfte, dann aber ging es darum, neue Antriebskräfte zu finden, und dazu konnte man auf die *public domain* der europäischen Wissenschaft zurückgreifen, die sich durch ein Ineinandergreifen von Empirie und Theorie auszeichnete. Eigentlich hätte sich dieser Prozess auch in den Niederlanden vollziehen können, die im 17. Jahrhundert den britischen Inseln auf den meisten Gebieten weit voraus waren. Doch im 18. Jahrhundert waren die Niederlande in vieler Hinsicht zurückgefallen und kamen dann auch noch in den entscheidenden Jahren vor und nach 1800 unter französische Fremdherrschaft.[56]

Die Briten feierten ihre globale Führungsrolle 1851 in der imposanten Weltausstellung in London, für die sich der junge Prinzgemahl Albert sehr aktiv eingesetzt hatte. Diese Ausstellung wurde

---

[54] Ebda., 214.

[55] Ebda., 216 f.

[56] Mokyr 1999.

zum Schaufenster der Industriellen Revolution. Doch zeigte sich dort bereits, dass die Briten vielerorts Nachahmer und Konkurrenten gefunden hatten, nicht zuletzt die Nordamerikaner, die bei manchen industriellen Fertigungsmethoden die Briten zu dieser Zeit bereits übertroffen hatten.[57]

Globale Bilanz einer Epoche

Von der kargen Zeit des frühen 17. Jahrhunderts bis zur glanzvollen Weltausstellung von 1851 hatte sich die Welt auf erstaunliche Weise verändert. Mit wenigen Ausnahmen waren die meisten Länder weltweit in der ersten Hälfte des 17. Jahrhunderts von Krisen geplagt. China erlebte dann vom späten 17. bis zum Ende des 18. Jahrhunderts einen bemerkenswerten Aufschwung und stellte zu dieser Zeit wohl noch das aufstrebende Europa in den Schatten. In Europa vollzog sich in dieser Epoche eine irreversible Verlagerung seines wirtschaftlichen und politischen Schwerpunkts. Die Länder um das Mittelmeer und das Imperium der Habsburg-Dynastie, das weite Teile Mitteleuropas sowie Spanien umfasste, verloren an Bedeutung, während Nordwesteuropa sie rasch überholte. Ralph Davis nannte dies den Aufstieg der atlantischen Volkswirtschaften (*The Rise of the Atlantic Economies*), dazu gehörte auch das transatlantische Amerika.[58]

Nicht nur in Europa verlagerten sich die Schwerpunkte, auch andere Weltregionen erlebten in dieser Epoche einen Zugewinn oder dramatische Verluste. Gerade als gegen Ende der Epoche der Welthandel wieder einen großen Aufschwung nahm, zeigten sich die deutlichsten Kontraste. Nach den Lehren der Freihändler hätten ja alle Beteiligten vom Welthandel profitieren müssen, doch das war nicht so.[59] Die ›Merkantilisten‹ hatten den internationalen Handel als ein Nullsummenspiel betrachtet, bei dem der Gewinn eines Landes zwangsläufig zu einem Verlust anderswo führte. Das setzte noch eine gewisse Verhältnismäßigkeit voraus. Doch gegen Ende der Epoche, um die es hier ging, erlebte Europa einen unverhältnismäßigen Aufschwung, während andere Weltregionen stark zurückfielen. Der »Wohlstand der Nationen«, den der Freihändler Adam Smith verkündet hatte, zeigte im 19. Jahrhundert immer größere Diskrepanzen. Das Schicksal Indiens machte dies beson-

---

[57]   König/Weber 1997, 88.
[58]   Davis 1973.
[59]   Rothermund 1978, 147 ff.

ders deutlich. Im 17. und 18. Jahrhundert hatte Indien vom Handel mit Baumwolltextilien profitiert. Auch die Rohbaumwolle war im Lande produziert worden. Im frühen 19. Jahrhundert bot sich bereits ein ganz anderes Bild. Die Baumwolltextilien wurden von der britischen Industrie erzeugt und die Rohbaumwolle von schwarzen Sklaven für weiße Grundherren in Amerika angebaut. Indien aber litt nicht nur unter ›Deindustrialisierung‹, sondern auch mehrere Jahrzehnte lang unter einer Deflation, die dadurch verursacht wurde, dass die Briten das Silber, mit dem sie zuvor die Baumwollstoffe in Indien eingekauft hatten, nun als Grundsteuer einzogen und außer Landes schafften.[60] Zugleich wurden die indischen Bauern gezwungen, Opium und Indigo anzubauen, die den Briten Exportgewinne sicherten. Ganze Landstriche Indiens wurden durch Raubbau verwüstet.[61]

Die Rhythmen der Globalisierung brachten in der Epoche, die hier behandelt worden ist, ein erstaunliches Muster hervor. Das 16. Jahrhundert hatte im Zeichen einer rasanten europäischen Expansion gestanden. Zugleich erlebten aber auch außereuropäische Reiche eine Blütezeit. Das Osmanische Reich, das Reich der Safawiden in Persien, das Mogulreich in Indien und das China der Ming-Dynastie standen auf der Höhe ihrer Macht. Im frühen 17. Jahrhundert erlebte Europa dann einen durch Klima und Kriege bewirkten dramatischen Abschwung. Auch China erlebte eine Krise, die dazu führte, dass die Ming durch die Qing-Dynastie abgelöst wurde. Im 18. Jahrhundert erlebten sowohl Europa als auch China einen beachtlichen Aufschwung. Großbritannien errichtete nach seinem Sieg im Siebenjährigen Krieg eine globale Hegemonie. Auf wirtschaftlichem Gebiet sicherte es sich durch die Industrielle Revolution einen Vorsprung, der seine politische Weltherrschaft unterstützte. Im 19. Jahrhundert erlebten sowohl Großbritannien als auch mehrere kontinentaleuropäische Staaten eine starke Vermehrung ihrer Bevölkerung. Diese demographische Expansion fand ein Sicherheitsventil in der Auswanderung nach Amerika. Diese Entwicklung stand in starkem Kontrast zu den Elendsjahren der Krise des frühen 17. Jahrhunderts, in denen die Bevölkerung Europas buchstäblich schrumpfte – und zwar nicht nur zahlenmäßig, sondern sogar in Bezug auf die Körpergröße der Menschen.

---

[60] Rothermund 1993, 19 ff.
[61] Mann 1992.

Selbst in dieser Elendszeit hatten jedoch Entwicklungen ihren Anfang genommen, die später erstaunliche Auswirkungen haben sollten. Kepler und Galilei lebten in dieser Zeit und legten mit der Verbindung von Empirie und Theorie die Grundlagen für den Aufschwung der europäischen Wissenschaft. Die Niederländer, die zuvor bereits im europäischen Seehandel Pionierleistungen vollbracht hatten, dehnten ihr Handelsnetz nach Übersee aus und überwanden immer rascher große Entfernungen. Charakteristisch für diese Leistungen war Henrik Brouwers riskantes Experiment, von Südafrika auf dem 40. Grad südlicher Breite nach Osten zu segeln und sich den Stürmen anzuvertrauen, die ihn in Windeseile an die Küste Australiens brachten. Von dort erreichte er dann Indonesien und konnte sich so den Zwängen des Monsuns entziehen, denen sich bis dahin alle Seefahrer hatten beugen müssen. Die Niederländer nannten das 17. Jahrhundert aus gutem Grund ihr »Goldenes Zeitalter«. Die Großmoguln in Indien hätten das auch tun können. Es war ihr Reichtum, der Europa blendete und der europäischen Expansion Schwung verlieh. Dieser Reichtum wäre ohne eine Monetisierung des Mogulreichs nicht denkbar gewesen – und diese wiederum beruhte auf dem Fluss des amerikanischen Silbers, das die Europäer nach Indien brachten, um dort Baumwollstoffe zu kaufen. Wenn man von der Krise des 17. Jahrhunderts spricht, darf man auch diese Phänomene nicht vergessen. Sie bezeichnen eine frühe Globalisierung, die in dieser Krisenzeit ihre Spuren hinterließ.

Der Fortschritt der Globalisierung verlief nicht linear und kann auch nicht mit einem einfachen Muster von Auf- und Abschwüngen beschrieben werden. Regionale und sektorale Entwicklungen hatten oft ihre eigene Dynamik. Gelegentlich konnten die Interferenzen solcher separaten Entwicklungen sich gegenseitig abschwächen oder verstärken. Statt zweidimensionaler Kurven müsste man also ein dreidimensionales Modell entwerfen, in dem Gipfel und Abgründe nebeneinander bestehen können.

Literatur

Aiolfi 1987 = Sergio Aiolfi, Calicos und gedrucktes Zeug. Die Entwicklung der englischen Textilveredelung und der Tuchhandel der East India Company 1650–1750, Stuttgart.

Atwell 1997 = William S. Atwell, A Seventeenth Century ›General Crisis‹ in East Asia?, in: Geoffrey Parker/Lesley M. Smith (Hg.), The General Crisis of the Seventeenth Century, London-New York, 235-254.

Behringer 2005 = Wolfgang Behringer, »Kleine Eiszeit« und Frühe Neuzeit, in: Wolfgang Behringer/Hartmut Lehmann/Christian Pfister (Hg.), Kulturelle Konsequenzen der »Kleinen Eiszeit«, Göttingen, 415-598.

Bernecker/Pietschmann 1993 = Walther L. Bernecker/Horst Pietschmann, Geschichte Spaniens, Stuttgart.

Blom 2005 = Philipp Blom, Das vernünftige Ungeheuer. Diderot, d'Alembert, de Jaucourt und die Große Enzyklopädie, Frankfurt am Main.

Burckhardt 1935–1966 = Carl Jacob Burckhardt, Richelieu, 3 Bde., München.

Davis 1973 = Ralph Davis, The Rise of the Atlantic Economies, London.

Dickson 1967 = P. G. M. Dickson, The Financial Revolution in England. A Study in the Development of Public Credit, 1668–1756, London.

Drake 2006 = Stillman Drake, Galileo Galilei. Aufstieg und Fall eines Genies, Darmstadt.

Guggisberg 1975 = Hans R. Guggisberg, Geschichte der USA, Stuttgart.

Guthmann 1994 = Andreas Guthmann, Einführung in die Himmelsmechanik und Ephemeridenrechnung, Mannheim.

Heuser 2005 = Harro Heuser, Der Physiker Gottes. Isaac Newton oder Die Revolution des Denkens, Freiburg im Breisgau.

Huff 1993 = Toby E. Huff, The Rise of Early Modern Science. Islam, China, and the West, Cambridge.

König/Weber 1997 = Wolfgang König/Wolfhard Weber, Propyläen Technikgeschichte, Bd. 4: 1840–1914, Berlin.

Lloyd 1984 = T. O. Lloyd, The British Empire, 1558–1983, Oxford.

Mann 1992 = Michael Mann, Britische Herrschaft auf indischem Boden. Landwirtschaftliche Transformation und ökologische Destruktion des ›Central Doab‹ 1801–1854 (Beiträge zur Südasienforschung 148), Stuttgart.

Mokyr 1999 = Joel Mokyr, The Industrial Revolution and the Netherlands: Why did it not happen? Paper presented at the 150th Anniversary Conference of the Royal Dutch Economic Association, Amsterdam.

Mokyr 2002 = Joel Mokyr, The Gifts of Athena: Historical Origins of the Knowledge Economy, Princeton.

Mundy 1914 = Peter Mundy, Travels of Peter Mundy in Asia, hg. von R.C. Temple, London.

Namier 1929 = Lewis Namier, The Structure of Politics at the Accession of George III, London.

Namier 1930 = Lewis Namier, England in the Age of the American Revolution, London.

Ortaylı 1993 = Ilber Ortaylı, Das Kalifat im Osmanischen Reich, in: Periplus. Jahrbuch für Außereuropäische Geschichte 3, Münster, 1-14.

Ortmayr 2004 = Norbert Ortmayr, Kulturpflanzen: Transfer und Ausbreitungsprozesse im 18. Jahrhundert, in: Margarete Grandner/Andrea Komlosy (Hg.), Vom Weltgeist beseelt. Globalgeschichte 1700–1815, Wien, 73-102.

Osterhammel 1989 = Jürgen Osterhammel, China und die Weltgesellschaft. Vom 18. Jahrhundert bis in unsere Zeit, München.

Paulinyi/Troitzsch 1997 = Akos Paulinyi/Ulrich Troitzsch, Propyläen Technikgeschichte, Bd. 3: 1600–1840, Berlin.

Pfister 2005 = Christian Pfister, Weeping in the Snow. The Second Period of Little Ice Age-Type Impacts, 1570–1630, in: Wolfgang Behringer/Hartmut Lehmann/Christian Pfister (Hg.), Kulturelle Konsequenzen der »Kleinen Eiszeit«, Göttingen, 31-86.

Pomeranz 2000 = Kenneth Pomeranz, The Great Divergence. China, Europe and the Making of the Modern World Economy, Princeton.

Poser 2005 = Hans Poser, Gottfried Wilhelm Leibniz zur Einführung, Hamburg.

Prakash 1998 = Om Prakash, European Commercial Enterprise in Pre-Colonial India (The New Cambridge History of India II.5), Cambridge.

Quedenbaum 1977 = Gerd Quedenbaum, Der Verleger und Buchhändler Johann Heinrich Zedler 1706–1751: ein Buchunternehmer in den Zwängen seiner Zeit. Ein Beitrag zur Geschichte des deutschen Buchhandels im 18. Jahrhundert, Hildesheim.

Rabb 1975 = Theodore Rabb, The Struggle For Stability In Early Modern Europe, New York.

Reid 1997 = Anthony Reid, The Crisis of the Seventeenth Century in Southeast Asia, in: Geoffrey Parker/Lesley M. Smith (Hg.), The General Crisis of the Seventeenth Century, London-New York, 206-234.

Rothermund 1978 = Dietmar Rothermund, Europa und Asien im Zeitalter des Merkantilismus, Darmstadt.

Rothermund 1993a = Dietmar Rothermund, Kocibeys Denkschrift über den Verfall des osmanischen Reichs, in: Periplus. Jahrbuch für Außereuropäische Geschichte 3, Münster, 61-68.

Rothermund 1993b = Dietmar Rothermund, An Economic History of India, 2. Aufl., London 1993.

Rothermund 2004 = Dietmar Rothermund, Seehandel und Kolonialherrschaft, in: Margarete Grandner/Andrea Komlosy (Hg.), Vom Weltgeist beseelt. Globalgeschichte 1700–1815, Wien, 25-44.

Rothermund/Kulke 2006 = Dietmar Rothermund/Hermann Kulke, Geschichte Indiens, München.

Schneider 2002 = Ditmar Schneider (Hg.), Monumenta Guerickiana, Magdeburg.

Schulin 2004 = Ernst Schulin, Die Französische Revolution, 4. Aufl., München.

Steensgaard 1974 = Niels Steensgard, The Asian Trade Revolution of the Seventeenth Century. The East India Company and the Decline of the Caravan Trade, Chicago.

Steensgard 1997 = Niels Steensgard, The Seventeenth-Century Crisis, in: Geoffrey Parker/Lesley M. Smith (Hg.), The General Crisis of the Seventeenth Century, London-New York, 32-51.

Wallerstein 1998 = Immanuel Wallerstein Das moderne Weltsystem II – Der Merkantilismus. Europa zwischen 1600 und 1750, Wien.

Weigley 2001 = Russel F. Weigley, Auf der Suche nach der Entscheidungsschlacht. Lützen, 16. November 1632, in: Stig Förster/Markus Pöhlmann/Dierk Walter (Hg.), Schlachten der Weltgeschichte. Von Salamis bis Sinai, München, 138-153.

Zhang Que 1999 = May Zhang Que, Wang Guangqui. Ein Vermittler zwischen deutscher und chinesischer Kultur, in: Dietmar Rothermund (Hg.), Aneignung und Selbstbehauptung. Antworten auf die europäische Expansion, München, 247-253.

Expansion und Stagnation der Globalisierung 1850–1950

GERD HARDACH

Eine neue Phase der Globalisierung

Die Industrielle Revolution, die im späten 18. Jahrhundert in Großbritannien begann, leitete eine neue Phase der Globalisierung ein. Von Großbritannien griff die Industrielle Revolution nach Kontinentaleuropa und Nordamerika aus. In der Mitte des 19. Jahrhunderts waren außer Großbritannien auch Belgien, Deutschland (damals in der Gestalt des Deutschen Bundes), Frankreich und die Schweiz sowie jenseits des Atlantiks die USA auf dem Weg zur Industriegesellschaft, und weitere Länder sollten bald in den Wandel eintreten.

Gesellschaften, die seit Jahrhunderten von der Landwirtschaft dominiert waren, verwandelten sich in Industriegesellschaften. Investitionen in neue Produktionsverfahren und neue Produkte ließen die Produktivität steigen, es setzte ein langfristiger Prozess des wirtschaftlichen Wachstums ein, unterbrochen durch zyklische Krisen. Die Arbeitsproduktivität stieg nicht nur in der Industrie, sondern auch im Dienstleistungssektor und vor allem in der Landwirtschaft. Die Bevölkerung nahm zu, und der Lebensstandard stieg an. Die Macht verschob sich von der Aristokratie, die über Land und Leute verfügte, zum Großbürgertum, das über Kapital verfügte. Die internationale Migration, der Außenhandel und der grenzüberschreitende Kapitalverkehr ließen die verschiedenen Weltregionen wirtschaftlich näher zusammenwachsen.[1]

Karl Marx und Friedrich Engels beschrieben bereits 1848 die weltweite Integration, die mit dem modernen Begriff der Globalisierung bezeichnet wird. »Die Bourgeoisie hat durch die Exploitation des Weltmarkts die Produktion und Konsumtion aller Länder kosmopolitisch gestaltet. Sie hat zum großen Bedauern der Reak-

---

[1] Fäßler 2007; Osterhammel/Petersson 2003; Wendt 2007.

tionäre den nationalen Boden der Industrie unter den Füßen weg-
gezogen. Die uralten nationalen Industrien sind vernichtet worden
und werden noch täglich vernichtet. Sie werden verdrängt durch
neue Industrien, deren Einführung eine Lebensfrage für alle zivi-
lisierten Nationen wird, durch Industrien, die nicht mehr einheimische Rohstoffe, sondern den entlegensten Zonen angehörige
Rohstoffe verarbeiten und deren Fabrikate nicht nur im Lande
selbst, sondern in allen Weltteilen zugleich verbraucht werden. An
die Stelle der alten, durch Landeserzeugnisse befriedigten Bedürfnisse treten neue, welche die Produkte der entferntesten Länder
und Klimate zu ihrer Befriedigung erheischen. An die Stelle der
alten lokalen und nationalen Selbstgenügsamkeit und Abgeschlos-
senheit tritt ein allseitiger Verkehr, eine allseitige Abhängigkeit der
Nationen voneinander.«[2]

1848 war aber nicht der Abschluss, sondern erst der Beginn einer
intensiven weltweiten Verflechtung. In der langen Expansionsphase
von 1850 bis 1914 nahmen Bevölkerung, Produktion und weltweite
Integration weiter zu. Die Industrieländer bildeten das gewerbliche Zentrum der Weltwirtschaft. Zu diesem Zentrum gehörten
am Beginn des 20. Jahrhunderts der größte Teil Europas, die USA
und Kanada, Japan, Australien und Neuseeland. Das wirtschaftliche
Wachstum in den Industrieländern ließ die Nachfrage nach Rohstoffen und Lebensmitteln steigen, die in erheblichem Umfang durch
Importe gedeckt wurde. Die nicht industrialisierten Länder wurden als Peripherie in die expandierende Weltwirtschaft einbezogen.
Eisenbahnen und Dampfschiffe senkten die Transportkosten und
trugen damit zur Globalisierung bei. Einzelne moderne Industrie-
betriebe wurden auch in Lateinamerika, China, Indien, Indochina,
Persien und Ägypten gegründet. Diese industriellen Ansätze waren
zunächst isoliert, führten langfristig aber dazu, dass sich mehr und
mehr Länder als ›Schwellenländer‹ aus der Peripherie lösten und
den Weg zu Industriegesellschaften einschlugen.[3]

Der Erste Weltkrieg unterbrach die lange Expansion und leitete
eine Phase politischer und wirtschaftlicher Instabilität ein. Auf den
Krieg folgten die Rekonstruktion der 1920er Jahre, der Zusammenbruch der Weltwirtschaft in der Krise von 1929–33, eine langsame
Erholung, schließlich der Zweite Weltkrieg. Erst mit dem Wiederaufbau der Weltwirtschaft nach dem Zweiten Weltkrieg begann
eine neue Phase intensiver Globalisierung.

---

[2]   Marx/Engels 1969, 466.
[3]   Pohl 1989.

Die große Expansion 1850–1914

Das Bevölkerungswachstum

In der vorindustriellen Welt nahm die Bevölkerung nur langsam zu. Die meisten Menschen lebten in Familien, und die Familien hatten viele Kinder. Die Geburtenraten waren daher in den vorindustriellen Gesellschaften hoch. Viele Menschen starben aber einen vorzeitigen Tod, oft schon in ihrer frühen Kindheit. Die durchschnittliche Lebenserwartung bei der Geburt war daher gering, die Sterberaten waren hoch. Zwischen vielen Geburten und frühem Sterben blieb nur ein bescheidenes Bevölkerungswachstum.

Seit dem späten 18. Jahrhundert beschleunigte sich das Bevölkerungswachstum, vor allem in Europa. Das wirtschaftliche Wachstum leitete durch steigende Realeinkommen, durch effizientere Transportmöglichkeiten, die bei lokalen Ernährungskrisen einen wirksamen Ausgleich ermöglichten, und durch die Verbesserung der Gesundheitsvorsorge und der medizinischen Behandlung eine Stabilisierung der Lebenszeit ein. Ein vorzeitiger Tod wurde seltener, und diese neue Lebenssicherheit, nicht so sehr ein längeres Leben im Alter, ließ die durchschnittliche Lebenserwartung steigen, auch wenn Armut und Krisen immer wieder zu Rückschlägen führten und den Aufwärtstrend unterbrachen. Die Geburtenrate blieb zunächst hoch und stieg in einigen Regionen sogar an, weil das Wirtschaftswachstum und die Differenzierung der Wirtschaftsstruktur die Familiengründung erleichterte. Das Bevölkerungswachstum bedeutete ein steigendes Angebot an Arbeitskräften für die neuen Industrien und zugleich auch eine wachsende Zahl von Konsumenten und Konsumentinnen. Der Schwerpunkt des Bevölkerungswachstums lag in Europa, aber auch in anderen Weltregionen nahm die Bevölkerung zu. Außerdem trug eine starke Auswanderung aus Europa zum Bevölkerungswachstum in anderen Regionen bei, vor allem in Amerika. Für 1850 wird die Weltbevölkerung auf 1,2 Milliarden Menschen geschätzt. In Asien lebten 64 Prozent aller Menschen, in Europa 23 Prozent, in Afrika 8 Prozent, in Amerika 5 Prozent und in Ozeanien weniger als 1 Prozent.[4]

Danach setzte sich das Bevölkerungswachstum fort. 1913 war die Bevölkerung der Welt auf 1,8 Milliarden Menschen angewachsen. Im Durchschnitt hatte die Bevölkerung von 1850 bis 1913

---

[4]   Livi-Bacci 2006, 27.

um 0,6 Prozent im Jahr zugenommen. Besonders ausgeprägt war das Bevölkerungswachstum in Europa; der europäische Anteil an der Weltbevölkerung war auf 28 Prozent gestiegen. Weiterhin wanderten viele Europäer und Europäerinnen aus und trugen damit zu den steigenden Bevölkerungszahlen auf anderen Kontinenten bei.

Die Auswanderung hatte viele Motive. In den Herkunftsländern veranlassten wirtschaftliche Not, aber auch politische Verfolgung die Menschen, ihre Heimat zu verlassen. Zunächst kamen die meisten Auswanderer aus Nordwesteuropa, vor allem aus Großbritannien, Irland, Deutschland und Skandinavien. Seit dem späten 19. Jahrhundert ließ die wirtschaftliche Expansion in diesen Ländern das Interesse an der Emigration zurückgehen. Dafür kamen nunmehr zahlreiche Auswanderer aus Osteuropa und Südeuropa. In den Immigrationsländern nahmen durch die wirtschaftliche Entwicklung die Chancen auf einen besseren Lebensstandard zu, und die Reisen wurden schneller und billiger. Von 1851 bis 1914 wanderten 40 Millionen Menschen aus Europa aus. Die bevorzugten Ziele waren Nordamerika und Lateinamerika, in geringerem Umfang auch Südafrika, Australien und Neuseeland.[5]

Seit dem späten 19. Jahrhundert, in einzelnen Ländern auch schon früher, gingen in Europa die Geburtenraten zurück. Die Familie blieb zwar die allgemein akzeptierte Lebensform, aber die einzelnen Familien hatten weniger Kinder. Diese Entwicklung wird allgemein als eine Anpassung an die Industriegesellschaft interpretiert. Parallel zum Geburtenrückgang setzte sich die Stabilisierung der Lebenszeit fort, und die durchschnittliche Lebenserwartung nahm weiterhin zu. Das starke Bevölkerungswachstum des 19. und frühen 20. Jahrhunderts wird auch als eine demographische Übergangsphase beschrieben, zwischen der langen Stagnation der vormodernen Zeit, die aus der Unsicherheit der Lebensverhältnisse folgte, und einer neuen Stagnation, die sich aus einer niedrigen Geburtenrate ergab. Im 20. Jahrhundert trat Europa in die Stagnationsphase des demographischen Übergangs ein, während sich andere Regionen noch in der Expansionsphase befanden. Der Schwerpunkt des Bevölkerungswachstums verschob sich daher von Europa zu anderen Weltregionen, insbesondere nach Asien.[6]

---

[5]   Kenwood/Lougheed 1999, 45-60; Livi-Bacci 2006, 27; Maddison 2003, 256.

[6]   Livi-Bacci 2006, 90-115.

Wachstum und Strukturwandel der Wirtschaft

Die Innovationen der Industriellen Revolution leiteten einen lang-
fristigen wirtschaftlichen Wachstumsprozess ein. In der Landwirtschaft steigerten verbesserte Anbaumethoden, systematische Zucht
von Tieren und Pflanzen und neue Geräte und Maschinen die Produktivität. In der Industrie wurden ständig neue Produktionsverfahren und neue Produkte entwickelt. In der Mitte des 19. Jahrhunderts waren die Textilindustrie, die Eisenindustrie, der Bergbau und der Maschinenbau die Leitsektoren. Seit dem späten
19. Jahrhundert veränderten die Elektroindustrie, die chemische
Industrie, die neuen Produktionsverfahren der Stahlindustrie und
das Auto die Welt, im frühen 20. Jahrhundert wurden die ersten
Flugzeuge konstruiert. Eisenbahn und Dampfschifffahrt machten
den Transport von Passagieren und Fracht schneller und billiger,
der elektrische Telegraph schuf eine neue Intensität des Nachrich-
tenaustauschs.[7]
    Die Investitionen wurden zum entscheidenden Motor für Kon-
junktur und Wachstum. Die Investitionsquote, die in der vorindustriellen Wirtschaft weniger als fünf Prozent des Sozialprodukts betragen hatte, stieg auf zehn bis zwanzig Prozent an. Die
Zunahme der Investitionstätigkeit wurde durch die Entwicklung
eines modernen Bankwesens gefördert. Die meisten Länder hatten
Währungen, die zu festen Paritäten in Gold oder Silber konvertierbar waren. Auf der Metallbasis in Gold oder Silber im Geldumlauf
und in den Währungsreserven wurde ein wachsender Überbau an
Papiergeld und vor allem an Giralgeld aufgebaut. Das Geldange-
bot konnte damit von den Schranken der Weltproduktion an Gold
und Silber gelöst und an die Liquiditätsnachfrage der Wirtschaft
angepasst werden. Die Banken stellten Kredite bereit und vermittelten den Zugang zum Kapitalmarkt.[8]
    In der Peripherie der Weltwirtschaft löste die Produktion von
Rohstoffen und Lebensmitteln für den Export in die Industrieländer Wachstumsimpulse aus. Als beispielhaft galten Länder wie
Kanada, Australien und Neuseeland, wo die exportorientierte
Landwirtschaft mit ihrer hohen Produktivität und den entspre-
chend hohen Einkommen einen expandierenden Markt für eine
einheimische Industriegüterproduktion geschaffen und damit
den Übergang zur Industriegesellschaft gefördert hatte. Die Infra-

---

[7]   Buchheim 1994.
[8]   Tilly 2003.

struktur wurde durch Straßen und Eisenbahnen, durch den Bau von Häfen und durch die Entwicklung der Städte verbessert. Die Exportorientierung brachte aber auch Nachteile mit sich. Bergwerke, Plantagen und auch die Infrastruktur wurden häufig durch ausländisches Kapital finanziert. Zu der Abhängigkeit von fremdem Kapital kamen erhebliche Verpflichtungen zum Transfer von Zinsen und Gewinnen. Außerdem wurden die Volkswirtschaften durch die Spezialisierung auf wenige Exportprodukte extrem von den Fluktuationen des Weltmarkts abhängig.[9]

Von 1820 bis 1870 nahm das reale Pro-Kopf-Einkommen in Westeuropa um 1,0 Prozent und in den USA um 1,3 Prozent im Jahr zu. Andere Regionen folgten dem atlantischen Wachstumszentrum in langsamerem Tempo; weltweit wird die Zunahme des realen Pro-Kopf-Einkommens im gleichen Zeitraum auf 0,5 Prozent im Jahr geschätzt. Nachdem die Industrialisierung sich ausweitete und nicht industrialisierte Regionen als Lieferanten von Lebensmitteln oder Rohstoffen in die Modernisierung der Weltwirtschaft einbezogen wurden, beschleunigte sich das wirtschaftliche Wachstum. Von 1870 bis 1913 wuchs das reale Pro-Kopf-Einkommen in Westeuropa um 1,3 Prozent, in den USA um 1,8 Prozent und weltweit um 1,3 Prozent im Jahr.[10]

Das wirtschaftliche Wachstum war nicht stetig, sondern wurde durch zyklische Krisen unterbrochen. Größere Krisen konnten sich durch ihren Einfluss auf den Welthandel und die internationalen Kapitalmärkte zu Weltwirtschaftskrisen ausweiten. Die erste Weltwirtschaftskrise trat 1857 ein, weitere weltweite Krisen folgten 1873, 1893 und 1907.[11]

Im Prozess des wirtschaftlichen Wachstums verschob sich der Schwerpunkt von Beschäftigung und Produktion von der Landwirtschaft zur Industrie und zum Dienstleistungssektor. 1820 arbeiteten in Großbritannien im primären Sektor 37 Prozent aller Beschäftigten, im sekundären Sektor 33 Prozent und im tertiären Sektor 30 Prozent. 1890 waren im primären Sektor nur noch 16 Prozent aller Beschäftigten tätig, im sekundären Sektor waren es 43 Prozent und im tertiären Sektor 41 Prozent. In anderen Industrieländern war der Rückgang der Landwirtschaft nicht ganz so dramatisch. In den USA waren 1820 im primären Sektor 70 Prozent aller Beschäftigten tätig, im sekundären und tertiären Sektor jeweils nur 15 Prozent. Auch nach dem Aufstieg der USA zur

9   Kenwood/Lougheed 1999, 132-147.
10   Maddison 2007, 81; Maddison 2003, 265.
11   Pohl 1989, 321-350.

führenden Industrienation blieb die Landwirtschaft ein wichtiger Sektor. 1890 war der Anteil des primären Sektors an den Beschäftigten auf 38 Prozent zurückgegangen, der Anteil des sekundären Sektors war auf 24 Prozent und der Anteil des tertiären Sektors auf 38 Prozent gestiegen. Auch in Industriestaaten wie Deutschland, Frankreich und Österreich-Ungarn blieb die Landwirtschaft von erheblicher Bedeutung.[12]

Die internationale Arbeitsteilung

Freihandel und Schutzzoll

Nach der liberalen Theorie sollte es allen Ländern nützen, wenn sie sich auf die Produkte spezialisierten, die mit der gegebenen Ausstattung an natürlichen Ressourcen, an Arbeit und an Kapital am günstigsten produziert werden konnten. Großbritannien ging 1846 mit der Aufhebung der Getreidezölle zum Freihandel über. Andere Länder zögerten jedoch, dem Beispiel zu folgen. Sie umgaben ihre Volkswirtschaften mit unterschiedlich hohen Zollmauern, zum Teil aus fiskalischen Gründen, weil Zölle eine einfache Art der Steuererhebung waren, und zum Teil aus wirtschaftspolitischen Gründen, um den nationalen Markt gegenüber dem Weltmarkt abzuschirmen. Vor allem die neuen Industrien forderten einen wirksamen Zollschutz vor der überlegenen britischen Konkurrenz.

Mit dem Erstarken der nationalen Industrien gewannen die Freihändler in vielen Ländern an Einfluss, weil mehr Wettbewerb die Steigerung der Produktivität fördern sollte und weil man sich von einer allgemeinen Reduzierung der Zölle auch bessere Exportchancen für die nationale Wirtschaft versprach. Frankreich schloss 1860 einen Handelsvertrag mit Großbritannien, in dem die französischen Zölle herabgesetzt wurden und in dem die wechselseitige Meistbegünstigung vereinbart wurde. Die Meistbegünstigung war ein wichtiges Instrument der Handelsliberalisierung, denn sie bedeutete, dass Zollsenkungen, die zwischen zwei Staaten bilateral vereinbart wurden, auch auf alle anderen Handelspartner angewandt werden sollten. Der britisch-französische Handelsvertrag leitete eine allgemeine Freihandelsära ein. Der Zollverein, der im damaligen Deutschen Bund 1833 unter preußischer Führung gegründet worden war, schloss 1862 mit Frankreich einen Han-

---

[12] Maddison 2007, 76.

delsvertrag mit stark reduzierten Zöllen. Das Deutsche Reich übernahm in den ersten Jahren die freihändlerische Politik des Zoll-
vereins. Außerhalb der allgemeinen Handelsliberalisierung blieben die USA, die am Protektionismus festhielten. Der Bürgerkrieg von 1861–65 stärkte noch die Schutzzollinteressenten, die
im Norden stark vertreten waren, gegenüber den freihändlerisch
orientierten Südstaaten.

Die Große Depression von 1873–95 führte zu einem Um-
schwung in der internationalen Handelspolitik. Zölle galten als
eines der wenigen Instrumente, über die der Staat verfügte, um
die Wirtschaft zu fördern. Das Deutsche Reich ging 1878 zum
Schutzzoll über. Die Zölle waren zwar zunächst niedrig, wurden
aber in der Folgezeit stark erhöht. Am Vorabend des Ersten Weltkriegs hielt von den größeren Welthandelsnationen allein Großbritannien am Freihandel fest.[13]

Der Goldstandard

Das internationale Währungssystem förderte den weltweiten Austausch. Da die meisten Währungen an Gold oder Silber gebunden
waren, bewegten sich die Wechselkurse in engen Grenzen. Großbritannien hatte 1816 eine Goldwährung eingeführt. Frankreich
und die USA hatten Doppelwährungen, in denen sowohl Gold als
auch Silber als Währungsreserven dienten. Die deutschen Territorien hatten im Allgemeinen Silberwährungen. Die Paritäten zwischen Goldwährungen und Silberwährungen folgten dem Preis-
verhältnis von Gold und Silber, das aber keine großen Schwankungen aufwies. Papiergeld ohne feste Parität zu Gold oder Silber
gab es in Österreich und Ungarn von 1811 bis 1892, in Russland
von 1812 bis 1897 und in Italien von 1866 bis 1912. Über kürzere
Zeit hatten auch Frankreich 1850–52 und 1870–78 sowie die USA
1862–79 eine Papierwährung.

Der Trend ging zur Goldwährung. Portugal schloss sich 1854
dem Goldstandard an, das Deutsche Reich führte 1871 eine neue
Währung auf Goldbasis ein. Andere Länder folgten und gingen
von der Doppelwährung, von der Silberwährung oder von einer
Papierwährung zur Goldwährung über, so Frankreich und die USA
1873, Österreich-Ungarn 1892 und Russland 1897. Der Übergang

---

13   Bairoch 1994, 31-81; Kenwood/Lougheed 1999, 61-77; Pohl 1989,
     45-67.

zur Goldwährung wurde erleichtert durch die Erschließung neuer
Goldvorkommen in Kalifornien, Australien und später in Südafrika.
Das Volumen an monetärem Gold im Geldumlauf und in den Währungsreserven konnte damit erheblich ausgedehnt werden. John
Stuart Mill hatte 1848 mit liberalem Optimismus prognostiziert,
dass eines Tages alle Länder die gleiche Währung haben würden.
Nationale Währungen wären ein Relikt barbarischer Zeiten und
brächten für die Länder selbst wie für ihre Nachbarn nur Unan-
nehmlichkeiten.[14] Der Goldstandard kam dem Ideal einer Weltwährung recht nahe. Da die wesentlichen Währungen zu festen
Paritäten in Gold konvertierbar waren, ergab sich indirekt zwischen den Währungen ein System freier Konvertierbarkeit zu festen Wechselkursen.[15]

Der Kolonialismus

Im Zuge der frühneuzeitlichen Expansion hatten mehrere europäische Mächte die Herrschaft über zahlreiche außereuropäische
Stützpunkte und abhängige Gebiete erlangt.[16] Durch die amerikanischen Revolutionen von 1776 bis 1825 wurden die alten Kolonialreiche erheblich eingeschränkt: Die USA, die lateinamerikanischen Republiken, Brasilien, das von 1822 bis 1889 ein Kaiser-
reich war, und Haiti wurden unabhängig. Der Kolonialismus war
damit aber nicht grundsätzlich erschüttert. In Afrika, Asien, Ozeanien und auch in Amerika blieb ein Netzwerk von europäischen
Kolonien bestehen, das in der ersten Hälfte des 19. Jahrhunderts
langsam erweitert wurde.[17]
  Zur Mitte des 19. Jahrhunderts waren in Amerika vor allem
Kanada und die Karibik unter europäischem Einfluss geblieben,
und auch die russischen Stützpunkte in Alaska galten als Kolonie,
bis sie 1867 an die USA abgetreten wurden. In Afrika herrschten
Frankreich, Großbritannien, Portugal und Spanien über kleinere
oder größere Gebiete an der Küste und auf den vorgelagerten Inseln.
Frankreich hatte 1830 Algerien mit dem Ziel annektiert, dort eine
Siedlerkolonie zu gründen. Die größten Kolonialgebiete lagen in
Asien. Die wichtigsten Kolonialmächte waren Großbritannien in

---

[14]   Mill 1965, Bd. 2, 625-626.
[15]   Eichengreen 2000, 21-68; Hardach 2006, 333-337.
[16]   Fieldhouse 1965; Osterhammel 1995; Wendt 2007.
[17]   Edelmayer/Hausberger/Tobler 2000; Kaller-Dietrich/Potthast/Tobler
       2004.

Indien, Ceylon (Sri Lanka) sowie Teilen Burmas und Malayas, die Niederlande in der Inselwelt von Niederländisch-Indien (Indonesien) und Spanien auf den Philippinen. Frankreich und Portugal kontrollierten einige Stützpunkte und kleinere Gebiete. In Ozeanien herrschte Großbritannien über Australien und Neuseeland. Frankreich, Großbritannien und Spanien hielten einige der südpazifischen Inselgruppen besetzt.

Ab der Jahrhundertmitte nahm der koloniale Einfluss zu, und in der Epoche des Imperialismus von 1880 bis zum Ersten Weltkrieg erreichte die Aufteilung der Welt in rivalisierende Einflussgebiete ihren Höhepunkt. Zu den alten Kolonialmächten Frankreich, Großbritannien, den Niederlanden, Portugal und Spanien traten neue Kolonialinteressenten wie Belgien, Deutschland, Italien, Japan und die USA. Der Imperialismus hatte sowohl wirtschaftliche als auch politische Motive. Das Streben nach Prestige und Macht führte aber auch dann zum Erwerb von Kolonien, wenn die wirtschaftlichen Vorteile ungewiss waren. Dass man dem Rest der Welt die nationale Identität verweigerte, die man im eigenen Land anstrebte, wurde mit der kulturellen Überlegenheit der Herrschenden über die Beherrschten begründet.

In Amerika verdrängten die USA nach dem Spanisch-Amerikanischen Krieg von 1898 Spanien aus der Karibik. In Afrika trat die größte Veränderung ein. Fast der gesamte Kontinent wurde unter Belgien, Deutschland, Frankreich, Großbritannien, Italien, Portugal und Spanien aufgeteilt. Nur Äthiopien und die Republik Liberia, die im frühen 19. Jahrhundert als Zufluchtsort für freigelassene Sklaven aus den USA gegründet worden war, blieben unabhängig.[18] In Asien unterwarf Frankreich Indochina, Großbritannien annektierte Burma und dehnte seine Herrschaft in Malaya aus, und die USA lösten 1898 auf den Philippinen Spanien als Kolonialmacht ab. Japan trat nach einer raschen Modernisierung als Kolonialmacht auf und annektierte Taiwan und Korea. China blieb unabhängig, musste aber verschiedene Stützpunkte imperialistischer Mächte an seiner Küste dulden. In Ozeanien teilten Deutschland, Frankreich, Großbritannien und die USA die südpazifische Inselwelt unter sich auf.

1913 lebten 560 Millionen Menschen, 31 Prozent der Weltbevölkerung, unter kolonialer Herrschaft. Großbritannien als bedeutendste imperialistische Macht kontrollierte 70 Prozent der weltweiten Kolonialbevölkerung, Frankreich 10 Prozent, die Nieder-

---

18   Grau/Mährdel/Schicho 2000; Harding 1999.

lande 8 Prozent, Japan 4 Prozent, Deutschland, Belgien und die USA jeweils 2 Prozent, Italien, Portugal und Spanien zusammen ebenfalls 2 Prozent.[19]

In den Kolonien gab es unterschiedliche Herrschaftsformen. Die großen britischen Siedlungskolonien Kanada, Australien und Neuseeland, in denen die indigene Bevölkerung nur noch eine kleine Minderheit darstellte, waren als *dominions* im Rahmen des Commonwealth weitgehend selbstständig. Der Gegensatz zu den autonomen *dominions* waren die Kolonien, die ohne die Partizipation einheimischer Eliten direkt von der Kolonialmacht verwaltet wurden. Eine importierte Bürokratie von Kolonialbeamten herrschte über weite Gebiete Afrikas und Asiens. Zwischen diesen Extremen von Autonomie und Abhängigkeit gab es verschiedene Abstufungen. In minoritären Siedlungskolonien wie Algerien, Rhodesien oder Südafrika herrschte eine kleine Schicht von europäischen Siedlern über eine indigene Mehrheit. Eine relativ starke Stellung der fremden Siedler verband sich hier mit einer massiven Unterdrückung der einheimischen Bevölkerung. In vielen Kolonien gab es Formen indirekter Herrschaft, in denen die Kolonialmacht alte oder neue einheimische Eliten an der Verwaltung beteiligte. Eine typische Form der indirekten Herrschaft waren die Protektorate, in denen einheimische Herrscher unter fremder Aufsicht regieren, etwa im britischen Kolonialreich Ägypten, die zahlreichen indischen Fürstentümer, die neben den direkt verwalteten indischen Provinzen bestanden, die malayischen Fürstentümer oder die Pazifikinsel Tonga, im französischen Kolonialreich Marokko, Tunesien, Annam, Kambodscha oder Laos. Eine frühe Form der kolonialen Herrschaft war die Verwaltung durch privilegierte Handelsgesellschaften. Die mächtigste Kolonialgesellschaft war die britische *East India Company*, die von 1757 bis 1857 in Indien regierte. Erst nach dem großen Aufstand von 1857 übernahm der britische Staat die Verwaltung Indiens.[20] Privilegierte Handelsgesellschaften herrschten zeitweilig auch in anderen britischen Kolonien oder in dem von Deutschland annektierten Teil Neuguineas.[21]

Die Kolonien wurden mit Gewalt erobert, und die Herrschaft konnte nur mit ständiger Unterdrückung der einheimischen Bevölkerung behauptet werden. Der koloniale Staat war eine besonders repressive Form des Machtstaates. Es gab eine lange Geschichte von Widerstand, Aufständen und Krieg, vom indischen Aufstand

[19]   Bairoch 1994, 118; Maddison 2003, 256.
[20]   Mann 2005, 53-61, 100-104.
[21]   Osterhammel 1995, 55-77.

1857 bis zum Krieg der Herero gegen die deutsche Herrschaft in Südwest-Afrika 1904–1907.

Nicht alle Kolonien hatten große wirtschaftliche Bedeutung. Oft war der volkswirtschaftliche Nutzen, den die Metropolen aus den Kolonien zogen, im Vergleich zu den Kosten der Eroberung und der Herrschaftssicherung bescheiden. Für die Auswanderung und den Kapitalexport, den Bezug von Rohstoffen und den Absatz von Industrieprodukten waren die selbstständigen Staaten im Zentrum und in der Peripherie der Weltwirtschaft ebenso wichtig und oft wichtiger als die abhängigen Gebiete.[22]

Die wirtschaftliche Integration

Die Weltregionen wuchsen durch die Migration, durch den Handel mit Waren und Dienstleistungen und durch eine zunehmende Kapitalverflechtung enger zusammen.[23] Die zunehmende weltweite Kooperation ließ eine Standardisierung der Zeit sinnvoll erscheinen. 1884 wurde die Welt in 24 Zeitzonen eingeteilt; der Meridian von Greenwich wurde als *Greenwich mean time* definiert.

Die Entwicklung der Industrie ließ die Nachfrage nach Rohstoffen und nach Lebensmitteln steigen. Sowohl Rohstoffe als auch Lebensmittel wurden in erheblichem Umfang in den Industrieländern selbst produziert. Die USA lösten Ende des 19. Jahrhunderts Großbritannien als führende Industriemacht der Welt ab, blieben aber ein wichtiges Exportland für Getreide und Baumwolle. Kanada führte große Mengen von Getreide nach Europa aus. Australien lieferte Getreide, Wolle und später Fleisch, außerdem war die Goldausfuhr von Bedeutung. Aus Neuseeland kamen Wolle und Fleisch. In Konkurrenz zum importierten Rohrzucker nahm die Produktion von Rübenzucker in Deutschland, Österreich-Ungarn und Russland stark zu. Die bedeutendsten Produktions- und Exportländer für Kohle, den Energieträger des Industriezeitalters, waren zu Beginn des 20. Jahrhunderts die USA, Großbritannien und Deutschland. Ein neuer Energieträger war das Erdöl, das seit den 1850er Jahren zur Beleuchtung, seit Ende des 19. Jahrhunderts auch als Energieträger für stationäre Motoren, Autos und Schiffe und seit Beginn des 20. Jahrhunderts für Flugzeuge verwendet wurde. Wichtigstes Produktionsland waren die USA. Bis zum

---

[22] Bairoch 1994, 124-137.
[23] Roth 1984; Walter 2006, 191-196.

Ersten Weltkrieg kamen Russland, Österreich-Ungarn, Rumänien und Mexiko hinzu. Mit kleinen Mengen traten auch Niederländisch-Indien, das Osmanische Reich und Persien auf dem Weltmarkt für Erdöl auf.[24]

Trotz der steigenden Produktion von Lebensmitteln und Rohstoffen in den Industrieländern selbst gab es einen wachsenden Einfuhrbedarf. Durch die Verbesserungen im Transportwesen konnten Primärgüter auch aus entfernten Regionen importiert werden. Viele Länder in der Peripherie der Weltwirtschaft, die Rohstoffe oder Lebensmittel produzierten, fanden in den Industrieländern einen expandierenden Markt für ihre Produkte. Argentinien lieferte Getreide, Wolle und schließlich auch Fleisch, als die Einkommen in den Industrieländern stiegen und ab 1880 die moderne Gefriertechnik für Transport und Lagerung entwickelt wurde. Für Bolivien war die Ausfuhr von Zinn und Silber wichtig, für Chile Kupfererz und Salpeter, für Mexiko Silber. Brasilien exportierte große Mengen an Zucker, Kaffee und Kautschuk. Zucker war auch für die Karibikinseln das dominierende Exportprodukt. Im tropischen Afrika waren die Kolonialmächte bestrebt, die abhängigen Gebiete durch die Produktion von Palmöl, Kaffee, Kakao, Erdnüssen und Baumwolle wirtschaftlich nutzbar zu machen. Ägypten produzierte Baumwolle für den Weltmarkt, Südafrika Getreide, Wolle und Gold. Aus Indien kamen Getreide, Baumwolle und Jute nach Europa. Niederländisch-Indien lieferte Zucker, Pflanzenfette, Kautschuk und Zinn. Malayas Exporte waren vor allem Kautschuk und Zinn. Sogar die entlegene südpazifische Inselwelt war mit der Produktion von Pflanzenfett aus der Kokosnuss in den Weltmarkt integriert.[25]

Der Handel nahm schneller zu als die Produktion. Der Welthandel expandierte von 1820 bis 1870 im Durchschnitt real um 4,2 Prozent im Jahr, von 1870 bis 1913 um 3,4 Prozent im Jahr.[26] Vor allem der Bedarf an Lebensmitteln für die wachsende Weltbevölkerung und an Rohstoffen für die Industrie ließ den Welthandel anwachsen. 1913 bestanden die weltweiten Exporte zu 68 Prozent aus Primärgütern und zu 32 Prozent aus Fertigwaren.[27]

Mit der Expansion des Welthandels nahmen die internationalen Kapitalbewegungen zu. Es gab eine intensive Kapitalverflechtung sowohl innerhalb des Zentrums der Weltwirtschaft als auch zwischen Zentrum und Peripherie. Das Kapital aus den Industrie-

---

[24]   Roncaglia 2000.
[25]   Pohl 1989, 99-139.
[26]   Maddison 2007, 81.
[27]   Kenwood/Lougheed 1999, 87.

ländern finanzierte in den Ländern der Peripherie Bergbauunter-
nehmen und landwirtschaftliche Großbetriebe ebenso wie Eisenbahnen und Hafenanlagen. Wichtigster Kapitalgeber war Großbritannien, mit großem Abstand gefolgt von Frankreich, Deutschland
und den USA.[28] Die Dominanz des Zentrums war überwältigend.
1913 entfielen auf fünf führende Industrienationen – die USA,
Großbritannien, Deutschland, Frankreich und Japan – 74 Prozent
der weltweiten Industrieproduktion, 51 Prozent des Welthandels
und 83 Prozent des im Ausland investierten Kapitals.[29]

Sozialer Wandel

Die bürgerliche Gesellschaft

In Großbritannien setzte sich die kapitalistische Produktionsweise
bereits durch, bevor die Industrielle Revolution begann. Adam
Smith beschrieb eine kapitalistische, aber noch nicht industrialisierte Wirtschaft.[30] Die USA lösten sich durch die Revolution von
1776 von den kolonialen Beschränkungen. In Frankreich zerschlug
die Revolution von 1789 den Feudalismus. In anderen europäischen
Ländern waren die kapitalistischen Unternehmer zu der Zeit noch
zwischen der feudalen Ordnung auf dem Lande, dem Zunftwe-
sen und einer obrigkeitlichen Wirtschaftspolitik eingezwängt. Erst
die Reformen des frühen 19. Jahrhunderts beseitigten die feudale
Herrschaft. Die feudale Abhängigkeit auf dem Lande wurde aufgehoben, die Zünfte wurden abgeschafft, und die merkantilistische Reglementierung der Wirtschaft wurde durch die Herrschaft
des Markts abgelöst. Um die Mitte des 19. Jahrhunderts hatte sich
die kapitalistische Produktionsweise in Europa weitgehend durchgesetzt. Einige Reformen zogen sich aber bis in die zweite Hälfte
des 19. Jahrhunderts. Die Gewerbefreiheit wurde in Preußen zwar
schon 1810 eingeführt, in Österreich aber erst 1860 und in den
kleineren Territorien von 1861 bis zur Gewerbeordnung des Nord-
deutschen Bundes 1869. In Russland wurde die Leibeigenschaft
1861 aufgehoben. Kapital und Arbeit prägten die Klassenstruk-
tur der bürgerlichen Gesellschaft. Zwischen diesen Polen gab es
die alte Mittelklasse der Selbstständigen und die neue Mittelklasse
der Angestellten und Beamten.

---

[28]   Roth 1984, 129.
[29]   Ebda.
[30]   Smith 1976.

Eine Besonderheit der bürgerlichen Gesellschaft in einigen außereuropäischen Ländern war die lange Dauer der Sklaverei. Obwohl der Sklavenhandel seit Beginn des 19. Jahrhunderts unterbunden wurde, blieb die Sklavenarbeit in den USA, in der Karibik und in Brasilien noch längere Zeit bestehen und gewann durch die Expansion des Weltmarkts sogar an Bedeutung. Sklaven produzierten in den Südstaaten der USA Baumwolle für den Export, auf Kuba Zucker, in Brasilien Zucker und Kaffee. Der Wille der Südstaaten, die Sklaverei aufrechtzuerhalten, war der Anlass für den Amerikanischen Bürgerkrieg von 1861–65. In den USA wurde die Sklaverei 1865 verboten, in Kuba 1886, in Brasilien 1888.[31]

Die Probleme des Industriekapitalismus führten zur Entstehung der Arbeiterbewegung, die sich in Parteien und Gewerkschaften organisierte. Der reformistische Flügel der Arbeiterbewegung strebte eine Verbesserung der Lage der Arbeiter und Arbeiterinnen im Rahmen der bestehenden Gesellschaft an. Der revolutionäre Flügel hielt dagegen eine nachhaltige Verbesserung der Lebensbedingungen im Kapitalismus nicht für möglich und setzte seine Hoffnungen auf die Durchsetzung einer sozialistischen Gesellschaft. Auf die Globalisierung des Kapitals antwortete die sozialistische Arbeiterbewegung 1864 mit der Gründung der Internationalen Arbeiterassoziation. Die »Internationale« hatte Anhänger in vielen Ländern Europas und auch in den USA. Ihre Tätigkeit wurde aber überschattet durch den Konflikt zwischen den zentralistischen Sozialisten, die sich auf die Theorie von Karl Marx stützten und eine starke Organisation für notwendig hielten, und den Anarchisten, die jeder Macht im Staat wie in der sozialistischen Bewegung kritisch gegenüberstanden und die deshalb für eine weitgehende Autonomie der einzelnen Parteien und Gewerkschaften eintraten. 1872 konnte sich die marxistische Richtung in der Internationale durchsetzen. Aus Furcht vor dem Einfluss der Anarchisten verlegte die Organisation aber ihren Sitz nach New York, wo die wenigen Mitglieder die marxistische Richtung unterstützten. Dort war die Internationale so isoliert, dass sie sich 1876 auflöste.[32]

Die sozialistischen Parteien und Gewerkschaften gewannen in den einzelnen Ländern trotz des Scheiterns der Internationale an Einfluss und entwickelten sich zu Massenorganisationen. 1889 wurde eine neue internationale Vereinigung gegründet. Der Streit zwischen Marxisten und Anarchisten trat in der Zweiten Interna-

---

[31]   Wendt 2007, 264-265.
[32]   Droz 1972.

tionale in den Hintergrund. Mit der steigenden Mitgliederzahl der sozialistischen Parteien und Gewerkschaften stellten sich jedoch neue Fragen. Die Arbeiter und Arbeiterinnen mochten nicht auf die sozialistische Gesellschaft einer fernen Zukunft warten, sondern nutzten ihren wachsenden Einfluss, um gegenüber den Unternehmern und dem Staat eine Verbesserung ihrer Lebensbedingungen einzufordern. Die sozialistischen Organisationen hielten in den meisten Ländern an dem revolutionären Ziel fest, konzentrierten sich in ihrer Praxis aber auf reformistische Ziele.[33]

Die bürgerliche Gesellschaft, die sich in Europa und den europäisch geprägten Gesellschaften herausbildete, setzte die feudal geprägten Gesellschaften in Afrika und Asien unter Anpassungsdruck. Einige wie China, Japan, Persien oder Siam schlugen den gleichen Weg ein und entwickelten sich zu bürgerlichen Gesellschaften, um ihre Selbstständigkeit zu bewahren. Andere wurden unterworfen und erfuhren die bürgerliche Gesellschaft in der abhängigen Form der kolonialen Gesellschaft.[34]

Die Rolle des Staates

Der Staat des bürgerlichen Zeitalters war der Nationalstaat, der eine kulturelle Identität von Gesellschaft und Staat anstrebte. Die Identität wurde häufig durch die Sprache konstruiert, konnte aber auch durch die Religion, durch die Überzeugungskraft freiheitlicher Institutionen, durch eine gemeinsame Geschichte oder durch eine erfolgreiche wirtschaftliche Entwicklung gefördert werden.[35] Die Idee des Nationalstaats trat in Deutschland und Italien als Einigungsbewegung auf, um einer politisch zersplitterten Nation einen Staat zu schaffen. In Italien wurde 1861 ein Nationalstaat errichtet. In Deutschland drängte Preußen im Bürgerkrieg von 1866 Österreich aus der nationalen Bewegung, 1871 wurde das Deutsche Reich gegründet. In anderen Regionen Europas äußerte die nationale Bewegung sich in zahlreichen nationalen Unabhängigkeitsbestrebungen. Diese Bewegungen richteten sich vor allem gegen die multikulturellen Imperien in Mittel- und Osteuropa, die nach ihrem Staatsverständnis dem Nationalitätsprinzip entgegengesetzt waren: das Habsburgerreich, Russland und das Osmanische Reich. Auch in Westeuropa gab es nationale Unabhängig-

---

[33]   Droz 1974.
[34]   Osterhammel/Petersson 2003, 55-60.
[35]   Teichova/Mathis 2003.

keitsbestrebungen. Belgien hatte sich bereits 1831 von den Niederlanden getrennt, Norwegen löste 1905 die Personalunion mit Schweden, Irland strebte die Unabhängigkeit von Großbritannien an. Die Idee des Nationalstaats führte zu zahlreichen Grenzkonflikten. Das neue italienische Königreich gewann 1866 Venetien, richtete aber weitere Ansprüche auf italienischsprachige Teile Österreichs. Elsass-Lothringen wurde 1871 vom neuen Deutschen Reich annektiert; die Revision dieser Entscheidung blieb ein wichtiges Ziel der französischen Politik. Die nationalen Bewegungen des 19. und frühen 20. Jahrhunderts hingen eng mit den demokratischen Bewegungen zusammen. Das Nationalitätsprinzip konnte aber auch zur Bedrückung werden, wenn kulturelle Minderheiten mit Gewalt zur Anpassung an eine dominierende Staatskultur gezwungen wurden. So nahm im Osmanischen Reich unter dem Einfluss der nationalistischen Reformbewegung die Verfolgung der Armenier zu. Während des Ersten Weltkriegs eskalierte die Verfolgung 1915 zum Völkermord.[36]

Die liberale Wirtschaftsordnung wies dem Markt die entscheidende Rolle in der Allokation der Ressourcen zu. Der Staat sollte auf eng umschriebene Funktionen beschränkt bleiben, vor allem die Bewahrung der Rechtsordnung, die Verteidigung und einige Infrastrukturaufgaben. Auch für die Gestaltung der internationalen Wirtschaftsbeziehungen wurde die Überlegenheit des Markts postuliert. Die Mobilität von Arbeit und Kapital, der freie Austausch von Waren und Dienstleistungen über die Grenzen hinweg sollten zu einer optimalen internationalen Arbeitsteilung führen.[37]

In den wirtschaftlichen Beziehungen zwischen dem Zentrum und der Peripherie behielt der Staat eine zentrale Bedeutung. Ein großer Teil der Weltbevölkerung lebte unter kolonialer Herrschaft, und mit der Expansion von Produktion und Handel nahm der Druck des Kolonialismus zu. Die asiatischen Staaten, die eine binnenwirtschaftlich orientierte Wirtschaftspolitik betrieben und ihre Außenkontakte strikt regulierten, gerieten durch das Interesse der Industrieländer an fernen Produkten und neuen Absatzmärkten unter Druck. Sie mussten sich unter Anwendung von Gewalt dem Welthandel öffnen: Burma und Siam 1826, China 1842, Japan 1854, Annam 1862, Korea 1876.[38]

Seit dem späten 19. Jahrhundert gewann der Staat an Bedeutung. In der Großen Depression von 1876 bis 1895 kehrten die

---

[36] Bloxham 2007.
[37] Mill 1965; Smith 1776.
[38] Bastid 1978; Linhart/Weigelin-Schwiedrzik 2004.

meisten Regierungen zum Protektionismus zurück. Die Landwirtschaft, die Industrie und das Handwerk forderten vom Staat
Schutz vor der internationalen Konkurrenz und Hilfe in Krisen-
zeiten. Die Sozialpolitik begann, durch die Regulierung der Arbeits-
beziehungen und durch öffentliche Transferleistungen zur Stabilisierung der Einkommen beizutragen. Es gab keine Rückkehr zu
der regulierten Wirtschaft des Merkantilismus. Aber der Einfluss
des Staats auf die Wirtschaft nahm zu.[39]

Stagnation 1914–1945

Bevölkerungskrisen und Bevölkerungswachstum

Der Erste Weltkrieg, der im August 1914 ausbrach, beendete die
lange Expansionsphase der Globalisierung und leitete eine Phase
ein, in der Kriege und Krisen mit Stabilisierungsphasen wechselten, in der im Trend aber die Globalisierung stagnierte.

In Europa, mit Auswirkungen aber auch in anderen Weltregionen, war der Erste Weltkrieg eine demographische Katastrophe. Man schätzt, dass nahezu zehn Millionen Soldaten durch
den Krieg starben. In Nordfrankreich, Belgien und Polen hatten
die Kämpfe schwere Zerstörungen angerichtet. In einigen Ländern
ging der Krieg ohne Unterbrechung in neue Konflikte über. Der
Bürgerkrieg in Russland forderte die größten Opfer. Aber auch in
Deutschland und in Ungarn kämpften 1918–19 die Überlebenden
des Weltkriegs gegeneinander. Die Türkei führte 1920–23 einen
regionalen Krieg gegen einen von den Alliierten geschaffenen arme-
nischen Staat und gegen Griechenland, und arabische Streitkräfte
kämpften 1920 in Bagdad und in Damaskus gegen britische und
französische Besatzungstruppen. Wenn man die Verluste unter der
Zivilbevölkerung, die Opfer des türkischen Völkermords an den
Armeniern, den Russischen Bürgerkrieg und andere Kriegsfolgen berücksichtigt, steigt die Zahl der Opfer auf ungefähr zwanzig Millionen Tote.[40]

Auf den Krieg folgte von 1918 bis 1919 eine weltweite Grip-
peepidemie, durch die 25 bis 40 Millionen Menschen umkamen.
Die Seuche wurde nicht durch den Krieg verursacht, aber dass viele

---

[39] Ambrosius 2001; Winkler 1974.
[40] Hardach 2001, 35.

Menschen durch die Not der Kriegszeit geschwächt und daher anfällig waren, trug zu der großen Zahl der Opfer bei.[41]

Da die Geburtenraten in Europa zurückgingen, verschob sich das Bevölkerungswachstum im 20. Jahrhundert zu den außereuropäischen Regionen. Die europäische Auswanderung ging stark zurück. Die Gründe lagen zum Teil in Europa. Die Industrialisierung schuf neue Arbeitsplätze, und die Realeinkommen stiegen. Wichtig waren aber Veränderungen in den Aufnahmeländern. Die USA als wichtigstes Einwanderungsland regulierten mit neuen Gesetzen die Immigration, um die Beschäftigten vor fremder Konkurrenz zu schützen und um die sozio-kulturelle Struktur der Gesellschaft zu erhalten. Primärgüterländer wie Argentinien, das vor dem Ersten Weltkrieg ein wichtiges Auswanderungsziel war, wurden durch die Krise der Landwirtschaft unattraktiv.[42]

Die nationalsozialistische Diktatur erklärte die Verfolgung der jüdischen Minderheit zum Staatsziel. Schon bald nach der Besetzung Polens begann das Regime, die Juden in seinem Machtbereich zu ermorden. Nach dem Angriff auf die Sowjetunion wurde 1941 die systematische Auslöschung der europäischen Juden beschlossen. In den besetzten Gebieten wurden große Vernichtungslager errichtet. Bis zum Sturz des Nationalsozialismus wurden sechs Millionen Juden aus Deutschland und den besetzten Gebieten umgebracht.[43]

Der Zweite Weltkrieg forderte weit mehr Opfer als der Erste Weltkrieg. Die Grenzen zwischen Front und Heimat schwanden. Der Tod kam in vielerlei Gestalt, an den Fronten in Europa, Nordafrika und Asien, im Seekrieg, durch die Morde der deutschen und japanischen Truppen in den besetzten Gebieten, durch den Luftkrieg gegen die Städte, durch den Massenmord in den Konzentrationslagern, durch die Deportationen in der Sowjetunion. Insgesamt kamen nach unterschiedlichen Schätzungen während des Zweiten Weltkriegs 40 Millionen Menschen, möglicherweise sogar 45 bis 50 Millionen Menschen gewaltsam um. Diese Schätzungen schließen sowohl die getöteten Soldaten als auch die Opfer von Krieg und Gewalt unter der Zivilbevölkerung ein.[44]

Trotz der demographischen Katastrophen, die Krieg, Epidemien und Verfolgung verursachten, nahm die Weltbevölkerung in der ersten Hälfte des 20. Jahrhunderts stärker zu als im 19. Jahr-

---

[41] Singleton 2007, 12.

[42] Kenwood/Lougheed 1999, 168-171.

[43] Benz 1997.

[44] Milward 1977, 211; van der Wee 1984, 15.

hundert. 1950 lebten 2,5 Milliarden Menschen auf der Erde. Die
jährliche Wachstumsrate der Weltbevölkerung im Zeitraum von
1913 bis 1950 betrug 0,9 Prozent und war damit deutlich höher
als in den Jahrzehnten vor dem Ersten Weltkrieg. Der Anteil Europas an der Weltbevölkerung ging zurück. 1950 lebten in Asien 55
Prozent der Weltbevölkerung, in Europa nur noch 23 Prozent, in
Amerika 13 Prozent, in Afrika 9 Prozent und in Ozeanien knapp
1 Prozent.[45]

Der Erste Weltkrieg

Vom europäischen Krieg zum Weltkrieg

Der Erste Weltkrieg entstand aus dem Zusammenwirken von
Machtkonkurrenz und nationalen Konflikten. Die österreichisch-
ungarische Regierung sah im Juli 1914 die Chance, die serbische
Nationalbewegung in einem lokalen Krieg empfindlich zu schwächen. Die deutschen Pläne reichten weiter. Regierung und Militär fürchteten, dass das Machtverhältnis in Europa sich durch die
rasche Modernisierung Russlands mittelfristig zu Gunsten der Allianz von Frankreich, Großbritannien und Russland verschieben
würde. Sie waren daher bereit, einen Präventivkrieg zu riskieren, um
die eigene Position im Bündnis mit Österreich-Ungarn zu stärken;
Italien galt zu dieser Zeit schon nicht mehr als verlässlicher Bündnispartner. Der lokale Konflikt weitete sich rasch zur Katastrophe
einer negativen Globalisierung aus: Auf die weltweite Integration
folgte ein weltweiter Konflikt. Deutschland und Österreich-Ungarn
gewannen im November 1914 die Türkei und 1915 Bulgarien als
Bündnispartner. Das alliierte Bündnis war von Anfang an überle-
gen und erweiterte sich weit stärker. Zu Frankreich, Großbritannien, Russland und den kleineren europäischen Verbündeten traten Ende August 1914 Japan, 1915 Italien und 1916 Rumänien.
Russland und Rumänien schieden vorzeitig aus dem Krieg aus,
dafür griffen aber 1917 die USA auf alliierter Seite ein. Nach dem
Kriegseintritt der USA schlossen sich zahlreiche europäische und
außereuropäische Staaten den Alliierten an.[46]
    Beide Seiten planten einen kurzen Krieg, in dem nur begrenzte
wirtschaftliche Ressourcen eingesetzt werden sollten. Seit Ende

---

[45]   Livi-Bacci 2006, 27, 108; Maddison 2006, 256.
[46]   Martel 2007, 79-142; Salewski 2003.

1914 gingen die Kämpfe jedoch in einen langwierigen Stellungskrieg über. Nachdem die Illusion eines kurzen Krieges verflogen war, wurde die militärische, wirtschaftliche und politische Erschöpfung des Gegners zum Ziel der Strategie. Auf beiden Seiten wurden Jahr um Jahr neue Soldaten eingezogen, um die Gefallenen, die Verwundeten und die Gefangenen zu ersetzen. Auf die militärische Mobilisierung folgte eine wirtschaftliche Mobilisierung. Die Wirtschaft der kriegführenden Länder wurde auf die Produktion von Waffen und Munition, von Uniformen und Ausrüstung und auf die Verpflegung der riesigen Armeen umgestellt. Nachdem viele Männer zum Militär eingezogen waren, sollten Frauen die Arbeitsplätze in der Landwirtschaft, in den Fabriken, in den Büros und im Verkehrswesen übernehmen. Auch Kriegsgefangene wurden in verschiedenen Wirtschaftszweigen beschäftigt. Die Produktion ging insgesamt stark zurück, und da ein zunehmender Teil des sinkenden Sozialprodukts vom Militär beansprucht wurde, litt die Bevölkerung Not. Eine Bewirtschaftung, die bei einzelnen, besonders knappen Produkten begann und schließlich auf die gesamte Volkswirtschaft ausgeweitet wurde, sollte die Lieferungen für das Militär sicherstellen und die Verteilung der immer geringeren Rationen an die Bevölkerung regeln. Der Goldstandard wurde in den kriegführenden Ländern suspendiert, damit die Zentralbanken dem Staat unbegrenzt Kredit gewähren konnten. Die Kosten des Krieges wurden überwiegend mit Krediten finanziert. Die Vorfinanzierung durch kurzfristige Zentralbankkredite wurde zum Teil durch Staatsanleihen konsolidiert. Bei Kriegsende war in allen Ländern eine gewaltige Schuldenlast akkumuliert. Preise und Löhne wurden staatlich kontrolliert, um das Ausmaß der Inflation zu verbergen.[47]

Auch die Kolonien wurden in den Krieg einbezogen. Die alliierten Mächte setzten Soldaten aus den abhängigen Gebieten in Europa ein. So kämpften auf britischer Seite Soldaten aus Australien, Indien, Kanada und Neuseeland, auf französischer Seite Soldaten aus Nord- und Westafrika. Aufgrund ihrer maritimen Überlegenheit eroberten die Alliierten in kurzer Zeit die deutschen Kolonien in Afrika und im Südpazifik sowie den Stützpunkt Tsingtao an der chinesischen Küste. Zwar musste das deutsche Militär auch in Ostafrika die Kontrolle über die Kolonie rasch aufgeben, es konnte sich aber in abgelegenen Regionen bis zum Waffenstillstand den alliierten Verfolgern entziehen.

---

47 Broadberry/Harrison 2005; Hardach 1973; Hardach 2001; Singleton 2007.

Im Sommer 1918 neigte sich die militärische, wirtschaftliche und politische Widerstandskraft der Mittelmächte dem Ende zu. Bulgarien schloss im September 1918 einen Waffenstillstand mit den Alliierten, die Türkei im Oktober, Österreich-Ungarn am 3. November und Deutschland am 11. November.

Der Triumph des Nationalstaats

Auf die Waffenstillstandsabkommen folgten die Friedensschlüsse in den Pariser Vororten, im Juni 1919 in Versailles mit Deutschland, im September 1919 in St. Germain mit Österreich, im November 1919 in Neuilly mit Bulgarien, im Juni 1920 in Trianon mit Ungarn und im August 1920 in Sèvres mit der Türkei. Der 1919 gegründete Völkerbund sollte für einen dauerhaften Frieden sorgen. Mit den ›Vororteverträgen‹ war aber noch kein allgemeiner Friede erreicht. In manchen Regionen folgten auf das Ende des Ersten Weltkriegs weitere Jahre von Krieg und Bürgerkrieg. Das revolutionäre Russland schloss 1920 Friedensverträge mit Finnland und den drei baltischen Republiken Estland, Lettland und Litauen und 1921 den Frieden von Riga mit Polen. Die neue türkische Regierung leistete gegen den Frieden von Sèvres Widerstand und erreichte im Frieden von Lausanne 1923 günstigere Friedensbedingungen.

In den Friedensverträgen von 1919 bis 1923 triumphierte der Nationalstaat. Österreich-Ungarn wurde aufgelöst, das Deutsche Reich, die Türkei und Russland, seit 1918 die Russische Sozialistische Föderative Sowjetrepublik, verloren große Teile ihres Staatsgebiets. In Europa wurden sieben neue Staaten errichtet oder ältere Staaten, die im Laufe der Geschichte ihre Unabhängigkeit verloren hatten, wiederhergestellt: Estland, Finnland, Lettland, Litauen, Polen und die Tschechoslowakei. Irland erhielt 1920 die Unabhängigkeit von Großbritannien. Das Deutsche Reich verlor einige Grenzgebiete an Frankreich, Belgien, Dänemark, Polen und die neu errichtete Freie Stadt Danzig. Serbien bildete mit Montenegro, Kroatien und Slowenien das neue Königreich der Serben, Kroaten und Slowenen, das sich seit 1929 Jugoslawien nannte. Rumänien wurde wesentlich erweitert. Österreich und Ungarn wurden dagegen auf einen geringen Teil ihres früheren Territoriums reduziert. Die neuen Grenzen wurden mit dem Selbstbestimmungsrecht der Völker begründet, schufen aber neuen Konfliktstoff, da die Minoritätenprobleme nunmehr in anderer Form bestanden. In Italien gab es die deutschsprachige Minderheit in Südtirol, in

Polen eine deutsche Minderheit, in Rumänien eine große ungarische Minderheit, in der Tschechoslowakei deutsche und ungarische Minderheiten.[48]

Die Rolle des Staats in der Wirtschaft wurde nach dem Ersten Weltkrieg neu definiert. In den Industrieländern wurde nach dem Ende des Krieges die Kontrolle des Staats über die Wirtschaft abgebaut. Es gab aber keine Rückkehr zum Staat der Vorkriegszeit. Die Mobilisierung der Männer für den Krieg und die Arbeit der Frauen in der Rüstungswirtschaft begründeten Forderungen nach größerem politischen Einfluss und nach einem Ausbau der staatlichen Sozialpolitik. In den demokratischen Staaten führten die sozialen Konflikte der Nachkriegszeit zu Reformen, zu einer breiteren politischen Legitimation, vor allem durch die Einführung des Frauenwahlrechts, und zu einem größeren Engagement des Staats in der Wirtschafts- und Sozialpolitik. Es gab aber auch reaktionären Widerstand gegen die Reformen. In Italien wurde 1922 die faschistische Diktatur etabliert.[49]

Die Rekonstruktion der Weltwirtschaft

Produktion und Beschäftigung

Der Erste Weltkrieg hinterließ große materielle Schäden. In den umkämpften Gebieten, besonders in Belgien, Nordfrankreich und Polen, wurden Gebäude, Produktionsanlagen und Verkehrswege zerstört, und die Handelsflotten wurden durch den Seekrieg stark getroffen.[50] Die Rückkehr zur Friedenswirtschaft begann mit einem kurzen Nachkriegsboom. Die Weltwirtschaftskrise von 1920/21 unterbrach den Aufschwung. Einige Länder wie Deutschland, Österreich, Polen und Ungarn setzten die Finanzierung des Staatshaushalts durch kurzfristige Kreditaufnahme, die während des Krieges begonnen hatte, in den unruhigen Nachkriegsjahren fort. Die Inflation förderte für eine kurze Zeit Produktion und Beschäftigung, da die nominale Nachfrage expandierte und die realen Zinssätze durch die Geldentwertung negativ wurden. Nach wenigen Jahren führte die Inflation aber zu einem Zusammenbruch der Währung und einer schweren Krise. Die deutsche Währung wurde 1923/24 stabilisiert, die österreichische Währung 1924.

---

[48]   Clavin 2000, 20-26; Martel 2007, 143-177.
[49]   Maier 1975.
[50]   Hardach 1973, 266-271.

1922 setzte ein neuer Aufschwung ein. Vor allem die Wirtschaft
der USA wies hohe Wachstumsraten auf. Der Übergang zur Mas-
senproduktion für einen großen Markt vergrößerte den Vorsprung
der USA gegenüber den anderen Industrieländern. Die Inflations-
länder, die erst ihre Währungen zu reformieren hatten, traten mit
einer zeitlichen Verzögerung in die Wachstumsphase ein.[51]

Die Expansion der 1920er Jahre wurde vor allem von der
Industrie getragen. Die Produktion von Lebensmitteln und Rohstoffen blieb im Wachstum zurück. Während des Krieges hatte die
industrielle Mobilisierung die Importnachfrage der europäischen
Länder stark ansteigen lassen und hatte in den außereuropäischen
Ländern zu einer Ausweitung der Produktion geführt. Nach der
Rückkehr zur Friedenswirtschaft ergaben sich bei vielen Lebensmitteln und Rohstoffen Überkapazitäten. Der langfristige Strukturwandel verschärfte die Situation. Da sich im Prozess des wirtschaftlichen Wachstums der Schwerpunkt der Nachfrage vom primären zum sekundären und tertiären Sektor verschob, hatten die
Produzenten von Primärgütern, abgesehen von wenigen unverzichtbaren Inputs wie Erdöl, langfristig geringere Wachstumschan-
cen. Besonders schwer traf die Stagnation im Primärgütersektor
die Länder der Peripherie, die auf einzelne Agrar- oder Bergbau-
produkte spezialisiert waren.[52]

Die internationale Arbeitsteilung

Die Wiederherstellung der internationalen Arbeitsteilung, die durch
den Krieg zerrissen worden war, dauerte mehrere Jahre. In den zeitgenössischen Diskussionen über die Rekonstruktion der Weltwirtschaft stand die Wiederherstellung des internationalen Währungssystems im Mittelpunkt. Die Rückkehr zum Gold galt als Voraussetzung für die Stabilisierung der einzelnen Volkswirtschaften wie
auch für die Wiederaufnahme der internationalen Wirtschaftsbeziehungen. Die USA kehrten bereits 1919 zum Goldstandard zurück.
Die Konferenz von Genua empfahl 1922 die Wiederherstellung
des Goldstandards in der Form eines Gold-Devisen-Standards.
Nur einige Kernwährungen sollten ihre Reserven in Gold halten,
die anderen Länder sollten die goldgesicherten Kernwährungen als
Währungsreserven nutzen. Mit dem neuen Währungssystem sollte

---

[51]   Kenwood/Lougheed 1999, 165-177.
[52]   Aldcroft 1978, 251-273.

ein allgemeiner Run auf die Goldreserven vermieden werden. Vor
der Rückkehr zum Gold wären gemäß den Vorschlägen in vielen
Ländern, darunter Deutschland, Frankreich und Großbritannien,
die Währungen zu stabilisieren. Für die Übergangszeit wurden
konvertible Währungen mit flexiblen Wechselkursen empfohlen;
Devisenkontrollen wurden ausdrücklich abgelehnt.

Der Weg zur Währungsstabilisierung verlief unterschiedlich.
Einige Länder, darunter Großbritannien, stellten durch eine res-
triktive Währungspolitik die Vorkriegsparität zum Dollar wieder
her. Andere, darunter Frankreich und Italien, entschieden sich
für eine deutliche Abwertung ihrer Währung. Und schließlich
gab es Länder wie Deutschland, Österreich, Polen und Ungarn,
in denen die alte Währung durch eine Hyperinflation völlig entwertet wurde, sodass sie eine neue Währung einführten. Deutschland und Österreich kehrten 1924, Großbritannien 1925, Frankreich 1926–1928, Japan erst 1930 zur Goldwährung zurück. Insgesamt nahmen 54 Staaten über längere oder kürzere Zeit am zweiten Goldstandard teil.

Eine strukturelle Belastung des zweiten Goldstandards stellten
die politischen Schulden dar. Die USA hatten während des Krieges
ihren europäischen Verbündeten erhebliche Kredite gewährt und
erwarteten nunmehr die Rückzahlung. Die Alliierten verlangten
von den Mittelmächten Reparationen für die erlittenen Kriegs-
schäden. Die Forderung richtete sich faktisch an Deutschland, da
die anderen Länder nicht als zahlungsfähig galten. 1921 wurden
die Reparationsforderungen auf 132 Milliarden Goldmark festgelegt. Im Dawes-Plan von 1924 und im Young-Plan von 1930 wurden die Zahlungsverpflichtungen stark herabgesetzt. Da Deutschland nicht die notwendigen Exportüberschüsse erzielte, wurden
die Devisen für den Reparationstransfer durch die Kapitalimporte
aufgebracht, die nach der Währungsstabilisierung vor allem aus
den USA nach Deutschland flossen. Nachdem das internationale
Kreditsystem in der Weltwirtschaftskrise zusammenbrach, wurde
1931 ein Moratorium für die politischen Schulden erlassen, und
schließlich wurden die Zahlungen ganz eingestellt.[53]

Der Handelsprotektionismus hatte durch den Weltkrieg, durch
die schwierige Umstellung von der Kriegs- auf die Friedensproduk-
tion und zuletzt auch durch die Weltwirtschaftskrise von 1920/21
weltweit zugenommen. Die Konferenz von Genua kritisierte 1922

---

[53] Eichengreen 1992, 100-186; Eichengreen 2000, 69-104; Hardach
       2006, 337-339.

den herrschenden Protektionismus und empfahl den Abschluss von
Handelsverträgen, um die Wiederbelebung des Welthandels zu fördern. Der Appell zeigte jedoch wenig Wirkung. Die USA führten
trotz ihrer wirtschaftlichen Überlegenheit 1922 einen hoch pro-
tektionistischen Zolltarif ein.

Der internationale Handel, der zunächst hinter der Erholung
der Produktion zurückgeblieben war, erreichte ab Mitte der 1920er
Jahre wieder das Volumen der Vorkriegszeit. Nach einer Unterbrechung von etwa zehn Jahren, die durch den Weltkrieg und seine
Folgen hervorgerufen wurde, war die internationale Arbeitsteilung
wiederhergestellt.[54]

Großbritannien blieb auch nach dem Krieg das Land mit den
größten Auslandsanlagen, aber die neuen Kapitalexporte kamen
vor allem aus den USA. In den 1920er Jahren erzielte die amerikanische Wirtschaft anhaltende Exportüberschüsse. Einige Jahre
herrschte ein prekäres Gleichgewicht im internationalen Zah-
lungsverkehr, weil amerikanisches Kapital in erheblichem Umfang
exportiert wurde. Die privaten Kapitalexporte machten es möglich, die Defizite der Handelspartner gegenüber den USA, die
deutschen Reparationsleistungen und die interalliierte Schulden-
tilgung zu finanzieren. Als seit 1928 die Börsenspekulation in den
USA zunehmend Kapital anzog und die Bereitschaft zu Kapital-
exporten zurückging, drohte das internationale Zahlungssystem
zusammenzubrechen.[55]

Der Beginn der Dekolonisierung

Der Erste Weltkrieg war ein Wendepunkt in der kolonialen Expansion. In den Friedensverträgen mit Deutschland und der Türkei
konnten die siegreichen Metropolen ihre Kolonialreiche noch einmal ausdehnen. Die deutschen Kolonien in Afrika wurden von
Großbritannien, der Südafrikanischen Union, Frankreich, Belgien und Portugal annektiert, die Inselkolonien im Südpazifik
von Japan, Australien und Neuseeland. Auch die arabischen Provinzen des Osmanischen Reichs wurden von den Siegern besetzt.
Sie wurden in fünf Territorien geteilt: Irak, Palästina und Transjordanien kamen unter britische, Libanon und Syrien unter französische Herrschaft.[56] Als Zugeständnis an das Selbstbestimmungs-

54   Kenwood/Lougheed 1999, 177-180.
55   Eichengreen 1992, 187-257.
56   Fieldhouse 2006.

recht der Völker, das von den Alliierten als Kriegsziel deklariert worden war, wurden die früheren deutschen Kolonien und türkischen Provinzen unter den neuen Herrschern als Treuhandgebiete definiert. Sie sollten unter der Aufsicht des Völkerbunds nach erfolgreicher wirtschaftlicher und sozialer Entwicklung die Unabhängigkeit erlangen, ohne dass allerdings ein bestimmter Zeitraum festgelegt wurde.[57]

Wichtiger als das formale Zugeständnis an die Selbstbestimmung, das die neuen Kolonialmächte auch wenig respektierten, war die wachsende Stärke der Unabhängigkeitsbewegungen. Die Bevölkerung der Kolonien hatte durch die Entsendung von Soldaten und Arbeitskräften und durch wichtige Exporte zum alliierten Sieg beigetragen. Die auferlegten Lasten hatten häufig zu Unruhen geführt, zugleich aber auch das Selbstbewusstsein der abhängigen Völker gestärkt. Die britische Regierung entließ den Irak 1932 und Ägypten 1936 in die Unabhängigkeit. In Nordafrika nahm der Widerstand gegen die französische Herrschaft zu; in Marokko kam es 1925 zu einem Aufstand. In anderen Kolonien wie Indien und Indonesien reagierten die Metropolen, indem sie die einheimische Bevölkerung an der Verwaltung beteiligten, ohne aber ihren Machtanspruch aufzugeben.[58]

Die Weltwirtschaftskrise

Nationale Krisen und Weltkrise

Der Aufschwung brach 1929 mit der Weltwirtschaftskrise ab. Die Krise begann mit einer Reihe von Rezessionen in einzelnen Ländern. In den USA, der Führungsmacht der Weltwirtschaft, schlug der Aufschwung im Frühjahr 1929 in eine Rezession um. Am Donnerstag, dem 24. Oktober 1929, gab es an der New Yorker Börse einen heftigen Kurseinbruch. Der Rückgang der Börsenkurse hielt mit Unterbrechungen bis 1932 an. Die Wirtschaftskrise und die Börsenkrise führten 1930 zu einer Bankenkrise, die in mehreren Schüben bis 1933 dauerte. Auch in anderen Ländern verbanden sich Wirtschaftskrise, Börsenkrise und Bankenkrise. Der Rückgang des Welthandels, der Zusammenbruch der Kapitalmärkte und der Zerfall des internationalen Währungssystems ließen die nationalen

---

57   Fieldhouse 1965, 208-211.
58   De la Gorce 1988; Fieldhouse 1965, 210-211; Fieldhouse 2006.

Krisen ab 1930 zu einer internationalen Krise eskalieren. Der Zerfall der Weltwirtschaft entwickelte eine eigene Dynamik. Die Produktion ging im Zentrum ebenso wie in der Peripherie der Weltwirtschaft zurück, und es gab eine rasch um sich greifende Mas-
senarbeitslosigkeit.[59]

Der Zerfall der Weltwirtschaft

Unter dem Einfluss der Weltwirtschaftskrise brach der Goldstandard zusammen. Deutschland, Großbritannien und Japan gaben
1931 den Goldstandard auf, die USA 1933, Frankreich 1936. Es
folgte eine Ära der Währungsabwertungen, der flexiblen Wechselkurse oder auch, wie in Deutschland, der Devisenbewirtschaftung.[60] 1931 wurde auf Vorschlag des amerikanischen Präsidenten
Hoover ein Moratorium für Reparationen und Kriegsschulden vereinbart, das den Verzicht auf die Reparationen und die interalliier-
ten Schulden einleitete. Das Ende der politischen Schulden reichte
aber nicht aus, um die internationalen Kapitalmärkte zu stabilisieren. Der Zusammenbruch des internationalen Kreditsystems verschärfte in vielen Ländern die nationalen Bankenkrisen.[61]
    Viele Länder suchten in der Abwehr von Importen bei gleich-
zeitiger Förderung der Exporte einen Ausweg aus der Krise. In den
USA wurden die bereits hohen Zölle 1930 mit dem extrem pro-
tektionistischen *Smoot-Hawley Tariff Act* weiter erhöht. Der Han-
delskrieg, den die USA damit einleiteten, trug wesentlich zum
Niedergang des multilateralen Welthandels bei. Viele Länder versuchten, dem Beispiel der USA folgend, die Arbeitsmarktkrise mit
Zollerhöhungen und kompetitiven Abwertungen auf ihre Nachbarn abzuwälzen.[62]

Wege aus der Krise

Die Weltwirtschaftskrise von 1929–1933 erschütterte das Vertrauen in die bestehende Wirtschaftsordnung. In den demokratischen Industrieländern wurde eine größere Verantwortung des
Staats für die wirtschaftliche Stabilität gefordert. In den USA

---

[59] Garside 2007; Kindleberger 1973.
[60] Eichengreen 2000, 113-131.
[61] Oliver 2007.
[62] Kindleberger 1973, 179-182.

hatte die Krise ihren Höhepunkt erreicht, als der demokratische Präsident Franklin D. Roosevelt im März 1933 sein Amt antrat. Roosevelt hatte im Wahlkampf einen *New Deal* versprochen, einen neuen gesellschaftlichen Kontrakt für das amerikanische Volk. Seit März 1933 wurde der *New Deal* zum Inbegriff einer neuen Politik. Dem *New Deal* lag jedoch kein systematisches Konzept zugrunde, er bestand vielmehr aus verschiedenen Maßnahmen, die sich erst im Laufe der Zeit zu einer neuen Wirtschafts- und Sozialpolitik zusammenfügten. [63]

Auch in anderen Ländern sah sich der Staat zu einer aktiven Konjunkturpolitik veranlasst. Der britische Ökonom John Maynard Keynes begründete 1936 die staatliche Intervention. Das zentrale Problem der Krise sah er nicht in den verschlechterten Angebotsbedingungen, sondern in der fehlenden Nachfrage nach Investitions- und Konsumgütern. Traditionell versuchten die Regierungen, der fehlenden Inlandsnachfrage durch eine Forcierung der Exporte zu begegnen. Dies führte aber nur zu einem allgemeinen Protektionismus, da die Staaten durch hohe Zölle und kompetitive Abwertungen miteinander konkurrierten. Deshalb sollte der Staat nach Keynes‹ Empfehlung die Nachfragelücke mit massiven öffentlichen Ausgaben kompensieren, die nicht durch Steuern, sondern durch Kredite zu finanzieren waren. [64]

Die konjunkturelle Erholung wurde durch die Krise von 1937 unterbrochen. Die Krise war jedoch milder als die vorangegangene Weltwirtschaftskrise, und 1938 setzte ein neuer Aufschwung ein. Die aktive Konjunkturpolitik, die sich inzwischen in den demokratischen Industrieländern allgemein durchgesetzt hatte, förderte die wirtschaftliche Erholung. [65]

Wie schon in den sozialen Konflikten der unmittelbaren Nachkriegszeit gab es nach der Weltwirtschaftskrise gegen die Forderungen nach wirtschaftlichen und sozialen Reformen erbitterte reaktionäre Gegenbewegungen. In Deutschland kam 1933 der Nationalsozialismus an die Macht, in Österreich stürzte 1934 der Austrofaschismus die Erste Republik, in Japan wurde ein nationalistisches Regime etabliert, das Parallelen zum europäischen Faschismus aufwies. Die autoritären Regime in Deutschland, Italien und Japan verfolgten in den 1930er Jahren eine aggressive Außenpolitik und betrieben eine massive Aufrüstung. Die wirtschaftliche Entwicklung wurde daher zunehmend durch die Rüstungspolitik bestimmt.

---

[63] Bernstein 1987.
[64] Keynes 1973.
[65] Kindleberger 1973, 273-289.

Die Rekonstruktion der internationalen Arbeitsteilung blieb nach der Weltwirtschaftskrise hinter der konjunkturellen Erholung zurück. Das Ende des zweiten Goldstandards, der Zusammenbruch der internationalen Kapitalmärkte und der eskalierende Protektionismus führten zu einem allgemeinen Rückzug aus der Globalisierung. In Lateinamerika wurde die Exportorientierung aufgegeben, die Wirtschaftspolitik konzentrierte sich stattdessen auf die Förderung einer autonomen Entwicklung durch Industrialisierung und Importsubstitution. Großbritannien und Frankreich stärkten die wirtschaftliche Verflechtung innerhalb ihrer Kolonialreiche und versuchten so, einen Ausgleich für den Zusammenbruch der Weltwirtschaft zu finden. In den USA leitete die Erkenntnis, dass der Protektionismus letztlich auf die eigene Wirtschaft zurückfiel, eine vorsichtige Revision der Außenwirtschaftspolitik ein. Der *Reciprocal Trade Agreements Act* von 1934 ermächtigte die Regierung, bilaterale Abkommen zum Abbau der Zollschranken auszuhandeln. Die USA schlossen auf dieser Basis Handelsverträge mit Kanada, mit mehreren lateinamerikanischen Ländern, mit einigen kleineren europäischen Ländern und schließlich 1938 mit Großbritannien.[66]

Alle Bemühungen um eine Rekonstruktion der Weltwirtschaft wurden schließlich durch die aggressive Politik der faschistischen Staaten zerstört. Im Spanischen Bürgerkrieg von 1936–1939 unterstützten Deutschland und Italien gemeinsam den faschistischen Putsch Francos. Deutschland annektierte 1938 Österreich und 1938/39 die Tschechoslowakei. Italien führte 1935–1936 Krieg gegen Äthiopien und besetzte 1939 Albanien. Japan griff 1931 China an und errichtete ein Jahr später in der Mandschurei den Marionettenstaat Mandschukuo. 1937 wurde der Krieg auf ganz China ausgeweitet. Der Weg führte in einen neuen Weltkrieg.[67]

Sozialismus in einem Land

In Russland versprach die Revolution vom Oktober 1917 die Errichtung einer sozialistischen Gesellschaft. Im Widerspruch zur demokratischen Tradition des Sozialismus wurde aber eine Diktatur errichtet, die alle Lebensbereiche erfasste. 1918 wurde die Russische Sozialistische Föderative Sowjetrepublik gegründet;

---

[66]   Garside 2007.
[67]   Martel 2007, 195-281.

1922 ging daraus die Union der Sozialistischen Sowjetrepubliken hervor. Während des Bürgerkriegs von 1917 bis 1921 wurde die zentralistische Planwirtschaft des ›Kriegskommunismus‹ durchgesetzt. 1921 folgte ein Kurswechsel zur »Neuen Ökonomischen Politik«. Die neue Wirtschaftspolitik nahm auf die große Bedeutung des Agrarsektors für die sowjetische Wirtschaft Rücksicht. Landwirtschaft und Industrie sollten sich im Gleichgewicht entwickeln. Die Großindustrie und die Banken blieben verstaatlicht, in der Landwirtschaft und in kleinen und mittleren Gewerbebetrieben wurde jedoch unter staatlicher Kontrolle wieder mehr Initiative erlaubt.[68]

Nachdem die Industrialisierung des Landes hinter den Zielen der Partei- und Staatsführung zurückblieb, wurde die Wirtschaftspolitik nach wenigen Jahren wieder radikal verändert. 1928 wurde eine strikte staatliche Zentralisierung eingeleitet, alle privaten Initiativen wurden unterdrückt. In der Landwirtschaft wurde eine Zwangskollektivierung durchgeführt. Die bäuerliche Bevölkerung wurde brutal unterdrückt. Die Agrarproduktion ging daraufhin dramatisch zurück. Dennoch wurden, wie in der Zeit des Kriegskommunismus, Getreide und andere Lebensmittel gewaltsam für die städtische Bevölkerung requiriert. 1932–1933 gab es eine Hungersnot mit zahlreichen Opfern. Trotz der Krise der Landwirtschaft nahmen in der Sowjetunion in den 1930er Jahren die Industrieproduktion und das Sozialprodukt stark zu.[69]

Der Zweite Weltkrieg

Mit dem Angriff Deutschlands auf Polen begann im September 1939 der Zweite Weltkrieg. Italien trat 1940 auf der Seite Deutschlands in den Krieg ein. Finnland, das im November 1939 von der Sowjetunion angegriffen wurde, sowie Bulgarien, Rumänien und Ungarn nahmen am Krieg gegen die Sowjetunion teil. Japan eröffnete im Dezember 1941 mit dem Angriff auf den amerikanischen Flottenstützpunkt Pearl Harbour auf Hawaii den Pazifischen Krieg. Deutschland, Italien und Japan schlossen 1942 ein Militärbündnis.[70]

---

[68]   Gregory 1994.
[69]   Davies/Harrison/Wheatcroft 1994; Gregory 2004; Hildermeier 2001, 35-39, 115-119.
[70]   Martel 2007, 285-298.

Politik und Wirtschaft gingen in den Kriegszielen der Aggressoren eine enge Verbindung ein. Das Ziel war die Errichtung von politisch beherrschten Wirtschaftsräumen, die eine Alternative zur liberalen Weltwirtschaft darstellen sollten.[71] Das nationalsozialistische Deutschland strebte die Herrschaft über einen europäischen Wirtschaftsraum an. Auch für den italienischen Bündnispartner war in diesen Plänen nur ein untergeordneter Status vorgesehen. Japan propagierte nach der Besetzung eines großen Teils Chinas 1940 die *Daitoa Kyoeiken*, eine »Groß-Ostasiatische Wohlstandssphäre«. Auf dem Höhepunkt des Pazifischen Krieges wurden Vertreter der besetzten Gebiete 1943 nach Tokio eingeladen, um die »Groß-Ostasiatische Wohlstandssphäre« zu gründen.[72] Durch die Niederlage der faschistischen Mächte wurden die Pläne für eine gewaltsame Neuordnung der Weltwirtschaft gegenstandslos.

Durch die massive Kriegsvorbereitung konnte das Deutsche Reich, unterstützt von seinen Verbündeten, einen großen Teil Europas erobern. Auch Japan überraschte die Alliierten in Asien mit einer mächtigen Offensive. Ende 1942 kontrollierte das japanische Militär den Osten und Nordosten Chinas, Indochina, das formal unabhängig gebliebene Thailand, Burma, die Philippinen, Indonesien und die südpazifische Inselwelt bis zur Küste Neuguineas. 1943 trat in Europa ebenso wie im Pazifik die Kriegswende ein, die Alliierten gingen in die Offensive. Italien schied bereits im September 1943 aus dem Krieg aus, das Deutsche Reich kapitulierte im Mai 1945, Japan im September 1945.

Ein neuer Aufbruch

Die geteilte Welt

Auf den Sieg der Alliierten folgte eine umfassende Neuordnung der Welt. 1945 wurden die Vereinten Nationen gegründet, die entschiedener als der Völkerbund eine friedliche Weltordnung schaffen sollten. In Europa einigten sich die Alliierten auf den Konferenzen von Jalta im Februar 1945 und Potsdam von Juli bis August 1945 über eine Teilung Europas in eine westliche Sphäre unter dem gemeinsamen Einfluss der USA, Großbritanniens und Frankreichs und eine östliche Sphäre unter dem Einfluss der Sowjetunion. Die

---

[71] Ferguson 2007.
[72] Nakamura 1998, 208-210.

Trennungslinie zwischen den Systemen verlief durch das besetzte Deutschland. Die politischen Differenzen zwischen dem kapitalistischen und dem sozialistischen Lager nahmen rasch zu – seit 1947 sprach man von einem Kalten Krieg zwischen den Systemen.

In Ostasien blieb die Grenze zwischen den Systemen umstritten. In Korea vereinbarten die USA und die Sowjetunion zunächst eine Teilung der Interessensphären in Nordkorea und Südkorea. In China siegte 1949 die Revolution, die Nationalregierung konnte sich aber nach Taiwan retten und wurde dort von den USA geschützt. 1950 griff Nordkorea den Süden an, um eine Vereinigung des Landes unter sozialistischer Herrschaft zu erzwingen. Die USA und einige Militärkontingente aus anderen Ländern intervenierten jedoch im Auftrag der Vereinten Nationen, und im Waffenstillstand von 1953 wurde die Teilung des Landes bestätigt.[73]

Die nationalrevolutionären Bewegungen gegen die Kolonialherrschaft gingen gestärkt aus dem Zweiten Weltkrieg hervor. Die Philippinen wurden 1946 unabhängig. In Indien brachen auf dem Weg zur Unabhängigkeit religiös und kulturell motivierte Konflikte aus. 1947 wurden zwei Staaten konstituiert, die Indische Union und die Islamische Republik Pakistan mit zwei Landesteilen im Westen und im Osten.[74] Burma, das seit 1937 administrativ von Britisch-Indien getrennt war, wurde 1948 selbstständig. Das zweitgrößte asiatische Territorium unter kolonialer Herrschaft, Niederländisch-Indien, wurde 1949 unter dem Namen Indonesien unabhängig. In Indochina und in Algerien begannen Aufstände gegen die französische Herrschaft. Im Vorderen Orient hatte die französische Regierung Syrien und Libanon bereits 1936 die Unabhängigkeit in Aussicht gestellt. De Gaulle bekräftigte als Vertreter des Freien Frankreich 1941 diese Zusage, und 1945 trat die Selbstständigkeit in Kraft. Großbritannien gab 1946 die Kontrolle über das Königreich Transjordanien auf. Als letztes der fünf Mandatsgebiete im Nahen Osten wurde Palästina in eine geteilte Unabhängigkeit entlassen. Der größte Teil des Gebietes entfiel auf den 1948 gegründeten Staat Israel, ein Gemeinwesen eingewanderter Juden mit einer arabischen Minderheit. Das Westufer des Jordan wurde mit Transjordanien verbunden, der Gaza-Streifen im Süden mit Ägypten.[75]

---

[73]   Martel 2007, 299-378.
[74]   Mann 2005, 118-129.
[75]   De la Gorce 1988; Fieldhouse 2006, 151-244.

Vom Wiederaufbau zum Wirtschaftswachstum

Die Zerstörungen waren nach dem Zweiten Weltkrieg wesentlich größer als nach dem Ersten Weltkrieg. Deutschland und Japan und deren Verbündete richteten in den angegriffenen Ländern erhebliche Schäden an. Der Seekrieg zerstörte auf beiden Seiten zahlreiche Handelsschiffe. Der Luftkrieg verwüstete vor allem in Deutschland und Japan Städte, Fabriken und Produktionsanlagen.[76]

Um 1950 wurde in den meisten Ländern das Vorkriegsniveau des realen Sozialprodukts pro Kopf der Bevölkerung übertroffen. In zwei wichtigen Industrieländern, Deutschland und Japan, lag das Pro-Kopf-Einkommen allerdings noch unter dem Vorkriegsstand. Insgesamt gab es in der Periode von 1913 bis 1950 trotz der Kriege und Krisen eine Zunahme der Produktion. Das langfristige wirtschaftliche Wachstum schwächte sich allerdings deutlich ab. Von 1913 bis 1950 wuchs das reale Pro-Kopf-Einkommen im Durchschnitt in Westeuropa um 0,8 Prozent, in den USA um 1,6 Prozent und weltweit um 0,9 Prozent im Jahr.[77] In den 1950er Jahren ging in der Weltwirtschaft der Wiederaufbau ohne Unterbrechung in ein starkes wirtschaftliches Wachstum über.

Im Prozess des wirtschaftlichen Wachstums ging in den entwickelten Ländern der Anteil der Beschäftigung im primären Sektor weiter zurück, während die Beschäftigung im sekundären und tertiären Sektor stark zunahm. 1950 waren in den USA im primären Sektor 13 Prozent, im sekundären Sektor 33 Prozent und im tertiären Sektor 54 Prozent aller Arbeitskräfte tätig. In Großbritannien betrug 1950 der Anteil des primären Sektors an den Beschäftigten nur noch 5 Prozent, der Anteil des sekundären Sektors 47 Prozent und der Anteil des tertiären Sektors 48 Prozent.[78]

Die neue Weltwirtschaftsordnung

Bevor noch der Zweite Weltkrieg beendet war, begannen Planungen für eine Rekonstruktion der Weltwirtschaft. Die USA und Großbritannien sahen nach den jüngsten Erfahrungen in einer offenen Weltwirtschaft eine wichtige Voraussetzung für einen dauerhaften Frieden. Auch die Sowjetunion beteiligte sich anfangs an diesen Planungen. Das antifaschistische Bündnis begründete Hoff-

---

[76] Ferguson 2007; Harrison 1998.
[77] Maddison 2003, 256-263.
[78] Maddison 2007, 76.

nungen auf eine systemübergreifende politische und wirtschaftliche Zusammenarbeit. Die institutionellen Grundlagen der neuen Weltwirtschaftsordnung sollten ein neues weltweites Währungssystem und ein Rahmenabkommen für den internationalen Handel werden.[79]

1944 wurde in dem kleinen Ort Bretton Woods in den USA ein neues internationales Währungssystem beschlossen. Das Ziel war wie schon beim Goldstandard des 19. Jahrhunderts und dem Gold-Devisen-Standard der 1920er Jahre die allgemeine Konvertierbarkeit der Währungen zu festen Wechselkursen. Die Stabilität der Währungen sollte aber nicht mehr auf dem Gold, sondern auf dem Dollar beruhen. Alle Währungen sollten in Relation zum Dollar definiert werden. Nur für den Dollar war, um seine Stabilität zu gewährleisten, die Konvertierbarkeit zu einer festen Parität in Gold vorgesehen. Die Bedingung für die Funktionsfähigkeit des Bretton-Woods-Systems war, wie vorher beim klassischen Goldstandard und dem Gold-Devisen-Standard der Zwischenkriegszeit, dass die Mitgliedsstaaten ihre Wirtschaftspolitik vorrangig an der Stabilität des Wechselkurses orientierten. Allerdings waren umfangreiche Kreditmöglichkeiten vorgesehen, um einzelne Mitgliedsländer bei temporären Währungskrisen zu unterstützen.

Das Währungssystem von Bretton Woods wurde 1945 in Kraft gesetzt, allerdings war der Kreis der aktiven Mitglieder zunächst klein. Der große Importbedarf und die geringe Exportfähigkeit gegenüber den USA begründeten eine Dollarlücke, die eine Währungskonvertibilität zu festen Wechselkursen einstweilen nicht zuließ. Anders als nach dem Ersten Weltkrieg gab es in der Übergangzeit keine flexiblen Wechselkurse, sondern in den meisten Ländern eine Devisenbewirtschaftung. Die USA boten ihren europäischen Partnern von 1948 bis 1952 im Rahmen des *European Recovery Program*, das allgemein als Marshall-Plan bekannt wurde, Auslandshilfe zum Ausgleich der Zahlungsbilanzen an, um den Weg in die Konvertierbarkeit der Währungen zu erleichtern.[80] Nachdem die westeuropäischen Länder 1958 und Japan 1964 zur Währungskonvertibilität übergingen, setzte sich das Bretton-Woods-System für kurze Zeit im Zentrum der Weltwirtschaft durch, wurde aber schon 1973 durch ein Regime flexibler Wechselkurse abgelöst.[81]

Die USA ergriffen auch die Initiative zur Wiederbelebung des Welthandels. 1947 wurde in Genf das *General Agreement on Tariffs*

---

[79]   van der Wee 1984.
[80]   Hardach 1994.
[81]   Eichengreen 2000, 132-182; Hardach 2006, 339-342.

and Trade (GATT) vereinbart. Ziel des Abkommens war die Liberalisierung des Welthandels. Das wichtigste Instrument war eine
allgemeine Meistbegünstigungsklausel, zu der sich die Teilnehmer-
länder verpflichteten. Ausgenommen waren die Agrarmärkte sowie
regionale Zusammenschlüsse. Die ersten Zölle wurden bereits bei
der Gründung des GATT vereinbart. In mehreren Verhandlungs-
runden des GATT, die in unregelmäßigen Abständen folgten, wurden die Zölle schrittweise herabgesetzt.[82]

Die Verhandlungen über eine gemeinsame Weltordnung schei-
terten bald. Die staatssozialistischen Volkswirtschaften nahmen
weder am Währungssystem von Bretton Woods noch am GATT
teil. Sie gründeten 1949 den »Rat für gegenseitige Wirtschaftshilfe«
(RGW) als eigenes Wirtschaftssystem.[83] Die Weltwirtschaft teilte
sich in eine kapitalistische und eine sozialistische Welt. Die Länder der Peripherie blieben wirtschaftlich überwiegend dem kapitalistischen Zentrum zugeordnet, gewannen seit Anfang der 1950er
Jahre aber eine eigene Identität als ›Dritte Welt‹. Aus der Zweitei-
lung wurde eine Dreiteilung der Welt.[84]

Literatur

Aldcroft 1978 = Derek H. Aldcroft, Die zwanziger Jahre. Von Versailles
    zur Wall Street, 1919–1929 (Geschichte der Weltwirtschaft im 20.
    Jahrhundert, Bd. 3), München.
Ambrosius 2001 = Gerold Ambrosius, Staat und Wirtschaftsordnung.
    Eine Einführung in Theorie und Geschichte, Stuttgart.
Bairoch 1994 = Paul Bairoch, Mythes et paradoxes de l'histoire écono-
    mique, Paris.
Bastid 1978 = Marianne Bastid, Les mondes asiatiques, in: Pierre Léon
    (Hg.), Histoire économique et sociale du monde, Bd. 4, Paris, 529-558.
Benz 1997 = Wolfgang Benz, Der Holocaust, München.
Bernstein 1987 = Michael Bernstein, The Great Depression. Delayed recov-
    ery and economic change in America, 1929–1939, Cambridge.
Bloxham 2007 = Donald (2007): The great game of genocide. Impe-
    rialism, nationalism, and the destruction of the Ottoman Armeni-
    ans, Oxford.
Broadberry/Harrison 2005 = Stephen Broadberry/Mark, Harrison (Hg.),
    The economics of World War I, Cambridge.
Bruckmüller/Linhart/Mährdel 1994 = Ernst Bruckmüller/Sepp Linhart/
    Christian Mährdel (Hg.): Nationalismus. Wege der Staatenbildung
    in der außereuropäischen Welt, Wien.

---

[82] Hoekman/Kostecki 2001.
[83] van der Wee 1984, 439-450.
[84] Osterhammel/Petersson 2003, 86-93.

Buchheim 1994 = Christoph Buchheim, Industrielle Revolutionen, München.

Davies/Harrison/Wheatcroft 1994 = R. W. Davies/Mark Harrison/S. G. Wheatcroft (Hg.), The economic transformation of the Soviet Union, 1913–1945, Cambridge.

De la Gorce 1988 = Paul-Marie De la Gorce, L'Empire écartelé. 1936–1946, Paris.

Droz 1972 = Jacques Droz (Hg.), Histoire générale du socialisme, Bd. 1, Paris.

Droz 1974 = Jacques Droz (Hg.), Histoire générale du socialisme, Bd. 2, Paris.

Edelmayer/Hausberger/Tobler 2000 = Friedrich Edelmayer/Bernd Hausberger/Hans Werner Tobler (Hg.), Die vielen Amerikas. Die Neue Welt zwischen 1800 und 1920, Frankfurt am Main-Wien.

Edelmayer/Landsteiner/Pieper 2001 = Friedrich Edelmayer/Erich Landsteiner/Renate Pieper (Hg.): Die Geschichte des europäischen Welthandels und der wirtschaftliche Globalisierungsprozess, München-Wien.

Eichengreen 1992 = Barry Eichengreen, Golden fetters. The gold standard and the Great Depression, 1919–1939, Oxford.

Eichengreen 2000 = Barry Eichengreen, Vom Goldstandard zum Euro. Die Geschichte des internationalen Währungssystems, Berlin.

Fäßler 2007 = Peter E. Fäßler, Globalisierung, Köln-Weimar-Wien.

Ferguson 2007 = Niall Ferguson, The Second World War as an economic disaster, in: Michael J. Oliver/Derek H. Aldcroft (Hg.), Economic disasters of the twentieth century, Cheltenham, 83-132.

Fieldhouse 1965 = David K. Fieldhouse, Die Kolonialreiche seit dem 18. Jahrhundert (Fischer Weltgeschichte 29), Frankfurt am Main.

Fieldhouse 2006 = David K. Fieldhouse, Western imperialism in the Middle East, 1914–1958, Oxford.

Garside 2007 = W. R. Garside, The Great Depression, 1929–33, in: Michael J. Oliver/Derek H. Aldcroft (Hg.), Economic disasters of the twentieth century, Cheltenham, 51-82.

Gatrell 1994 = Peter Gatrell, Government, industry and rearmament in Russia, 1900–1914, Cambridge.

Grau/Mährdel/Schicho 2000 = Inge Grau/Christian Mährdel/Walter Schicho (Hg.), Afrika. Geschichte und Gesellschaft im 19. und 20. Jahrhundert, Wien.

Gregory 1994 = Paul R. Gregory, Before command. An economic history of Russia from emancipation to the First Five-Year Plan, Princeton.

Gregory 2004 = Paul R. Gregory, The political economy of Stalinism, Cambridge.

Hardach 1973 = Gerd Hardach, Der Erste Weltkrieg (Geschichte der Weltwirtschaft im 20. Jahrhundert, Bd. 2), München.

Hardach 1994 = Gerd Hardach, Der Marshall-Plan. Auslandshilfe und Wiederaufbau in Westdeutschland 1948–1952, München.

Hardach 2001 = Gerd Hardach, Die Kriegswirtschaft 1914–1918, in: Historicum. Zeitschrift für Geschichte 1, 32-36.

Hardach 2006 = Gerd Hardach, Internationale Währungssysteme, in: Gerold Ambrosius/Dietmar Petzina/Werner Plumpe (Hg.), Moderne Wirtschaftsgeschichte, München.

Harding 1999 = Leonhard Harding, Geschichte Afrikas im 19. und 20. Jahrhundert, München.

Harrison 1998 = Mark Harrison (Hg.), The economics of World War II. Six great powers in international comparison, Cambridge.

Hildermeier 2001 = Manfred Hildermeier, Die Sowjetunion 1917–1991, München.

Hoekman/Kalecki 2001 = Bernard Hoekman/Michael M. Kalecki, The political economy of the world trading system, Oxford.

Kaller-Dietrich/Potthast/Tobler 2004 = Martina Kaller-Dietrich/Barbara Potthast/ Hans Werner Tobler (Hg.): Lateinamerika. Geschichte und Gesellschaft im 19. und 20. Jahrhundert, Wien.

Kenwood/Lougheed 1999 = Albert G.Kenwood/Alan L. Lougheed, The growth of the international economy 1820–2000, London.

Keynes 1973 [1936] = John Maynard Keynes, The general theory of employment, interest, and money (Collected writings, Bd. 7), London.

Kindleberger 1973 = Charles P. Kindleberger, Die Weltwirtschaftskrise 1929–1939 (Geschichte der Weltwirtschaft im 20. Jahrhundert, Bd. 4), München.

Linhart/Weigelin-Schwiedrzik 2004 = Sepp Linhart/Susanne Weigelin-Schwiedrzik (Hg.), Ostasien 1600–1900. Geschichte und Gesellschaft, Wien.

Livi-Bacci 2006 = Massimo Livi-Bacci, A concise history of world population, 3. Aufl., Oxford.

Maddison 2003 = Angus Maddison, The world economy. Historical statistics, Paris.

Maddison 2007 = Angus Maddison, Contours of the world economy, 1–2030 AD. Essays in macro-economic history, Oxford.

Maier 1975 = Charles S. Maier, Recasting bourgeois Europe. Stabilization in France, Germany and Italy in the decade after World War I, Princeton.

Mann 2005 = Michael Mann, Geschichte Indiens vom 18. bis zum 21. Jahrhundert, Paderborn.

Martel 2007 = Gordon Martel (Hg.), A companion to international history, Oxford.

Marx/Engels 1969 [1848] = Karl Marx/Friedrich Engels, Manifest der Kommunistischen Partei, in: Karl Marx/Friedrich Engels, Werke, Bd. 4, Berlin, 459-493.

Mill 1965 [1848] = John Stuart Mill, Principles of Political Economy, 2 Bde., Toronto.

Milward 1977 = Alan Milward, Der Zweite Weltkrieg (Geschichte der Weltwirtschaft im 20. Jahrhundert, Bd. 5), München.

Nakamura 1998 = Takafusa Nakamura, A history of Showa Japan, 1926–1989, Tokyo.

Oliver 2007 = Michael J. Oliver, Financial crises, in: Michael J. Oliver/Derek H. Aldcroft (Hg.), Economic disasters of the twentieth century, Cheltenham, 182-235.

Osterhammel 1995 = Jürgen Osterhammel, Kolonialismus. Geschichte – Formen – Folgen, München.

Osterhammel/Petersson 2003 = Jürgen Osterhammel/Niels P. Petersson, Geschichte der Globalisierung, München.

Pohl 1989 = Hans Pohl, Aufbruch der Weltwirtschaft. Geschichte der Weltwirtschaft von der Mitte des 19. Jahrhunderts bis zum Ersten Weltkrieg, Stuttgart.

Roncaglia 2000 = Alessandro Roncaglia, La corsa al petrolio, in: Valerio Castronovo (Hg.), Storia dell'economia mondiale, Bd. 4: Tra espansione e recessione, Milano, 267-281.

Roth 1984 = Bernhard Roth, Weltökonomie oder Nationalökonomie. Tendenzen des Internationalisierungsprozesses seit Mitte des 19. Jahrhunderts, Marburg.

Salewski 2003 = Michael Salewski, Der Erste Weltkrieg, Paderborn.

Singleton 2007 = John Singleton, »Destruction … and misery«. The First World War, in: Michael J. Oliver/Derek H. Aldcroft (Hg.), Economic disasters of the twentieth century, Cheltenham, 9-50.

Smith 1976 [1776] = Adam Smith, An inquiry into the nature and causes of the wealth of nations, 2 Bde., Oxford.

Teichova/Matis 2003 = Alice Teichova/Herbert Matis (Hg.), Nation, state and the economy in history, Cambridge.

Tilly 2003 = Richard Tilly, Geld und Kredit in der Wirtschaftsgeschichte, Stuttgart.

van der Wee 1984 = Herman van der Wee, Der gebremste Wohlstand. Wiederaufbau, Wachstum, Strukturwandel 1945–1980 (Geschichte der Weltwirtschaft im 20. Jahrhundert, Bd. 6), München.

Walter 2006 = Rolf Walter, Geschichte der Weltwirtschaft. Eine Einführung, Köln.

Wendt 2007 = Reinhard Wendt, Vom Kolonialismus zur Globalisierung. Europa und die Welt seit 1500, Paderborn.

Winkler 1974 = Heinrich August Winkler, Organisierter Kapitalismus. Voraussetzungen und Anfänge, Göttingen.

Globalisierung, Transnationalisierung, Entnationalisierung
Entwicklungstendenzen seit den 1980er Jahren

CHRISTOF PARNREITER

Einleitung

Die Zeit nach 1945 zerfällt bezüglich der Globalisierungsprozesse in zwei Abschnitte. Nach der langen Kontraktionsphase, die mit dem Ersten Weltkrieg begann und mit dem Zweiten endete, waren die ersten dreieinhalb Jahrzehnte nach 1945 u. a. durch Bemühungen charakterisiert, den Kapitalismus wieder aus jenen nationalstaatlichen Höhlen hervorzulocken, in die er sich nach Hobsbawm[1] im Zuge von Weltwirtschaftskrise und Weltkriegen verkrochen hatte. Diese Entflechtungstendenzen während der »Weltwirtschaftskrise von 1919–39«[2] zeigen sich einerseits daran, dass der Anteil der weltweiten Exporte am Weltsozialprodukt 1950 deutlich unter dem Wert von 1913 und nur knapp über dem Wert von 1870 lag, und andererseits an der rückläufigen Investitionstätigkeit in den Ländern der ›Dritten Welt‹. Der Anteil der ausländischen Direktinvestitionen am Bruttosozialprodukt dieser Region hatte 1913 fast ein Drittel ausgemacht, 1950 nur mehr etwas mehr als vier Prozent.[3]

Um die Weltwirtschaft wiederherzustellen, wurden nach 1945 im Rahmen des Bretton-Woods-Systems Handelsbarrieren abgebaut, Wechselkurse fixiert und Institutionen zur Regulierung des wieder entstehenden Welthandels geschaffen, weshalb die Zeit von 1945 bis 1980 in bestimmten Aspekten zweifelsohne ›außenorientiert‹ war. Allerdings ist nicht zu übersehen, dass die bestimmenden Dynamiken nach innen gerichtet blieben – in der von den USA

---

[1]   Hobsbawm 1991, 156.
[2]   Hardach 1999, 39.
[3]   Maddison 2001.

bestimmten Nachkriegsordnung sollten die Wiederbelebung des Außenhandels sowie die ihn regulierenden weltweiten Institutionen v. a. die Entwicklung nationaler Binnenmärkte stärken.

Der zweite Abschnitt beginnt mit der Krise dieser Nachkriegsordnung. Die militärische Niederlage der USA in Vietnam und der Verfall des US-Dollars in den frühen 1970er Jahren wiesen darauf hin, dass die weltweite Hegemonie der USA ebenso angefochten wurde wie das Bretton-Woods-System zur Regulierung der Weltwirtschaft. Etwa zur gleichen Zeit begann das die Entwicklung der Zentren prägende Erfolgsmodell Fordismus brüchig zu werden. Unternehmen fingen an, arbeitsintensive Produktionsabschnitte in sogenannte Niedriglohnländer auszulagern, in den OECD-Staaten stiegen die Arbeitslosenraten, und die Löhne wuchsen langsamer oder gar nicht mehr. In zahlreichen Staaten gewannen Parteien Wahlen, die eine (mehr oder weniger stark ausgeprägte) neoliberale wirtschaftspolitische Agenda vertraten, während in den Peripherien die Schuldenkrise, die zuerst in Polen (1981) und Mexiko (1982) ausbrach, und die folgenden Strukturanpassungsprogramme den Jahrzehnten wirtschaftlicher und sozialer Entwicklung im Zeichen der importsubstituierenden Industrialisierung ein (zumindest vorläufiges) Ende bereiteten. Kurzum: Die Ära von Fordismus, Keynesianismus und Importsubstitution ging zu Ende, strukturelle Veränderungen zeichneten sich ab.

Diese sind mit Begriffen wie ›Expansion‹ oder ›Kontraktion‹, die als Leitmotive für diesen Band dienen, allerdings nur teilweise zu erfassen. Zwar weisen die im ersten Teil dieses Aufsatzes vorgelegten Daten zweifelsohne auf eine quantitative Steigerung und Beschleunigung des internationalen Handels, der ausländischen Direktinvestitionen und der Finanzmarkttransaktionen hin, der qualitative Wandel, der ab den 1980er Jahren abläuft, geht aber über diese Ausdehnung grenzüberschreitender wirtschaftlicher Aktivitäten hinaus. Deshalb werden in diesem Aufsatz drei weitere Bereiche struktureller Veränderungen thematisiert: Erstens wird argumentiert, dass der quantitative Anstieg von internationalem Handel und ausländischen Direktinvestitionen auf eine veränderte globale Organisation von Güterketten oder Produktionsnetzen hinweist – diese werden ›verlängert‹, immer komplexer und tatsächlich global. Zweitens entstehen im Zusammenhang mit diesen Veränderungen neue soziale Praktiken und Organisationslogiken, die sich nicht mehr mit einer nationalstaatlichen Logik erfassen lassen – und damit auch nicht mit einer *inter*-nationalen. Vielmehr bilden sich transnationale soziale Räume, die durch die

neuen Mobilitäts- und Regulierungsverfahren von wirtschaftlichen
Führungskräften und ihnen zuarbeitenden ExpertInnen ebenso
konstituiert werden wie durch die Praktiken grenzüberschreitender ArbeitsmigrantInnen. Die dritte hier thematisierte Dimension
des Wandels bezieht sich auf konkrete Orte. In Städten – und insbesondere in den *global cities*[4] – entstehen soziale Praktiken und
Räume, die aus ihrer nationalen Umgebung (teilweise) entbettet
und vom Charakter her global werden. Am Beispiel der Produktion
und Vermarktung von Immobilien wird gezeigt, dass zunehmend
Formate handlungsanleitend werden, die von privaten Akteuren
hervorgebracht, standardisiert und grenzüberschreitend imple-
mentiert werden.

Die Zäsur der 1980er Jahre ist auch begrifflich zu fassen, und
zwar zunächst mit der Unterscheidung von Internationalisierung
und Globalisierung. Implizieren beide Prozesse eine geographische
Ausweitung wirtschaftlicher Aktivitäten über nationalstaatliche
Grenzen hinaus, so ist bei Globalisierungsprozessen diese Expansion verbunden mit einem hohen Grad an tiefer, funktionaler Integration von räumlich getrennten ökonomischen Einheiten.[5] Für
den hier behandelten Zeitraum heißt das, dass die Weltwirtschaft
bis in die 1960er Jahre eine internationale war, weil die Integration
vorwiegend über relativ einfache Interaktionen hergestellt wurde
(z. B. Handel zwischen selbstständigen, national verankerten Firmen). Obwohl der Außenhandel nach 1945 deutlich schneller
zunahm als die Weltproduktion, blieben bis in die 1970er Jahre
funktionelle grenzüberschreitende Verflechtungen schwach ausgeprägt. Der US-zentrierte Internationalismus dieser Zeit gründete
sich also »auf Nationalismen«[6]. Bis in die 1980er Jahre hat sich
das, wie im Folgenden argumentiert wird, grundlegend verändert,
sodass es angebracht ist, für die Transformationen der letzten Jahrzehnte, die eine neue Qualität von funktionaler Integration räumlich getrennter wirtschaftlicher Einheiten mit sich brachten, den
Ausdruck Globalisierung zu verwenden.

Um den Bruch der 1980er Jahre zu fassen, wird auch von ›Transnationalisierung‹ gesprochen. Nach Bathelt und Glückler[7] können Modelle inter-, multi- und transnationaler Unternehmensorganisation unterschieden werden. Im ersten Fall kombiniert eine
Firma eine in einem Staat konzentrierte Produktion mit weltwei-

4   Sassen 1991.
5   Dicken 2007.
6   Sassen 2008, 263.
7   Bathelt/Glückler 2003, 275 f.

tem Handel, während bei der multinationalen Unternehmensorganisation Produktionsstätten in mehreren Ländern unterhalten werden. Diese können entweder horizontal integriert sein, d.h. sie beliefern im Wesentlichen die jeweiligen lokalen Märkte (wie z. B. die Automobilkonzerne in Mexiko in den 1960er Jahren), oder aber sie sind vertikal integriert, d.h. bestimmte Produktionsabschnitte werden bestimmten Orten in unterschiedlichen Ländern zugewiesen. Dieses Modell entspricht der von Fröbel, Heinrichs und Kreye[8] analysierten »Neuen Internationalen Arbeitsteilung«, die den Übergang von Internationalisierungs- zu Globalisierungsprozessen markierte. Im Falle einer transnationalen Unternehmensorganisation werden nicht nur arbeitsintensive Produktionsabschnitte ausgelagert, es werden auch Koordinationsaufgaben und Wissensproduktion innerhalb des Unternehmensnetzwerks dezentralisiert.

Gebräuchlich ist der Begriff ›transnational‹ auch im Zusammenhang mit großen, weltweit operierenden Unternehmen, wobei die Unterscheidung zwischen inter-, multi- und transnationalen Konzernen unscharf ist und jedenfalls nicht auf die angesprochenen qualitativen Veränderungen der Weltwirtschaft in den 1980er Jahren abzielt. Allerdings ist Dickens Definition[9] insofern treffend für die gegenwärtigen Transformationsprozesse, als der Hinweis auf Koordinations- und Kontrollkapazitäten sowohl vertikale als auch horizontale Organisationsformen von weltweiten Produktions- und Handelsnetzen mit einschließt. Gleichzeitig wird betont, dass formale Eigentümerschaft an ausländischen Niederlassungen kein essentielles Definitionskriterium mehr darstellt: Auch formell selbstständige Unternehmen sind funktional und meist abhängig in Unternehmensnetze transnationaler Konzerne integriert. Der Begriff ›Transnationalismus‹ wird schließlich auch in der Migrationsforschung verwendet, und zwar in Anlehnung an die Debatte um transnationale Konzerne. Signalisiert werden soll, dass nicht nur große Unternehmen, ihre CEOs und die *professionals* der gehobenen Dienstleistungsunternehmen Globalisierung ›machen‹, sondern auch ›einfache‹ MigrantInnen.[10] Transnationalität bedeutet hier, dass soziale Beziehungen sowohl in bestimmten Nationalstaaten verankert sind als auch darüber hinausgehen, weil diese Verankerung und die mit ihr verbundene Identitätsbil-

---

[8] Fröbel/Heinrichs/Kreye 1977.

[9] »(A) firm that has the power to coordinate and control operations in more than one country, even if it does not own them« (Dicken 2007, 106).

[10] Glick Schiller/Levitt 2006.

dung nicht mehr exklusiv auf einen Nationalstaat zurückgeführt werden kann.

Ein letzter Begriff, der hier kurz eingeführt werden soll, wird von Sassen[11] benutzt, um die Transformationen der letzten drei Jahrzehnte zu erfassen: ›Entnationalisierung‹. Damit meint sie, dass Belange, die seit dem Mittelalter zu staatlichen gemacht wurden (z. B. Normsetzung, Ausübung von Autorität) nun teilweise privatisiert und zugleich räumlich verlagert werden – innerhalb der Nationalstaaten, aber auch aus diesen heraus. So verliert die Verknüpfung von Autorität und Nationalstaat ihre Exklusivität, neue private Formen der Autorität, geschaffen und ausgeübt in entnationalisierten Territorien (wie *global cities*), treten an ihre Seite.

Globalisierung und Kapitalismus

Die Gründe für den Umbruch, der sich zwischen den späten 1960er und den frühen 1980er Jahren vollzog, können hier aus Platzgründen ebenso wenig beleuchtet werden wie die Debatten um Ursachen und historische Tiefe von Globalisierungsprozessen. Stattdessen muss eine kurze Positionsbestimmung genügen. Kapitalismus ist ein soziales System, das von seiner bestimmenden Dynamik her, nämlich der endlosen Akkumulation von Kapital, Globalität als Potenzial in sich trägt. Globalität meint dabei sowohl geographische als auch soziale Ausdehnung, die auch miteinander zusammenhängen: Wo der Kapitalismus Einzug hält, dort ändern sich die sozialen Verhältnisse. Die zentrale Struktur des kapitalistischen Weltsystems ist eine weltweite Arbeitsteilung, in die im Laufe seiner 500-jährigen Geschichte mehr und mehr Teile der Welt integriert wurden.[12] Charakteristisch für die Geschichte der Ausbreitung des kapitalistischen Weltsystems ist, dass sie von Perioden wirtschaftlicher Stagnation und politischer Kämpfe um die Vorherrschaft durchzogen ist. Diese Krisen zeigen, dass die Grundwidersprüche des Kapitalismus aufbrechen. Wachstum ist nämlich ein zweischneidiges Schwert: Einerseits vermehrt es das Kapital, andererseits wird es dadurch schwieriger, Kapital bei gleichbleibender (oder gar steigender) Rate weiter zu vermehren. Da der Zweck kapitalistischer Produktion aber die ununterbrochene Vermehrung des Kapitals ist, führt Wachstum zu Überakkumulationskrisen. Deren wesent-

---

11 Sassen 2008.
12 Zusammenfassend zur Weltsystemanalyse siehe Wallerstein 1984.

lichstes Merkmal ist eine Krise der Profite – das Kapital kann nicht mehr mit gewohnten Profitraten veranlagt werden.[13]

Räumliche Expansion kann ein Weg sein, Überakkumulationskrisen zu lösen.[14] Die Erschließung neuer Märkte erlaubt es, die eigene Überschussproduktion abzubauen bzw. die eigene Produktion unter weniger Konkurrenz wachsen zu lassen. Die Strategie, neue Märkte zu erschließen, ist angesichts mangelnder Kaufkraft in den Peripherien mit einer Ausweitung der Kreditvergabe verbunden – Finanzinstitutionen reicher Länder leihen armen Ländern das Geld, damit sie die Waren der ersteren kaufen können (und obendrein noch Kreditzinsen bezahlen). Eine zweite Möglichkeit, die Überakkumulationskrise durch räumliche Expansion zu lösen, besteht darin, dort Produktionskapazitäten aufzubauen, wo Arbeitskräften weniger bezahlt wird, und damit Arbeitskosten zu sparen. Aber: So erfolgreich die räumliche Expansion des Kapitalismus auch darin sein mag, die Überakkumulationskrise für einzelne Kapitalisten für eine bestimmte Zeit zu lösen, die Grundwidersprüche des Kapitalismus bleiben erhalten. Deshalb wurde und wird – neben der räumlichen Expansion – noch eine weitere Strategie angewandt, um der Überakkumulationskrise Herr zu werden.[15] Wenn die Konkurrenz größer und die Profite kleiner werden, trachten Kapitaleigner und -verwalter, ihr Vermögen flexibel zu halten. Kapital wandert dann aus Produktion und Handel hin zum Immobilien- und vor allem zum Finanzsektor. »[M]it der Phase des finanziellen Aufblühens« kündigt sich, so Braudel, »ein Stadium der Reife, gewissermaßen der Herbst«[16] an – also eine Krise.

Für die hier diskutierte Frage der Globalisierung ist nun entscheidend, dass Arrighi zufolge die geographische Strategie der jeweils neuen Hegemonialmacht der Weltwirtschaft von der der Vorgängermacht abweicht.[17] Während von Genua, das den ersten Akkumulationszyklus dominierte, und vom britischen Empire, das im dritten Zyklus die Hegemonie inne hatte, expansive Politiken verfolgten wurden (unter der – finanziellen – Führung Genuas wurde die Welt ›entdeckt‹, unter britischer Führung erobert), war die Politik der Vereinigten Provinzen (Niederlande), die den zweiten Akkumulationszyklus beherrschten, und der Vereinigten Staaten von Amerika, die im vierten und bislang letzten Zyklus die Hege-

---

[13] Arrighi 1994.
[14] Harvey 2001.
[15] Ebda.
[16] Braudel 1986, 268.
[17] Arrighi 1994.

monialmacht darstellten, auf Stabilisierung und Verdichtung ausgerichtet. Seit Ende der 1960er Jahre befindet sich der Kapitalismus, so Arrighi und viele andere, in einer neuerlichen Krise, die
durch neue Auseinandersetzungen um die Hegemonialstellung und
einen Strategiewechsel hin zu einer außenorientierten, offensiven
Wirtschaft geprägt ist – ohne dass bislang klar erkennbar wäre, ob
und wer die Hegemonialposition einnehmen könnte.

Die Expansion grenzüberschreitenden Handels und ausländischer Direktinvestitionen

Der grenzüberschreitende Handel hat in den frühen 1970er Jahren und vor allem ab 1986 erheblich zugenommen – was die These
stützt, dass der aktuelle Globalisierungsschub nicht mit dem Entstehen der Bretton-Woods-Ordnung nach 1945 anzusetzen ist,
sondern erst mit deren Ende. 1960 betrug die weltweite Außenhandelsquote nach Angaben der Weltbank 24,4 Prozent, 2005 lag
der Wert bei 54,4 Prozent (siehe Abb. 1). Das bedeutet, dass die
Exporte und Importe mehr als doppelt so schnell gewachsen sind
wie die globale Produktion. Die Wirtschaften der einzelnen Länder sind heute viel offener, außenorientierter und -abhängiger als
vor 50 Jahren. Ja, sie sind offener als je zuvor. Auch wenn exakte
›lange‹ historische Vergleiche ob fehlender bzw. nicht harmonisierter
Daten schwierig sind, so ist doch zu erkennen, dass der grenzüberschreitende Handel nie zuvor einen so großen Umfang, gemessen
an der Weltproduktion, hatte (wenigstens nicht, seit Daten vorliegen). 1913, also am Ende des imperialen Zeitalters, lag der Anteil
der weltweiten Exporte bei knapp acht Prozent, um bis 1950 auf
etwas mehr als fünf Prozent zu sinken und dann – bis zum Ende
des Fordismus – wieder auf etwas mehr als zehn Prozent zu steigen.[18] Seitdem sind, wie erwähnt, die Exporte und Importe kontinuierlich schneller gewachsen als die Produktion.[19]

---

[18] Die Daten von Maddison und die oben zitierten Angaben der Welt-
      bank stimmen für die Zeit nach 1960 nicht genau, aber doch ausrei-
      chend überein, um eine Gegenüberstellung zu erlauben.
[19] Maddison 2001, 363.

Abbildung 1: Außenhandelsquote[20] 1960–2006, nach Regionen

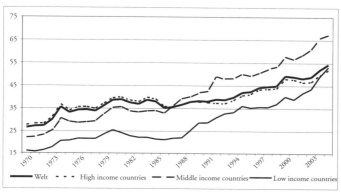

Quelle: Eigene Darstellung, beruhend auf Angaben der Weltbank.

Allerdings zeigen sich erhebliche Unterschiede. Länder mit hohem Einkommen weisen eine nur unterdurchschnittliche Außenhandelsquote auf, während die mit niedrigem Einkommen leicht und die mit mittlerem Einkommen deutlich überdurchschnittlich offen gegenüber dem Weltmarkt sind.[21] Vor Beginn der großen Handelsliberalisierungen in den 1980er Jahren waren die reichsten Länder noch jene mit dem höchsten Anteil von Ex- und Importen an der Wirtschaftsleistung gewesen – im Zuge der Globalisierung öffneten also die armen und ärmsten Länder ihre Ökonomien überdurchschnittlich schnell. Dies zeigt einerseits die politische Durchschlagskraft der Strukturanpassungsprogramme, andererseits aber drängen sich aufgrund der Daten auch kritische Fragen auf, was den von den Verfechtern der Strukturanpassung behaupteten Zusammenhang zwischen Weltmarktorientierung und wirtschaftlicher Entwicklung betrifft.

Die räumliche Ausweitung des Aktionsradius des Kapitals erfolgt auch über Kapitaltransfer. Nach Angaben der Weltbank wuchsen die jährlichen ausländischen Direktinvestitionen (ADI) zwischen 1960 und 2005 etwa 36-mal so stark wie das weltweite Sozialprodukt (während der grenzüberschreitende Handel ›nur‹

---

20   Die Außenhandelsquote ist der Anteil der Exporte und Importe von Gütern und Dienstleistungen am Bruttosozialprodukt. Die Berechnung beruht auf Angaben in laufenden US-Dollar.

21   Dazu kommen regionale Unterschiede, die sich aber zum Teil auf die Größe der einzelnen Länder und damit des Binnenmarkts zurückführen lassen.

doppelt so schnell zunahm wie die Weltproduktion), nämlich um
fast 120.000 Prozent auf über 1.300 Mrd. US-Dollar (jeweils in
laufenden US-Dollar). Auch diese Daten weisen darauf hin, dass
die Wirtschaften der einzelnen Länder heute viel offener, außenorientierter und -abhängiger sind als vor 50 Jahren. In einer längeren
historischen Perspektive zeigt sich freilich (anders als beim grenzüberschreitenden Handel), dass die heutigen Niveaus der Durchdringung mit ADI kein historisches Novum darstellen. Beispielsweise wurde laut UNCTAD der ADI-Bestand in den sogenannten Entwicklungsländern seit 1980 zwar mehr als verzwanzigfacht,
und ihr Anteil am BSP der ›Dritten Welt‹ verfünffachte sich auf
27 Prozent. 1914 allerdings machten die ADI ein knappes Drittel
des BSPs der ›Dritten Welt‹ aus.[22]

Zunehmender globaler Kapitaltransfer bedeutet aber auch
zunehmende Kreditvergabe – in den letzten Jahrzehnten ist der
Schuldenstand der Länder mittleren und niedrigen Einkommens
exorbitant gestiegen.[23] Er hat sich zwischen 1970 und 2006 mehr
als vervierzigfacht; 2006 machten die Schulden der armen Länder sechs Prozent des Weltsozialprodukts aus, verglichen mit 2,3
Prozent im Jahr 1970. Und: 1970 umfasste der Schuldenstand der
armen Länder ein Zehntel ihrer eigenen Wirtschaftsleistung, 2006
war es bereits mehr als ein Viertel.[24]

Neben dem starken Anstieg des grenzüberschreitenden Handels und der ADI sind die gegenwärtigen Globalisierungstendenzen
vor allem durch ein enormes Wachstum der Finanzmärkte geprägt.
Grenzüberschreitende Transaktionen in Aktien und Anleihen
haben außerordentlich stark zugenommen – sie machten 1975 in
den USA vier Prozent des BSPs aus, in Deutschland fünf, in Japan
zwei. Im Jahr 2003 aber übertrafen sie das BSP der G 7 Staaten
bereits um ein Vielfaches. In den USA machte der grenzüberschreitende Aktien- und Anleihenhandel 344 Prozent des BSPs aus, in
Deutschland 506 Prozent und in Japan immerhin noch 113 Prozent.[25] Als Folge dieser Entwicklung nahm die Kapitalisierung an
den Börsen weltweit deutlich zu: Zwischen 1990 und 2007 stieg
der Börsenwert der an den 53 Börsen der Welt gehandelten Unternehmen um 600 Prozent auf knapp 63.000 Mrd. US-Dollar, das

---

22 Maddison 2001, 128. Wiederum gilt, dass die Datenquellen nicht
    vollständig vergleichbar sind.
23 Angaben für die Länder mit hohem Einkommen liegen nicht vor.
24 Eigene Berechnung, basierend auf UNCTAD 1996 und Maddison
    2001.
25 Sassen 2008, 413.

jährliche Handelsvolumen wurde auf über 100.000 Mrd. US-Dollar verachtzehnfacht.[26] Deutlich nahmen auch die reinen Geldtransaktionen zu – sie wuchsen zwischen 1973 und 1995 mehr als 30-mal so schnell wie der Welthandel. Nur etwa 10 Prozent der Geldtransaktionen dienen der Finanzierung des Welthandels, der Rest ist Spekulation.[27] Dieses Übergewicht des Handels gegenüber der ›realen‹ Herstellung von Werten (Gütern und Dienstleistungen) lässt manche von der Ablösung der Produktions- von der Finanzsphäre und von »Kasinokapitalismus«[28] sprechen, weil es eine fundamentale Veränderung der Funktion der Finanzmärkte impliziere. Sassen charakterisiert diesen Wandel so: »Ein Kredit befriedigte die Nachfrage nach Kapital. Heute liegt die Nützlichkeit in der Handelbarkeit.«[29] Wie sehr das Wort vom »Kasinokapitalismus« zutrifft, zeigt die Krise des Jahres 2008: Bei einem Rückgang des Handelsvolumens um 12 Prozent wurde der Wert der börsennotierten Unternehmen halbiert[30] – eine Kapitalentwertung, die in zeitgenössischen Kommentaren vielfach mit dem Börsenkrach von 1929 verglichen wurde.

Globale Güterketten und die Vertiefung globaler Integration

Mit dem Anstieg des grenzüberschreitenden Handels und der ADI hängen strukturelle Veränderungen in der Organisation der Weltwirtschaft zusammen, die über das reine Ausmaß der Veränderung hinausgehen. Warum aber soll der Anstieg *inter*-nationalen Handels auf jene neue Qualität in den Organisationslogiken von Produktion und Verteilung hinweisen, die eingangs als Globalisierung definiert wurde? Diese Frage ist umso berechtigter, als bisher auf Nationalstaaten bezogene Daten diskutiert wurden, was vor dem Hintergrund des Hinweises auf globale Güterketten konzeptionell unpräzise, forschungspraktisch aber leider nicht anders machbar ist. Statistiken sind zumeist «state-istics«[31]; als intellektuelle Geschöpfe der sich formierenden (europäischen) Nationalstaaten ist ihnen ein »methodischer Nationalismus«[32] inhärent, weswegen

---

[26] World Federation of Exchanges o.J.
[27] Dicken 2007, 380.
[28] Altvater/Hübner 1988, 32.
[29] Sassen 1991, 83 f.; Übersetzung C. P.
[30] World Federation of Exchanges o.J.
[31] Taylor 2003, 30.
[32] Wimmer/Glick Schiller 2002.

für großräumige und in die historische Tiefe (selbst wenn es nur
45 Jahre sind!) gehende Vergleiche Daten nur auf nationalstaatli-
cher Ebene vorliegen.

Dennoch bilden diese Informationen einen Ausgangspunkt,
um den qualitativen Wandel untersuchen zu können. Allerdings
müssen sie spezifiziert werden. Zum einen kann der Umstand, dass
der Außenhandel seit 1960 mehr als doppelt so schnell gewachsen
ist wie die Weltproduktion, mit unterschiedlichen ›Inhalten‹ sta-
tistischer Erhebungen erklärt werden. Handelsstatistiken zählen
den Wert der ein- bzw. ausgeführten Güter oder Dienstleistungen,
während im Bruttosozialprodukt (Bruttonationaleinkommen) jene
Werte erfasst sind, die *hergestellt* werden. Das Missverhältnis zwischen schnell wachsenden Exporten bzw. Importen und wesentlich
geringerem Wirtschaftswachstum weist auf die zunehmende funktionale Integration räumlich (grenzüberschreitend) getrennter Einheiten hin, die als wesentliches Merkmal von Globalisierungsprozessen identifiziert wurde. Weil heute in globalen Produktionsketten bzw. -netzwerken immer mehr Produkt*teile* gehandelt werden,
bevor eine Ware den Markt ›betritt‹, enthält ›national‹ erbrachte
Wertschöpfung immer mehr importierte Werte. Der Außenhandel wächst also nicht deshalb so schnell, weil es so viele neue Güter
gibt, die grenzüberschreitend gehandelt werden, sondern weil die
Netzwerke zur Herstellung von Gütern vergrößert wurden und an
Komplexität gewonnen haben. Immer mehr Güterketten sind verlängert, also tatsächlich global gemacht geworden. [33]

Diese funktionale Integration kann – als zweite Spezifizierung
der Außenhandelsdaten – an der Zunahme des Handels innerhalb
von Unternehmen (*intra-firm*-Handel) und innerhalb bestimmter
Wirtschaftszweige (*intra-industry*-Handel) abgelesen werden. [34] In
den USA, dem Land, für das die verlässlichsten Datenreihen vorliegen, macht der firmeninterne Handel von US-Unternehmen
bei Gütern und Dienstleistungen bei den Exporten 28,5 Prozent
(2004), bei den Importen 32,9 Prozent aus. [35] Wird der grenzüber-

---

[33]   Wird ein Auto mit dem Wert von 100 X ausschließlich in der Ein-
       heit A erzeugt und dann exportiert, dann stimmen Exportstatistik und
       Bruttosozialprodukt überein: Beide Größen haben um den Wert 100
       zugenommen. Werden für ein Auto aber Vorprodukte im Wert von
       80 X importiert, 20 X an Wert hinzugefügt und das gesamte Auto
       im Wert von 100 X dann exportiert, dann steigen die Ausfuhren wie-
       derum um den Wert von 100, das Bruttosozialprodukt aber nur um
       den Wert 20.
[34]   UNCTAD 1996; UNCTAD 2002; Dunning/Lundan 2008.
[35]   Bureau of Economic Analysis 2007.

schreitende *intra-firm*-Handel von ausländischen Niederlassungen in den USA hinzugerechnet, so kontrollierten transnationale Konzerne im Jahr 2002 77 Prozent der die USA verlassenden Exporte und 65 Prozent der Importe.[36] Bei Hochtechnologieprodukten ist die Komplexität der Produktionsnetze noch größer – der *intra-firm*-Handel macht bei elektronischen Geräten, chemischen Produkten oder Transportgütern bis zu 75 Prozent des gesamten Welthandels aus.[37] Auch der Bedeutungsgewinn des intra-industriellen Handels weist auf die funktionale Integration unterschiedlicher Standorte in immer komplexer werdenden globalen Produktions- und Handelsnetzen hin. Für die USA macht *intra-industry trade* mit Gütern aus der gleichen Sparte 69 Prozent des gesamten Handels mit Industriegütern aus (1996–2000), während in Deutschland (72 Prozent), Großbritannien (74 Prozent) oder Frankreich (78 Prozent) der Anteil sogar noch höher ist.[38]

Die breitere geographische Ausdehnung von Produktionsketten deutet aber nicht auf eine Dezentralisierung der Weltwirtschaft hin. Die Daten zur Dominanz von transnationalen Konzernen zeigen ja nicht nur die Komplexität der Produktionsprozesse, sondern auch eine enorme Konzentration von wirtschaftlicher Macht. In den USA kommen ein Prozent der Unternehmen auf 81 Prozent des Außenhandels,[39] und auch in Lateinamerika ist der Anteil der transnationalen Konzerne am grenzüberschreitenden Handel kontinuierlich gestiegen. Kamen sie in der ersten Hälfte der 1990er Jahre auf ein Viertel der Ausfuhren, so waren es 2002 schon 42 Prozent. Sie sind auf Kosten von privaten nationalen Firmen und Staatsbetrieben zum wichtigsten Exporteur der Region geworden, wobei Automobil- und Elektronikkonzerne wie General Motors, Delphi Automotive Systems, Volkswagen, Chrysler, Ford, Samsung, Nissan oder Sony eine zentrale Rolle spielen.[40] Auch in geographischer Hinsicht ist wirtschaftliche Macht hochgradig konzentriert: Die Hälfte der Gewinne der 500 größten Konzerne der Welt laufen in nur 20 Städten zusammen.[41]

Am Beispiel Mexikos lässt sich die wirtschaftliche Organisationslogik der Globalisierung, räumlich auseinanderliegende Produktionsstandorte funktional in Güterketten zu integrieren, gut

---

[36]   Dunning/Lundan 2008, 487.

[37]   OECD 2002.

[38]   Ebda.

[39]   Dunning/Lundan 2008, 488.

[40]   Comisión Económica para América Latina y el Caribe 2004.

[41]   Parnreiter 2009a.

erkennen.[42] Seit den 1980er Jahren wurden über immer umfang-
reichere ADI[43] neue Produktionsstandorte vor allem im Norden des
Landes, aber auch im Landesinneren (außerhalb des alten industriellen Zentrums Mexico City) aufgebaut, die als Exportplatt-
form dienen: Zwischen 1980 und 2006 versechzehnfachte sich
der Wert der jährlichen Exporte aus Mexiko. Dieser Exportboom
ist aber nicht das Resultat eines wirtschaftlichen Entwicklungs-
schubs in Mexiko, sondern hängt mit der angesprochenen veränderten Gestaltung von globalen Güterketten zusammen: 56 Prozent des Handels zwischen Mexiko und den USA sind *intra-firm
trade*.[44] Und: Der Exportboom Mexikos bedarf stetig wachsender
Importe – die Handelsbilanz ist, trotz steigender Exporte, noto-
risch negativ[45], die Wirtschaft ist, in Widerspruch zur Globalisie-
rungsrhetorik, nicht *export-*, sondern *import-driven*.

   Dies belegt die zentrale Rolle staatlicher Programme der »temporären Einfuhren zur Wiederausfuhr«. Sie laufen darauf hinaus,
dass für Waren, die importiert, in Mexiko weiterverarbeitet und
dann reexportiert werden, keine Zölle, Mehrwert- oder Gewinn-
steuer anfallen. Im Jahr 2000 hingen 83 Prozent der Exporte
Mexikos von diesen Import-Export-Programmen ab.[46] Das bedeutet, dass der überwiegende Teil der mexikanischen Industrie als
Exportproduktionszone organisiert ist.[47] 1999 entsprachen 60 Prozent der US-Industrieexporte nach Mexiko solchen *revolving door
exports*, wobei der Großteil innerhalb gleicher Industriebranchen
abgewickelt wurde. Der *intra-industry trade* erreicht in der Autoindustrie 80 bis 90 Prozent des gesamten Handels,[48] während er
mit 74 Prozent bei den Industriegütern generell nicht wesentlich
geringer ist.[49]

---

42   Zum Folgenden vgl. Parnreiter 2007, Kap. 5.
43   Der jährliche Zufluss erhöhte sich nach Angaben von Weltbank und
     UNCTAD von zwei auf 19 Mrd. US-Dollar (1980–2006), der Bestand
     stieg im gleichen Zeitraum auf fast 230 Mrd. US-Dollar an.
44   OECD 2002.
45   Laut Angaben der CEPAL beläuft sich das Minus der mexikanischen
     Handelsbilanz von 1982, dem Jahr der Schuldenkrise, bis 2007 auf
     fast 120 Mrd. US-Dollar.
46   Dussel Peters 2001.
47   Ein Gutteil der verbleibenden 17 Prozent ist Wirtschaftsbereichen
     wie Erdöl oder Mineralien zuzurechnen, die keinen nennenswerten
     Transformationsprozess durchlaufen.
48   Studer 2004.
49   OECD 2002.

Das Beispiel der Automobilindustrie zeigt, wie passend das Bild von der Verlängerung der Güterketten ist: Während der Importsubstitution ließen Konzerne in Mexiko produzieren, weil der »Plan zur nationalen Integration der Automobilindustrie« erzwang, dass wenigstens 60 Prozent des Wertes eines in Mexiko verkauften Autos auch dort erzeugt wurden. Große Teile der Produktion wurden dadurch innerhalb des Staates integriert, also geographisch konzentriert – ein Beispiel für die oben angesprochene multinationale Unternehmensorganisation horizontaler Ausprägung. Dunning und Lundan kommen zu dem generellen Schluss, dass transnationale Konzerne *forward* und *backward linkages* in Ländern mit mittleren oder niedrigen Einkommen vor allem dann aufbauen, wenn sie durch Importrestriktionen und Vorschriften bezüglich des Anteils nationaler Wertschöpfung dazu gezwungen werden.[50]

Mit der Liberalisierungspolitik ab den 1980er Jahren entfielen solche Regelungen hinsichtlich der nationalen Wertschöpfung aber zunehmend. In Mexiko erlaubte dies den Konzernen, bestimmte Produktionsabschnitte aus der mexikanischen Volkswirtschaft herauszulösen und Mexiko mehr und mehr als Montageplattform zu benützen. Dies führt dazu, dass die heute erzielte Wertschöpfung sehr gering bleibt. Die Autoindustrie hat sich, wie andere Exportindustrien, »auf Produkte mit einem relativ hohen technologischen Anteil […] und Prozesse mit einem geringen Wertschöpfungsanteil spezialisiert. Es ist also elementar, […] zwischen dem exportierten Endprodukt und dem Herstellungsprozess, der in Mexiko stattfindet, zu unterscheiden«.[51] Die dominierende Organisationslogik ist die der Enklave: Transnationale Konzerne importieren Vorprodukte, die in Mexiko mit billiger Arbeitskraft – die Stundenlöhne in der Industrie betragen ca. 10 Prozent des Werts in den USA – montiert und dann re-exportiert werden. Nach 20 Jahren Freihandelspolitik trifft heute für den Großteil der mexikanischen Industrie zu, was Sidney Weintraub vor Jahren ›nur‹ auf die *Maquiladora*-Industrie gemünzt schrieb: »Sie ist in Mexiko, aber kein Teil von Mexiko.«[52]

---

[50] Dunning/Lundan 2008, 561.
[51] Dussel Peters 2001, 235.
[52] Weintraub 1991, 161; Übersetzung C. P.

Prozesse der Trans- und Denationalisierung

Stellen Enklavenökonomien historisch gesehen kein Novum dar,
so ist doch – u. a. auf Basis der oben zitierten Daten – zu vermuten, dass das Ausmaß, in dem heute wirtschaftliche Aktivitäten
aus nationalen Kontexten entbettet und in globalen Netzen miteinander verbunden und neu verankert werden, größer ist als je
zuvor.[53] Obwohl solche globalen Produktionsketten nicht im globalen Vakuum existieren, sondern eine jeweils konkrete Territoria-
lität und damit auch jeweils spezifische institutionelle Rahmenbedingungen aufweisen,[54] können die Logiken der Organisation dieser Netzwerke nicht mehr hauptsächlich oder gar ausschließlich auf
das ›Nationale‹ zurückgeführt werden. Mit der Organisation von
Produktionsketten verbunden und darüber hinausgehend, entwickeln sich Praktiken, die gewissermaßen die Enklave transzendie-
ren, multiplizieren und verknüpfen und so neue grenzüberschreitende Aktionsräume konstituieren. Die ihnen zu grundeliegenden
Praktiken nennt Sassen entnationalisierend.[55]

Sklair argumentiert,[56] dass eine »transnationale Klasse« von
Kapitalisten[57] im Entstehen ist, die keinem bestimmten Land mehr
zuzuordnen, sondern mit dem globalen Kapitalismus zu identifizieren ist. Transnational nennt er diese Klasse u. a. deshalb, weil ihre
wirtschaftlichen Interessen mehrheitlich global ausgerichtet sind,
weshalb auch die politischen Projekte der Angehörigen dieser Klasse
global sind. Transnational ist diese Klasse weiters, weil ein bestimmter gemeinsamer Lebensstil gepflogen wird, der insbesondere sichtbar wird bei Mustern der Ausbildung (Wirtschaftswissenschaften
an einer der wichtigen Privatuniversitäten in den USA), bei der
Nachfrage nach bestimmten Konsumgütern und im Freizeitver-
halten. Schließlich betrachtet Sklair noch den Umstand, dass diese
Klasse eine spezifische Rhetorik – nämlich die des Wettbewerbs und
des Konsumdenkens – weltweit durchsetzen konnte, als konstitu-
ierend für ihre Transnationalität. Gebildet wird die transnationale
Kapitalistenklasse von Führungskräften transnationaler Konzerne,

---

[53] Sklair 2001, 143; Dicken 2007, 7 f.
[54] Gereffi 1994; Dicken/Kelly/Olds/Wai-Chung Yeung 2001.
[55] Sassen 2008.
[56] Sklair 2001.
[57] Die männliche Form soll hier und im Folgenden weibliche Reprä-
        sentantinnen des Kapitals nicht ausschließen, sondern im Gegenteil
        die Tatsache kritisch unterstreichen, dass der Kapitalismus als politi-
        sches und wirtschaftliches System vor allem durch männliche Vertre-
        ter gelenkt wurde und wird.

von staatlichen BürokratInnen und PolitikerInnen, von *professionals* der gehobenen Dienstleistungsunternehmen und schließlich auch von jenen, die die Konsumideologie weltweit durchsetzen, also z. B. Medienleuten. Ein entscheidender Punkt in der Konzeptionalisierung der transnationalen Kapitalistenklasse besteht darin, dass nicht unterstellt wird, dass sie alle Fäden der Weltwirtschaft in der Hand hält. Vielmehr dominiert sie die strategischen Orte der Kapitalakkumulation – *global cities* etwa oder Zonen mit sehr reichen natürlichen Ressourcen.

Für einige von Sklair angesprochene Aspekte liegen empirische Studien vor. Morgan (2001) argumentiert, dass ManagerInnen global tätiger Unternehmen nicht nur durch gemeinsame ökonomische Interessen ›objektiv‹ miteinander verbunden sind, sondern dass sie auch in einer gemeinsamen *imagined community* leben, die durch die Schaffung einer gemeinsamen Sprache – u. a. durch bestimmte Lektüregewohnheiten (z. B. *Financial Times, Wall Street Journal*) – oder durch gleiche Ausbildungswege entsteht. Beaverstock zeigt, dass in den Finanzzentren der Welt – also in den *global cities* – eine transnationale Elite von FinanzexpertInnen eine zentrale Rolle für die Kapitalakkumulation spielt.[58] Als transnational werden diese ExpertInnen einerseits deshalb bezeichnet, weil sie sich mit hoher Frequenz in den grenzüberschreitenden Netzwerken der globalen Finanzunternehmen bewegen, um ihre hochspezialisierten und deshalb auf schwer kodifizierbarem Wissen basierenden Dienstleistungen jeweils vor Ort anbieten zu können. Transnational ist diese Elite aber auch, weil ihre Netzwerke nicht nur unterschiedliche Standorte funktional integrieren, sondern weil die Generierung und Anwendung von hochspezialisiertem Wissen in diesen Netzwerken kein unidirektionaler Prozess ist, also nicht einfach z. B. von New York nach Singapur verläuft. Britische Finanzfachleute knüpfen in Singapur Wissensnetzwerke mit bestimmten lokalen KollegInnen – nämlich solchen, die durch Ausbildung und/oder Arbeitserfahrung ›westlich‹ sozialisiert wurden (ein Punkt, der auf Sklairs These des gemeinsamen Lebensstils der transnationalen Kapitalistenklasse verweist), die aber zusätzlich über das ›klebrige‹, nur schwer transferierbare Wissen (*tacit knowledge*) verfügen, wie ein lokaler Markt funktioniert. Diese Netzwerkformierung auf globaler und lokaler Ebene ist von unschätzbarem Wert[59] – und

---

58 Beaverstock 2002.

59 Das Verhältnis von ›lokal‹ und ›global‹ variiert je nach untersuchter Branche und Region. Faulconbridge und Muzio (2007) zeigen, dass bei global agierenden Anwaltskanzleien das Berufsethos von Anwäl-

zugleich sehr begrenzt. Die Tätigkeit des Knüpfens von Netzwerken bleibt nämlich auf das konkrete Arbeitsumfeld, den Finanzmarkt, beschränkt, während alle anderen Lebensbereiche ausgespart werden. Deshalb spricht Beaverstock auch von eingebetteten Arbeits- und entbetteten Privaträumen.[60]

Eine andere von Sklair (2001) angesprochene Gruppe innerhalb der sich formierenden transnationalen Kapitalistenklasse sind staatliche BürokratInnen und PolitikerInnen. Ein Wesensmerkmal der derzeitigen Entnationalisierungsprozesse besteht darin, dass das Ziel transgouvernementaler Netzwerke von RegierungsbeamtInnen nicht mehr nur zwischenstaatliche Verständigung oder Kooperation ist, sondern »ein Deregulierungsprojekt, mit dem diejenigen Bestandteile staatlichen Handelns entnationalisiert werden, die für die Globalisierung der Unternehmen [...] erforderlich sind.«[61] War das Ziel internationaler Kooperation in der Frühzeit von Bretton Woods der Schutz der nationalen Ökonomien, so lautet seit den 1980er Jahren das Ziel, »die nationalen Ökonomien zu öffnen, um ›gastliche‹, institutionell verankerte Umgebungen für globale Unternehmen und Märkte zu schaffen.«[62]

Die entnationalisierte Globalität dieses gemeinsamen Projekts von Regierungen (und mehr noch der ihnen zuarbeitenden ExpertInnen) kann einerseits an der Formierung globaler Standards in zahlreichen Bereichen erkannt werden (z. B. Bemühungen, in möglichst vielen Staaten kompatible Wettbewerbspolitiken und einheitliche Regeln für die Buchhaltung und die Finanzberichterstattung durchzusetzen, oder der Versuch, Migrations- und Grenzpolitiken zu harmonisieren). Andererseits wird die Globalität transgouvernementaler Netzwerke daran sichtbar, dass sich die in ihnen tätigen ›nationalen‹ SpezialistInnen einander annähern und sich zugleich von ›ihren‹ Bürokratien ›zu Hause‹ entfernen. So bildet sich eine Schicht von z. B. WirtschaftsanwältInnen oder ExpertInnen im Ausländerrecht, die mehr über ihre Tätigkeit als über ihre nationale Herkunft identifiziert werden, obwohl sie doch im Auftrag

---

ten und -innen eine große Rolle spielt, weshalb lokaler Autonomie eine größere Bedeutung zukommt. Beaverstock (2004) weist – ebenfalls am Beispiel von global agierenden Anwaltskanzleien – auf regionale Unterschiede hin: Während Wissensdiffusion zwischen Europa und den USA eher auf Gegenseitigkeit beruht – und also mehr einer transnationalen Logik entspricht –, ist im ostasiatischen Raum eine unidirektionale Diffusion verbreiteter.

[60]   Beaverstock 2002, 536.
[61]   Sassen 2008, 481.
[62]   Ebda., 481 f.

nationaler Regierungen arbeiten. Dies führt zu einer Entnationalisierung der Normsetzung, die nicht nur an ihrem Ziel zu erkennen ist, global agierenden Unternehmen in möglichst vielen Staaten gleiche (und gleich gute) Bedingungen zu schaffen. Die Entnationalisierung der Normsetzung zeichnet sich auch durch eine Machtverschiebung von der Legislative zur Exekutive aus, wodurch de facto immer mehr politische Praktiken der Kontrolle nationaler Parlamente entzogen werden.[63]

Transnationale soziale Praktiken und Räume sind aber kein Privileg von Führungskräften, hoch qualifizierten ProduktionsdienstleisterInnen oder RegierungsexpertInnen. Der größere Teil der Transnationalismusforschung beschäftigt sich mit den Migrationen von niedrig qualifizierten Arbeitskräften. Ist in der Migrationsforschung vielfach dokumentiert worden, dass Umfang und Verlaufsformen von Binnen- und internationalen Wanderungen stark von Globalisierungsprozessen geprägt sind, so ist das Verhältnis zwischen Globalisierung und Migration doch reicher: Grenzüberschreitende Wanderungen stellen ihrerseits eine Triebfeder der Globalisierung dar, weil und indem sie traditionelle nationale wie kulturelle Identitäten und damit auch herkömmliche Raumvorstellungen in Frage stellen.

Die Grundthese der Forschung zu transnationalen Räumen von MigrantInnen lautet, dass die Zunahme grenzüberschreitender Wanderungen und mehr noch der Umstand, dass dabei mehrfache und mehrdirektionale Migrationen zunehmend die klassische Aus- bzw. Einwanderung ersetzen, dazu führen, dass soziale Räume und Identitäten ihre eindeutig-exklusive Ortsbindung verlieren und Identitätsbildung an mehreren Lokalitäten – und in mehreren Staaten – stattfinden kann. Immer mehr MigrantInnen spannen ihr Leben zwischen mehreren geographischen Orten auf. Sie leben in multilokalen Haushalten und unterhalten soziale wie ökonomische Beziehungen zu Gemeinden in ihrem Herkunfts- und in ihrem Zielstaat, sie sind daheim und/oder fremd in (mindestens) zwei Kulturen und Staaten, und ihr Leben spielt sich einerseits weder ›hier‹ (am Zuwanderungsort) noch ›dort‹ (am Herkunftsort) ab, andererseits aber sowohl ›hier‹ als auch ›dort‹. Umgekehrt erlauben es verbesserte Transport-, Informations- und Kommunikationstechnologien auch MigrantInnen, die am Zielort sesshaft werden, starke Verbindungen zum Herkunftsort aufrechtzuerhalten. ForscherInnen sprechen folglich von »transnational commu-

---

[63]　Ebda.

nities«[64] und »transmigrants«[65], die als Personen definiert werden, deren tägliches Leben von vielfältigen und dauerhaften grenzüberschreitenden Beziehungen geprägt wird und deren Identitäten sich unter Bezugnahme auf mehr als einen Nationalstaat formieren. Betont wird also die Möglichkeit der gleichzeitigen und mehrfachen Einbettung in verschiedene soziale Räume, die zusammengenommen dann einen transnationalen Raum bilden. »Oaxacalifornia« nennt Kearney einen solchen,[66] gebildet aus dem südmexikanischen Bundesstaat Oaxaca und Kalifornien, die durch intensive Migrationsbeziehungen miteinander verbunden sind (für das virtuelle Leben in so einem transnationalen Raum siehe z. B. http://www.oaxacalifornia.com).

Die transnationalen Migrationsnetze sind also keineswegs raumlos, die sie bestimmenden Organisationslogiken können aber nicht – ebenso wenig wie dies bei den globalen Güterketten der Fall ist – auf das ›Nationale‹ zurückgeführt werden. Transnationale Migrationsnetze verbinden und transportieren Personen, Geld, Güter, Werte, Symbole und Informationen aus und zwischen verschiedenen Räumen und Staaten, und diese Heterogenität (in)formiert Mitwirkende anders als Personen mit primär nationalen Bezügen. Beispielsweise kann es für die rasch wachsende Gruppe nicht-dokumentierter mexikanischer MigrantInnen in den USA von Vorteil sein, sich zugleich als Mitglieder von Gemeinden in den USA und in Mexiko zu sehen. Am Herkunftsort gewinnen sie dank ihres Geldes sozialen Status, in den USA antworten sie auf Ausgrenzung oder rassistische Kampagnen mit der Rekonstruktion ihrer mexikanischen Tradition und ihrer politischen wie materiellen Ansprüche am Herkunftsort. Darüber hinaus setzt die europäisch-amerikanische Identität heute für viele ImmigrantInnen keinen Referenzpunkt für Assimilation mehr, während in *global cities* wie Los Angeles, Chicago oder New York ein Mosaik aus ethnischen *communities* die traditionelle kulturelle Hegemonie der WASPs (*White Anglo-Saxon Protestants*) ersetzt hat. »Who are we?«[67] ist nicht zwangsläufig ein Thema der politischen Rechten, die Frage verweist auf die instabil gewordene Definition von Nationalität entlang staatlicher Grenzen – umso mehr, als diese Grenzen für Millionen nicht-dokumentierter MigrantInnen durchlässig geworden sind.[68]

---

[64] Kearney 1995, 231.
[65] Glick Schiller/Basch/Szanton Blanc 1997, 121.
[66] Kearney 1995.
[67] Huntington 2004.
[68] Parnreiter 2008.

Zu dieser Destabilisierung nationaler Identitätskonstruktion tragen auch Bemühungen von Abwanderungsstaaten bei, das transnationale Leben ›ihrer‹ MigrantInnen zu institutionalisieren, statt wie früher deren Rückkehr zu forcieren. Mexiko erlaubt seit 1998 eine doppelte Staatsbürgerschaft, entkoppelt also Staatszugehörigkeit von exklusiver Ortsbindung. Damit soll wirtschaftliches Engagement im Geburtsland gefördert werden. Tatsächlich sind zwischen 1995 und 2006 die jährlichen Rimessen nach Mexiko um 550 Prozent auf 23 Mrd. US-Dollar gestiegen, was mehr als dem Dreifachen der ausländischen Direktinvestitionen und ca. 60 Prozent der Ölexporte entspricht.[69] Diese ›migradolares‹ sind nicht nur essentiell für die Reproduktion zahlloser ländlicher – und zunehmend auch städtischer – Haushalte, sie werden auch verwendet, um kommunale oder private Projekte wie etwa Infrastruktur oder die Gründung von Kleinunternehmen zu finanzieren. Regionale Entwicklung wird damit (partiell) aus dem nationalstaatlichen Kontext entbettet – zahlreiche Dörfer in Oaxaca sind ökonomisch näher an Los Angeles als an Mexikos Hauptstadt. Da sich immerhin bis zu 5,5 Millionen Personen für die doppelte Staatsbürgerschaft entscheiden können, ist deren weitere Dynamik noch nicht abzuschätzen. Ein Ergebnis könnte sein, dass die Staatsgrenzen Mexikos dehnbar interpretiert werden, weil sie nicht mehr nur räumlich festgelegt, sondern auch sozial definiert werden. Ist Mexiko als ein »deterritorialized nation-state«[70] vorstellbar, der nicht am Rio Grande endet, sondern sich bis Kalifornien und New York erstreckt? Genau das fürchten jedenfalls zuwanderungsfeindliche Gruppen in den USA, die davon sprechen, dass die doppelte Staatsbürgerschaft ein teuflischer Plan sei, um Mexikos beständiges Ziel zu erreichen, faktisch mit dem reichen Nachbarn zu verschmelzen (siehe z. B. http://www.capsweb.org).

Denationalisierte Normsetzung

Im vorangegangenen Abschnitt wurde die Entnationalisierung der Normsetzung als ein Beispiel für die Praktiken der transnationalen Kapitalistenklasse genannt. In wirtschaftlicher Hinsicht verfolgt diese Herauslösung der Regelsetzung aus dem nationalen Kontext u. a. das Ziel einer standardisierten Informationsbeschaffung und

---

[69] Parnreiter 2008, 46.
[70] Glick Schiller/Basch/Szanton Blanc 1997, 124.

-aufbereitung über verschiedene Märkte (z. B. Finanz- oder Immobilienmärkte). Damit sollen die Bedingungen auf unterschiedlichen
und räumlich voneinander getrennten Märkten miteinander vergleichbar gemacht werden, was es potenziellen Investoren erlauben würde, Chancen und Risiken von Investitionen abzuwägen.
Für die Finanzwirtschaft wurde gezeigt,[71] dass die Transformation
von unübersichtlichen Informationen in scheinbar übersichtliche
quantitative Bewertungen den Eindruck zu erwecken half, Risiken
seien kalkulierbar. Dies trug wesentlich dazu bei, einen Markt für
Finanzprodukte zu schaffen bzw. diesen zu vergrößern.

Ähnliches ist in den letzten Jahren bezüglich der Immobilienmärkte zu beobachten. Diese galten auf Grund der Besonderheit
ihrer ›Gegenstände‹ – der physischen Fixiertheit der Objekte –
lange als Märkte, auf denen Globalisierungsdynamiken schwerer
greifen bzw. auf bestimmte Segmente reduziert bleiben.[72] In den
letzten Jahren sind aber grundlegende Veränderungen zu beobachten, die sich erstens in einem raschen Anstieg grenzüberschreitender Investitionen in Immobilien zeigen. Diese wurden zwischen
2003 und 2007 auf 357 Mrd. US-Dollar mehr als verdreifacht,
womit schon fast die Hälfte aller Immobilieninvestitionen nationale Grenzen überschreiten.[73] Zweitens – und damit zusammen-
hängend – ist zu beobachten, dass Investoren und Maklerfirmen
beginnen, auf Immobilienmärkten rund um den Globus Verfahren durchzusetzen, die aus dem Finanzsektor bekannt und – aus
Sicht der Investoren – erfolgversprechend sind. Dabei geht es vor
allem um die Herstellung von Markttransparenz.

Jones Lang Lasalle, eine der größten global agierenden Immo-
bilienfirmen, erstellt für Investoren und Makler einen »Real Estate
Transparency Index«, der die Immobilienmärkte in Städten in 56
Staaten bewertet. Transparenz wird dabei viel weiter als durch die
Abwesenheit von Korruption definiert: Marktoperationen müssen fair und überschaubar reguliert werden (dies gilt insbesondere
für Rechtsstaatlichkeit, die Achtung des Privateigentums und die
Offenheit des Marktes für alle Investoren); MaklerInnen, Berate-
rInnen und andere AkteurInnen auf dem Immobilienmarkt müssen
nach professionellen und ethischen Standards agieren; und Markt-
informationen müssen frei und für alle MarktteilnehmerInnen
gleich zugänglich sein.[74] Die Deutsche Gesellschaft für Immobili-

[71]   Hall 2006.
[72]   Heeg 2004.
[73]   Jones Lang Lasalle 2008, 3.
[74]   Jones Lang Lasalle 2006a, 3.

enfonds wiederum erstellt ein Immobilienstandort-Scoring für 75 Städte in 50 Staaten, zu dessen Berechnung immobilienwirtschaftliche und volkwirtschaftliche Indikatoren herangezogen werden.[75] Beide Rankings sind Beispiele dafür, wie private Unternehmen zur Umsetzung ihrer wirtschaftlichen Interessen trachten, neue globale Normen zu schaffen.

Professionelle Standards für ImmobilienmaklerInnen sind nämlich ebenso wenig selbstevident wie die Formate, in denen Informationen über Immobilienmärkte und -objekte bereitgestellt werden sollen, um globale institutionelle Investoren zum Kauf zu bewegen. Die Globalisierung bestimmter Praktiken ist in diesem Fall also daran zu erkennen, dass sowohl Jones Lang Lasalle (JLL) – mit Hauptsitz in Chicago – als auch die in Frankfurt ansässige Deutsche Gesellschaft für Immobilienfonds (DEGI) vorstrukturierende Vorgaben für AkteurInnen nicht nur in Chicago und Frankfurt machen, sondern auch in Mexico City, London und anderswo. Nationale oder kommunale Regierungen, die von diesen mächtigen *global players* der Immobilienwirtschaft gut bewertet werden wollen, müssen sich an die von ihnen festgelegten Standards anpassen, gleichgültig, wie sich lokale Bedingungen und Interessenskonstellationen darstellen. Ausländische Investoren, prophezeit JLL,[76] werden jene Märkte meiden, auf denen sie wegen komplizierter lokaler Regulierungen Nachteile befürchten. Der entscheidende Punkt liegt darin, dass JLL ein Dickicht lokaler Regulierungen nicht einfach beschreibt, sondern dieses für potenzielle Investoren (mit)erschafft, indem die Firma bestimmten Märkten das Prädikat »intransparent« verleiht. So klagt JLL etwa, dass in einigen lateinamerikanischen Staaten nationale Investoren gegenüber ausländischen bevorzugt seien, weil das Wissen um Möglichkeiten, das Steueraufkommen zu reduzieren, nicht offenliegt. Nur wer sich in der lokalen Rechtspraxis gut orientiere, könne Steuern sparen und sich so einen Wettbewerbsvorteil verschaffen. Die Aufforderung ist klar: Städte und Staaten, die Immobilien-Kapitalanlagegesellschaften als Investoren gewinnen möchten, brauchen einfache, übersichtliche und vergleichbare Regulationsmechanismen. Sie zu schaffen wird gleichgesetzt mit »Transparenz«, weshalb Sassen auch darauf hinweist, dass Transparenz »ein konstruiertes und bedingtes Resultat [ist], das häufig den Interessen bestimmter Akteure, wie zum Beispiel den investierenden Unternehmen,

---

75   Deutsche Gesellschaft für Immobilienfonds 2007.
76   Jones Lang Lasalle 2006a, 15.

verpflichtet ist.«[77] Da JLL und DEGI private Unternehmen sind, zeigen die Beispiele auch die Praxis der Privatisierung der Kompetenz, Normen aufzustellen.

Die Investitionsdaten lassen vermuten, dass private Normsetzungen und Rankings wirkmächtig sind. So ist Mexiko jenes Land Lateinamerikas, das von JLL in seinem »Real Estate Transparency Index« am höchsten bewertet wird, und Mexico City ist für DEGI die lateinamerikanische Stadt mit dem höchsten Immobilienstandort-Scoring.[78] Mexiko ist laut UNCTAD auch der wichtigste Empfänger von grenzüberschreitenden Immobilieninvestitionen in Lateinamerika (während bei den ADI insgesamt Brasilien deutlich voranliegt), was JLL rechtlichen Veränderungen ebenso zuschreibt wie den starken Verbesserungen hinsichtlich der Transparenz.[79] Zwischen 2001 und 2006 war Mexiko unter den 56 untersuchten Staaten der viertgrößte «transparency improver« – hinter Japan, Italien und Südkorea.[80]

Grubbauer[81] verweist auf einen weiteren Aspekt der Durchsetzung globaler Normen auf Immobilienmärkten. Zum einen werden deren konkrete Objekte – und hier vor allem solche, die Ziel grenzüberschreitender Investitionen sind, nämlich hochwertige Bürogebäude – zunehmend in ihrer technischen Produktion standardisiert, was den Gestaltungs- und Handlungsspielraum von ArchitektInnen signifikant verringert. Zum anderen zeigen sich auch in Bezug auf formal-ästhetische Kriterien Homogenisierungstendenzen, die im Zusammenhang mit der sich global durchsetzenden Wettbewerbsrhetorik stehen, auf die oben im Zusammenhang mit dem Entstehen einer transnationalen Kapitalistenklasse hingewiesen wurde.[82]

Innerhalb dieses Diskurses erlangen die massenmedial verbreiteten Bilder moderner Bürobauten eine spezifische Bedeutung. Gleichgültig, wo die Stahl- und Glaskonstruktionen stehen, sie sollen auf die Vorbilder der *global cities* verweisen und die erfolgreiche Einbindung einer Stadt in den Weltmarkt repräsentieren – oder vortäuschen. Der symbolische Gehalt der Büroarchitektur beruht dabei einerseits auf dem Phänomen des Wolkenkratzers und sei-

---

[77]   Sassen 2008, 352.
[78]   Jones Lang Lasalle 2006a; Deutsche Gesellschaft für Immobilienfonds 2007.
[79]   Jones Lang Lasalle 2006b, 6.
[80]   Jones Lang Lasalle 2006a.
[81]   Grubbauer 2006; Grubbauer 2007.
[82]   Für ein Fallbeispiel siehe Parnreiter 2009b.

ner Faszination, andererseits auf ihrer Dekontextualisierung, also der Entbettung aus dem Lokalen: »Im Kontext des Standortwettbewerbs wird dieses Fehlen lokal spezifischer Elemente zum Charakteristikum von Global Spaces. Ästhetische Standardisierung impliziert so scheinbar auch internationalen Standard und damit Wettbewerbsfähigkeit auf ökonomischer Ebene«[83]. Dass Bilder eine höhere Suggestivkraft haben als Texte, wird eingesetzt, um das Paradigma des Standortwettbewerbs ›in den Köpfen‹ zu verankern: Wenn gilt, dass kaum jemand sich einen erfolgreichen und zukunftsorientierten Wirtschaftsstandort ohne moderne Bürohochhäuser vorstellen kann, dann soll auch gelten, dass moderne Bürohochhäuser einen erfolgreichen und zukunftsorientierten Wirtschaftsstandort ›machen‹.

Schluss

In diesem Text wurde dargelegt, dass sich mit dem Ende der Nachkriegsordnung eine neue Qualität von Globalisierung durchsetzte, die in den 1980er Jahren voll sichtbar wurde und sich in einer deutlichen Vertiefung globaler Integration manifestierte. Über die seit den 1980er Jahren feststellbare – sehr markante – quantitative Ausweitung grenzüberschreitender wirtschaftlicher Aktivitäten (Handel, Investitionen) hinaus ist bedeutsam, dass sich der Charakter des Außenhandels verändert. Anhand von Daten zum *intra-firm-* und *intra-industry*-Handel wurde argumentiert, dass Güterketten verlängert und tatsächlich globalisiert wurden, was – wie am Beispiel Mexikos gezeigt – zu einer Herauslösung wirtschaftlicher Tätigkeiten aus nationalstaatlichen Kontexten und somit zu einer Zunahme von Enklavenökonomien führt, die in globalen Produktionsnetzen miteinander verknüpft werden. Ebenso wenig, wie diese Produktionsnetze in ihren Organisationslogiken auf das ›Nationale‹ zurückgeführt werden können, lassen sich neue soziale Praktiken und die damit verbundenen Geographien, die seit den 1980er Jahren geschaffen werden, mit einer nationalen Perspektive angemessen erfassen. Sowohl eine bestimmte Schicht von wirtschaftlichen Eliten als auch ArbeitsmigrantInnen transnationalisieren ihre Beziehungen und Aktionsräume, was zugleich eine Entnationalisierung von bislang auf den Nationalstaat bezogenen Verfahren bedeutet (und voraussetzt), wie am Beispiel der Normset-

---

[83] Grubbauer 2006, 136.

zung und der Identitätsbildung erläutert wurde. Die in bestimmten
Bereichen rasch voranschreitende Entnationalisierung der Normsetzung führt, wie anhand des letzten Beispiels von Immobilien-
produktion und -vermarktung gezeigt, zur Entstehung von globa-
lisierten, teilweise aus nationalstaatlichen Kontexten herausgelös-
ten Räumen, und zwar vor allem in den *global cities*.

Aus diesem Befund lässt sich aber keine abschließende Antwort
auf die in der Einleitung aufgeworfene Frage nach den ›Globalisierungsrhythmen‹ ableiten. Zwar weisen die dargelegten quanti-
tativen und qualitativen Veränderungen auf einen grundlegenden,
über simple Expansions- und Kontraktionszyklen hinausgehenden
Wandel hin. Da das Machen von Geschichte – und damit auch das
Machen von Geographien[84] – aber grundsätzlich ein offenes Projekt
mit kontingentem Ausgang ist, können Güterketten natürlich wieder verkürzt, MigrantInnen sesshaft und assimiliert und Immobilienmärkte von lokalen oder nationalen AkteurInnen bestimmt werden. Arrighi hat überzeugend darauf hingewiesen, dass sich in der
Geschichte des Kapitalismus außen- und innenorientierte Phasen
abwechselten,[85] und die Analyse jedes sozialen Phänomens offen-
bart, dass Wandel stattfindet. Das aber eröffnet die Perspektive der
Intervention in den Wandel: Ist Deglobalisierung ein anstrebens-
wertes Ziel, und wenn ja, wie kann es erreicht werden?

Literatur

Altvater 1988 = Elmar Altvater/Kurt Hübner, Das Geld einer mittle-
    ren Kolonialmacht. Ein kleiner Streifzug durch die ökonomische
    Geschichte der BRD, in: Prokla 73, 7-36.
Arrighi 1994 = Giovanni Arrighi, The Long Twentieth Century. Money,
    Power, and the Origins of Our Times, London.
Bathelt/Glückler 2003 = Harald Bathelt/Johannes Glückler, Wirtschafts-
    geographie. Ökonomische Beziehungen in räumlicher Perspektive,
    Stuttgart.
Beaverstock 2002 = Jonathan V. Beaverstock, Transnational elites in glo-
    bal cities. British expatriates in Singapore's financial district, in: Geo-
    forum 33, 525-538.
Beaverstock 2004 = Jonathan V. Beaverstock, ›Managing across borders‹.
    Knowledge management and expatriation in professional legal service
    firms, in: Journal of Economic Geography 4/2, 157-179.
Braudel 1986 = Fernand Braudel, Sozialgeschichte des 15.–18. Jahrhun-
    derts. Aufbruch zur Weltwirtschaft, München.

---

[84]   Siehe dazu Parnreiter 2007, Kap. 3.
[85]   Arrighi 1994.

BEA 2007 = Bureau of Economic Analysis, An Ownership-Based Framework of the U.S. Current Account, 1995–2005, in: U.S. Department of Commerce (Hg.), Survey of Current Business 87/1, Washington, 44-46.

CEPAL 2004 = Comisión Económica para América Latina y el Caribe (CEPAL), La inversión extranjera en América Latina y el Caribe, Santiago de Chile.

DEGI 2007 = Deutsche Gesellschaft für Immobilienfonds, Global values. Immobilieninvestments 2007/2008, Frankfurt am Main.

Dicken 2007 = Peter Dicken, Global Shift. Mapping the Changing Contours of the World Economy, London.

Dicken/Kelly/Olds/Wai-Chung 2001 = Peter Dicken/Philip F. Kelly/Kris Olds/ Henry Wai-Chung Yeung, Chains and networks, territories and scales. Towards a relational framework for analysing the global economy, in: Global Networks 1/2, 89-112.

Dunning/Lundan 2008 = John H. Dunning/Sarianna Lundan, Multinational Enterprises and the Global Economy, 2. Aufl., Cheltenham.

Dussel Peters 2001 = Enrique Dussel Peters, Globalisierung auf Mexikanisch. Die Transnationalisierung der mexikanischen verarbeitenden Industrie, in: Journal für Entwicklungspolitik 17/3-4, 223-240.

Faulconbridge/Muzio 2007 = James R. Faulconbridge/Daniel Muzio, Reinserting the professional into the study of professional service firms, in: Global Networks 7/3, 249-270.

Fröbel/Heinrichs/Kreye 1977 = Folker Fröbel/Jürgen Heinrichs/Otto Kreye, Die neue internationale Arbeitsteilung. Strukturelle Arbeitslosigkeit in den Industrieländern und die Industrialisierung der Entwicklungsländer, Reinbek bei Hamburg.

Gereffi 1994 = Gary Gereffi, The Organization of Buyer-Driven Global Commodity Chains. How U.S. Retailers Shape Overseas Production Networks, in: Gary Gereffi/Miguel Korzeniewicz (Hg.), Commodity Chains and Global Capitalism, Westport, 95-122.

Glick Schiller/Basch/Szanton Blanc 1997 = Nina Glick/Linda Basch/ Cristina Szanton Blanc, From Immigrant to Transmigrant. Theorizing Transnational Migration, in: Ludger Pries (Hg.), Transnationale Migration (Soziale Welt, Sonderband 12), Baden-Baden, 121-140.

Glick Schiller/Levitt 2006 = Nina Glick Schiller/Peggy Levitt, Haven't We Heard This Somewhere Before? A Substantive View of Transnational Migration Studies by Way of a Reply to Waldinger and Fitzgerald, CMD Working Paper 06-01, Princeton.

Grubbauer 2006 = Monika Grubbauer, Architektur und Standortwettbewerb. Bürobauten als Imageträger, in: Kritische Geografie/Attac Österreich (Hg.), Zwischen Konkurrenz und Kooperation – Alternativen zum Standortwettbewerb, Wien.

Grubbauer 2007 = Monika Grubbauer, Images of office architecture in the media – the paradigm of urban competitiveness and global interconnectivity, in: Frank Eckardt (Hg.), Media and Urban Space. Understanding, Investigating and Approaching Mediacity, Berlin, 105-132.

Hall 2006 = Sarah Hall, What counts? Exploring the production of quantitative financial narratives in London's corporate finance industry, in: Journal of Economic Geography 6/5, 661-678.

Hardach 1999 = Gerd Hardach, Von Marienthal nach Kenosha: Krisen im Zentrum der Weltwirtschaft, in: Peter Feldbauer/Gerd Hardach/Gerhard Melinz (Hg.), Wohin treibt die Peripherie? Von der Weltwirtschaftskrise zur Globalisierungskrise (1929–1999), Frankfurt am Main, 33-50.

Harvey 2001 = David Harvey, Spaces of Capital. Towards a Critical Geography, New York.

Heeg 2004 = Susanne Heeg, Mobiler Immobilienmarkt? Finanzmarkt und Immobilienökonomie, in: Zeitschrift für Wirtschaftsgeographie 48/2, 1-15.

Hobsbawm 1991 = Eric J. Hobsbawm, Nationen und Nationalismus. Mythos und Realität seit 1780, Frankfurt am Main.

Huntington 2004 = Samuel P. Huntington, Who Are We? The Challenges to America's National Identity, New York.

Jones Lang LaSalle 2006a = Jones Lang LaSalle, Real Estate Transparency Index, Chicago.

Jones Lang LaSalle 2006b = Jones Lang LaSalle, Investment Case for Mexico, Chicago.

Jones Lang LaSalle 2008 = Jones Lang LaSalle, Global real estate capital, Chicago.

Kearney 1995 = Michael Kearney The Effects of Transnational Culture, Economy, and Migration on Mixtec Identity in Oaxacalifornia, in: Michael Peter Smith/Joe R. Feagin (Hg.), The Bubbling Cauldron. Race, Ethnicity, and the Urban Crisis, Minneapolis, 226-243.

Maddison 2001 = Angus Maddison The World Economy. A Millennial Perspective, Paris.

Morgan 2001 = Glenn Morgan, Transnational communities and business systems, in: Global Networks 1/2, 113-130.

OECD 2002 = Organisation for Economic Co-operation and Development, Economic Outlook, Paris.

Parnreiter 2007 = Christof Parnreiter, Historische Geographien, verräumlichte Geschichte. Mexico City und das mexikanische Städtenetz von der Industrialisierung bis zur Globalisierung, Stuttgart.

Parnreiter 2008 = Christof Parnreiter, Von Mauern und Löchern. Zuwanderung in die USA, in: Geographische Rundschau 6, 40-47.

Parnreiter 2009a = Christof Parnreiter, Die Megastädte des Südens in der Geographie globaler Finanzmärkte und weltweiter Unternehmensnetzwerke, in: Technologiefolgenabschätzung – Theorie und Praxis 18/1, 27-35. (Download: http://www.itas.fzk.de/tatup/091/parn09a.pdf)

Parnreiter 2009b = Christof Parnreiter, Global-City-Formation, Immobilienwirtschaft und Transnationalisierung. Das Beispiel Mexico City, in: Zeitschrift für Wirtschaftsgeographie 53/3, 138-155.

Sassen 1991 = Saskia Sassen, The Global City, New York, u. a.

Sassen 2008 = Saskia Sassen, Das Paradox des Nationalen. Territorium, Autorität und Rechte im globalen Zeitalter, Frankfurt am Main.

Sklair 2001 = Leslie Sklair, The Transnational Capitalist Class, Oxford.

Studer 2004 = Isabel Studer, The North American Auto Industry. Mapping the New North American Reality. IRPP Working Paper Series 2004-090.

Taylor 2003 = Peter Taylor, Generating Data for Research on Cities in Globalization, in: Axel Borsdorf/Christof Parnreiter (Hg.), International Research On Metropolises. Milestones And Frontiers, ISR-Foschungsberichte Heft 29, Wien 2003, 29-41.

UNCTAD 1996 = United Nations Conference on Trade and Development, World Investment Report. Investment, Trade and International Policy Arrangements, Geneva.

UNCTAD 2002 = United Nations Conference on Trade and Development, World Investment Report. Transnational Corporations and Export Competitiveness, Geneva.

Wallerstein 1984 = Immanuel Wallerstein Der historische Kapitalismus, Berlin.

Weintraub 1991 = Sidney Weintraub, The Maquiladora Industry in Mexico: Its Transitional Role, in: Sergio Díaz-Briquets/Sidney Weintraub (Hg.), Regional and Sectoral Development in Mexico as Alternatives to Migration, Boulder 1991, 155-167.

Wimmer/Glick Schiller 2002 = Andreas Wimmer/Nina Glick Schiller, Methodological Nationalism and Beyond: Nation-State Building, Migration, and the Social Sciences, in: Global Networks 2/4, 301-334.

WFE, o.J. = World Federation of Exchanges, http://www.world-exchanges.org (Zugriffsdatum 30.12.2008)

LÄNGSSCHNITTE

Expansion und Kontraktion von Herrschaftsformen

GERHARD HAUCK

Talcott Parsons sieht in der Entwicklung der menschlichen Gesellschaft drei Paare von »evolutionären Universalien« am Werk, deren jede die »Anpassungskapazität« der sie übernehmenden Einheiten so sehr erhöht, dass es alle anderen, die die gleiche oder eine noch höhere Stufe erklimmen wollen, ebenfalls übernehmen müssen. Solche evolutionären Universalien gibt es auch in der biologischen Evolution, die Entwicklung des Sehvermögens beispielsweise, welche den schließlich damit ausgestatteten Lebewesen die Beherrschung weit ausgedehnterer Umwelten – die Eroberung immer größerer Teile des Globus – erlaubt als den anderen. Als für die gesellschaftliche Entwicklung entscheidende evolutionäre Universalien benennt Parsons zum ersten die Entwicklung von Systemen der sozialen Schichtung und der kulturellen Legitimierung, zum zweiten die Entwicklung von Bürokratien und Märkten, zum dritten die Entwicklung von generalisierten universalistischen Normen und Formen demokratischer Assoziation.

Aus sozialer Schichtung und kultureller Legitimierung resultiert ein Sprung in der Anpassungskapazität, welcher den Ausgang aus dem ›primitiven‹ Stadium der Menschheitsentwicklung markiert. Parsons nimmt an, dass in den ungeschichteten, verwandtschaftlich organisierten Gesellschaften des ersten Stadiums einige Verwandtschaftsgruppen, die *senior lineages*, im Laufe der Zeit unweigerlich Vorteile gegenüber den anderen (*cadet lineages*) erzielen, vor allem was die Verteilung von Grund und Boden angeht. Dies muss zu »Problemen der inneren Ordnung« führen, da die benachteiligten Gruppen sich nicht ohne weiteres damit zufrieden geben. Dadurch entsteht ein »Druck zur Zentralisierung der Verantwortung für das symbolische System, speziell das religiöse, ebenso wie der Autorität in kollektiven Prozessen«[1]. Politische Herrschafts-

---

[1]   Parsons 1964, 343.

instanzen und religiöse Legitimationsinstanzen werden geschaffen. Damit sind die Keime für die Entstehung eines »Zweiklassensystems«[2] gelegt, welches die politische wie die religiöse Macht in der herrschenden Klasse zentralisiert. Als evolutionäre Universalie muss diese Zentralisierung aus zwei Gründen angesehen werden: Zum einen erhöht sie die politische Schlagkraft – vor allem in der Auseinandersetzung mit anderen Gesellschaften – beträchtlich; zum anderen durchbricht sie erstmals die »askriptiven Verwandtschaftsbande« und schafft so die Möglichkeit für eine Vergrößerung der politischen Einheiten.

Die evolutionären Universalien bürokratische Organisation sowie Geld und Märkte entstehen historisch sehr viel später als das erste Paar. Sie markieren den Übergang zu den »intermediären Gesellschaften«, prämodernen Hochkulturen wie dem Alten Ägypten, den mesopotamischen Imperien, China, Indien, dem Alten Rom und den islamischen Reichen.[3] Die Verbreitung der Schrift ist Voraussetzung für beide. Bürokratische Organisation tritt normalerweise vor der massenhaften Nutzung von Geld und Märkten auf – sie wird von den Herrschern zwecks Effektivierung ihrer Herrschaft installiert. Definiert ist Bürokratie für Parsons wie schon für Weber[4] durch die Institutionalisierung von – vom Individuum ablösbarer – »Amts-Autorität«[5]. Intern ist sie charakterisiert durch hierarchische Staffelung und sachlich abgegrenzte Zuständigkeitssphären (»Kompetenzen«). Eine evolutionäre Universalie ist die Bürokratie, weil sie die effektivste Form der Verwaltung ist, die die Menschheit bisher erfunden hat. Geld und Märkte schließlich erhöhen die Mobilität der »Ressourcen, welche zur Nutzung im Interesse der kollektiven Ziele zur Verfügung stehen«[6], in vorher unbekanntem Ausmaß – dies macht auch sie zur evolutionären Universalie.

In der Bürokratie und im Markt waren zwar universalistische Normen bereits begründet. Der eigentliche Durchbruch zur Modernität setzt jedoch voraus, dass universalistische Normen in einem verallgemeinerten Rechtssystem institutionalisiert werden und auf die gesamte Gesellschaft Anwendung finden, nicht nur in einzelnen Teilbereichen. Am weitestgehenden verwirklicht wurde dies im englischen *Common Law*, das »den Schutz von Persönlich-

---

[2]   Ebda., 344.
[3]   Vgl. Parsons 1975, 85 ff.
[4]   Weber 1964, 703 ff.
[5]   Parsons 1964, 347.
[6]   Ebda., 349.

keitsrechten, die Institution des Eigentums in privater Hand und die Kontraktfreiheit ebenso wie den Schutz der Vertragsinteressen sehr viel stärker betonte« als jedes andere Rechtssystem einschließlich des kontinentaleuropäischen.[7] Diese institutionellen Gegebenheiten waren in Parsons Sicht »eine fundamentale Vorbedingung für das Zustandekommen der ersten Industriellen Revolution«[8]. Die demokratische Assoziation schließlich ist deshalb eine evolutionäre Universalie, weil Macht stets einer konsensuellen Grundlage bedarf und Konsensus am effektivsten durch demokratische Prozeduren zu organisieren ist. Auf staatlicher Ebene setzt Demokratie voraus, dass die Herrschaftsfunktionen an durch Wahl zu besetzende Ämter gebunden sind, dass Verfahrensregeln für die Wahlprozedur institutionalisiert sind und dass das Wahlrecht universell ist, allgemein, frei und gleich. So wird zwar nicht Macht und Herrschaft im Allgemeinen legitimiert, aber zumindest »Konsens über ihre Ausübung durch bestimmte Personen und Gruppen« hergestellt.[9]

Von »Globalisierung« ist bei Parsons nirgendwo die Rede. Wenn man unter dem Begriff aber je spezifische historische Prozesse der weltweiten Ausbreitung je bestimmter Formen des gesellschaftlichen Zusammenlebens versteht, dann impliziert seine Evolutionstheorie fraglos eine Theorie der Globalisierung von menschheitsgeschichtlicher Dimension: Gesellschaftliche Organisationsformen, die sich als evolutionäre Universalien erweisen, erobern immer weitere Umwelten, immer größere Teile des Globus, ohne dass es für diese Expansion prinzipielle Grenzen gäbe. Rückfälle werden als Möglichkeiten gar nicht erst in Betracht gezogen; sie müssten dazu führen, dass die betroffenen Gesellschaften von der Bildfläche verschwänden. Nicht einmal die doch sehr reale Möglichkeit des schieren Weiterlebens evolutionär »weniger fortgeschrittener« Formen wird thematisiert.[10] Und was die Inhalte angeht, erweisen

---

[7] Ebda., 353.

[8] Ebda.

[9] Ebda., 356.

[10] … wenigstens nicht in Parsons' Theorie der *gesellschaftlichen* Entwicklung. In einem kurzen Ausflug in die biologische Evolutionstheorie (ebda., 341) sagt er, die Zurückgebliebenen müssten nicht notwendig aussterben, könnten aber nur in »Nischen« oder in »Symbiose« mit den Fortgeschritteneren überleben – Beispiel für letzteres sind ihm Bakterien versus Menschen. Wenn Bakterien aber in Symbiose mit den Menschen – oder anderen Lebewesen – allüberall auf der Erde überleben können, beweist dies dann nicht, dass ihre »Anpassungskapazität« genau so hoch oder höher ist als die der Menschen? Und

sich die Organisationsformen, die Parsons als evolutionäre Universalien kennzeichnet (mit der nur partiellen Ausnahme von »Geld
und Märkten«) allesamt als Formen von Herrschaft. Der erste evolutionäre Sprung ist der von akephalen zu herrschaftlich verfassten Gesellschaften; und die letzteren treten weltweit den Siegeszug
an, verdrängen die ersteren in immer kleiner werdende Nischen.
Der zweite Sprung ist dann der von der nicht-bürokratischen zur
bürokratischen Herrschaft (der, wie sich zeigen wird, ohne Geld
und Märkte nicht gelingen kann); und wieder ist es die letztere, die
sich auf Kosten der ersteren immer weiter ausdehnt. Beim dritten
Sprung schließlich geht es um den Übergang von partikularisti-
scher und nicht-demokratischer zu universalistisch und demokratisch legitimierter Herrschaft – mit den gleichen Konsequenzen
wie bei den ersten beiden.

Auf die von Parsons eingeleitete »evolutionäre Wende« folgte
in der soziologischen Theorie bekanntlich ein wahrer Boom an
neuen evolutionstheoretischen Ansätzen[11]. Die Grundgedanken
von Parsons blieben dabei weitgehend erhalten – auf notwendige
Differenzierungen wird später einzugehen sein. Ich werde im Folgenden vor allem versuchen, die in all diesen Entwürfen implizierte
Überzeugung von der Unumkehrbarkeit der evolutionären Abfolge
von Herrschaftsformen und damit auch die These von der Beherrschung immer weiter ausgedehnter Umwelten durch die »evolutionär fortgeschritteneren« Formen zu hinterfragen.

Herrschaft und Akephalie

Dass die in politischen Zentralinstanzen institutionalisierte Herrschaft eine »evolutionäre Universalie« darstellt und deshalb, ist sie
einmal in die Welt gesetzt, immer weitere Teile des Globus erobert, ist – auch wo das Wort nicht benutzt wird – gemeinsame
Grundüberzeugung aller neueren sozialwissenschaftlichen Evolutionstheorie. Bei Habermas[12] kommt sie in den archaischen, seg-
mentär und verwandtschaftlich organisierten Gesellschaften regelmäßig zustande durch die Einsetzung von priesterlichen Richter-

---

wird damit nicht die ganze Theorie der »evolutionären Universalien«
hinfällig?

[11]   Prominente Vertreter wären z. B. Habermas (1976, 1981) und Luh-
        mann (1997) in Deutschland, Eisenstadt (1970) und Lenski (1966)
        in den USA.
[12]   Habermas 1976, 176 ff.

herrschern, die ihre Urteilssprüche nach als heilig und ewig angesehenen Gesetzen zu formulieren haben und nicht länger an je zufällige aktuelle Machtkonstellationen gebunden sind. Durch dieses Arrangement wird zum ersten Mal zwischen Norm und Handlung unterschieden, die primitive Stufe der »präkonventionellen Moral« wird überwunden. Gleichzeitig wird erstmals verwandtschaftsübergreifende Organisation, dadurch Kooperation auf erweiterter Stufenleiter und somit Steigerung der Effizienz in der Auseinandersetzung mit der natürlichen und gesellschaftlichen Umwelt ermöglicht. Bei Luhmann geht es abstrakter um die Etablierung »strukturell gesicherter Asymmetrie«[13] durch politische Herrschaft, welche den damit Betrauten die Möglichkeit von Nein-Stellungnahmen gegenüber überkommenen Zumutungen ermöglicht, damit der Variation eine größere Chance gibt und die Fähigkeit des Systems steigen lässt, »auf Veränderungen in der Umwelt rasch zu reagieren«[14].

Ähnliche Vorstellungen dominierten auch ziemlich unhinterfragt die Mehrzahl der Untersuchungen der – vor allem britischen – Sozialanthropologie über »akephale Gesellschaften«, »Tribes Without Rulers«, »Gesellschaften ohne Staat«.[15] Hier wurden allerdings auch schon relativ früh erhebliche Zweifel laut. Georges Balandier z. B. erklärt es für »nullement assuré que toutes les formations ›claniques‹ actuellement recensées soient telles parce qu'elles ont pu […] rester imperméables au ›flux historique‹«[16]. Zum Beleg weist er darauf hin, dass die Königreiche Kongo (15.–18. Jahrhundert) und Mali (13.–15. Jahrhundert) nach ihrem Niedergang das Feld für nicht-staatlich organisierte Gesellschaften geräumt hätten.[17] Am radikalsten in Frage gestellt wird die These von der Unumkehrbarkeit des Übergangs von der akephalen zur herrschaftlichen Verfassung empirisch jedoch durch Edmund Leachs Untersuchung der Sozialstruktur der Kachin-Gesellschaft im Hochland von Burma.[18]

Bevor wir uns diese Studie genauer anschauen, muss jedoch noch kurz das Definitionsproblem diskutiert werden. Es ist nämlich

---

[13] Luhmann 1997, 467.

[14] Ebda., 789.

[15] Vgl. vor allem Fortes/Evans-Pritchard 1940; Middleton/Tait 1958; Clastres 1974.

[16] Balandier 1974, 187.

[17] Empirisch gestützt wird diese These z. B. durch Hilton 1987, 210 ff.; Feierman 1974, 166 f.

[18] Leach 1964.

keineswegs so, dass Befehls- und Gehorsamsverhältnisse in den von der Sozialanthropologie als »akephal« behandelten Gesellschaften keine Rolle spielen würden. Im Gegenteil: *lineage*-Älteste befahlen der ganzen *lineage*, Männer den Frauen, Alte den Jungen. Und der Inhalt der Befehle erstreckte sich nicht nur auf Nebensächlichkeiten wie das Absingen frommer Lieder, er umfasste auch die unentgoltene Erbringung von Arbeitsleistungen bzw. Abgabe von Arbeitsprodukten – ohne die von Herrschaft in einem gesamtgesellschaftlich relevanten Sinn nicht die Rede sein kann.[19] Die präziseste und dem Material am ehesten angemessene Definition liefert in meinen Augen Christian Sigrist. Das entscheidende Abgrenzungsmerkmal für Akephalie ist demnach das Fehlen einer Zentralinstanz, welche definiert wird als »eine Instanz, welche die Befugnis hat«, zur Durchsetzung ihrer Befehle (einschließlich derer zur unentgoltenen Erstellung von Arbeitsleistungen) »physische Sanktionen zu verhängen und sie durch einen Erzwingungsstab vollziehen zu lassen«[20]. Instanzen zur Kontrolle des Verhaltens der Gruppenmitglieder gab es in den meisten akephalen Gesellschaften; über einen von der Gruppenöffentlichkeit unterschiedenen Erzwingungsstab verfügte jedoch keine von ihnen.

Innerhalb der als Kachin bezeichneten Sprachgruppe im Hochland von Burma gibt es zwei Arten von politischen Einheiten:[21] *gumsa* und *gumlao*. *Gumsa* vereinen unter der Führung eines *chief* und der von ihm ernannten *court officials* eine Mehrzahl von Dörfern, die sich jeweils aus einer Mehrzahl von *lineages* zusammensetzen, welche untereinander nach Rang abgestuft sind – es gibt die *lineage* des *chief*, Aristokraten, Gemeine und Sklaven. Der *chief* alleine darf die wichtigen Opferzeremonien durchführen; hierin liegt seine religiöse Legitimation. Und er hat Anspruch auf Abgaben und Arbeitsleistungen von seinen Untertanen. In der Geschwisterfolge rangieren die jüngsten Söhne am höchsten, Kinder von Zweitfrauen niedriger als die der Erstfrau, illegitime Kinder ganz unten. Das Recht am Boden liegt ›ursprünglich‹ bei der *lineage* des *chief*, die das Land der Überlieferung nach einstens erobert und/oder erschlossen hat; die Rechte aller anderen *lineages* sind nur abgeleitete. Auch *gumlao* vereinen meist mehrere Dörfer, aber ohne gemeinsames Oberhaupt. Die Dörfer wie die *lineages* sind untereinander gleichrangig. Jedes Dorf vollzieht seine Opferzeremonien selbstständig. Es gibt Dorfoberhäupter, denen aber keinerlei

19 Vgl. Hauck 2006, 188.
20 Sigrist 1967, 96.
21 Vgl. Leach 1964, 196-215.

Abgaben oder Arbeitsleistungen geschuldet sind. Geschwister gelten als gleichrangig. Alle *lineages* haben gleiche Rechte am Boden – der Überlieferung nach entweder, weil alle an seiner Erschließung beteiligt waren oder weil sie ihn in einer Revolution gemeinsam einem einstigen *gumsa*-Herrscher entrissen haben.

Der in unserem Zusammenhang zentrale Aspekt von alledem ist, dass beide Organisationsformen historisch instabil sind. Leach kann zeigen, dass sich in von britischen Reisenden um 1840 eindeutig als *gumlao* beschriebenen Regionen um 1890 die Nachfahren einstiger Dorfchefs zu Oberhäuptern über eine Vielzahl von Dörfern aufgeschwungen hatten, die sich nur noch dem Namen nach von *gumsa*-Herrschern unterschieden – und um 1940 überhaupt nicht mehr. Umgekehrt berichtet er von einer Reihe von Revolten gegen einstige *gumsa*-Herrscher, durch die deren einstiges Herrschaftsgebiet in *gumlao*-Land umgewandelt wurde. Im Zeitverlauf müsse man von einer »constant oscillation between the polar extremes of *gumsa* and *gumlao*«[22] ausgehen.

Die zentrale Ursache für dieses Oszillieren sieht Leach in dem allen Kachin gemeinsamen Verwandtschaftssystem. Die Kachin unterscheiden für jedes Individuum bzw. jede *lineage* strikt zwischen den *lineages*, aus denen sie Frauen heiraten, und denen, in die sie ihre Frauen verheiraten.[23] Zwischen Frauengeber- und Frauennehmer-Gruppen gibt es eine Reihe von gegenseitigen Verpflichtungen, aber das Verhältnis ist alles andere als symmetrisch. Die Frauengeber (*mayu*) sind höherrangig als die Frauennehmer (*dama*) und haben im Gabentausch Anspruch auf die wertvolleren Güter und Dienstleistungen. Mit dem Dogma von der Statusgleichheit der *lineages* in der *gumlao*-Theorie passt diese Asymmetrie nur schlecht zusammen, weshalb *gumlao*-Gemeinden, die das *mayu-dama*-System uneingeschränkt praktizieren, gar zu leicht in *gumsa*-Praktiken zurückfallen. Dagegen kann man zwar Vorkehrungen treffen, etwa dadurch, dass sich drei oder mehr Gruppen zu einer Art Ringtauschsystem zusammenschließen. Aber das geht selten lange gut, vor allem deshalb, weil Kachin-Gemeinschaften alles andere als hermetisch von der Außenwelt abgetrennt sind; und sobald eine *lineage* Frauen von außerhalb einheiraten lässt, ist der Ring durchbrochen. Umgekehrt sorgt das *mayu-dama*-System aber auch für Inkonsistenzen in *gumsa*-Gemeinden. Zum

---

[22] Ebda., 210.
[23] Vgl. ebda., 73 ff. Für Ethnologen: Grundlage des Systems ist präferenzielle matrilaterale Kreuzcousinen-Heirat bei gleichzeitigem Verbot der patrilateralen Kreuzcousinen-Heirat.

einen beinhaltet es, wie gesehen, auch Verpflichtungen der Rang-
höheren gegenüber den Rangniedrigeren, denen sich zu entziehen
die *gumsa*-Herrscher stets versucht sind, was dann regelmäßig zu
Revolten führt – »der Herrscher hat uns wie Sklaven behandelt;
das konnten wir uns nicht gefallen lassen«. Zum anderen müssen
ja auch die *lineages* der *chiefs* ihre Frauen von irgendwoher beziehen und damit *dama* von irgendwem werden, was auch ihre Position heikel werden lässt – selbst wenn sie sich dabei bevorzugt in
fremden Gesellschaften umschauen.

Sei dem, wie ihm sei – in jedem Fall belegt Leachs Studie, dass
der Weg von der akephalen in die herrschaftlich verfasste Gesellschaft nicht die Einbahnstraße ist, die die Evolutionstheoretiker
generell darin sehen. Es zeigt sich vielmehr, dass historisch spezifische Bedingungen (die für die Kachin-Gesellschaft skizzierten
z. B.) zu einer quasi-gesetzmäßigen Wellenbewegung von Herrschaft zu Akephalie und zurück führen können und dass mal dieses,
mal jenes Prinzip auf Kosten des jeweils anderen neue Räume zu
erobern imstande ist.

Bürokratie, Märkte und der Monopolmechanismus

Ist Herrschaft einmal etabliert – was de facto niemals ohne kriegerische Auseinandersetzungen funktioniert[24] –, dann setzt in der
Sicht von Norbert Elias unter naturalwirtschaftlichen Bedingungen
stets ein »verhängnisvoller Zirkel«[25] ein: Der Einzelne hat zunächst
»keine andere Möglichkeit, sich gegen sozial Stärkere zu schützen,
als die, sich in den Schutz eines Mächtigeren zu stellen. Diese ihrerseits haben keine andere Möglichkeit, sich gegen gleich Mächtige
[…] zu schützen, als durch die Hilfe von Kriegern, die ihnen ihre
kriegerischen Dienste […] zur Verfügung stellen, und denen sie
dafür Land geben oder deren schon vorhandenes Land sie schützen«[26]. Land wird zur entscheidenden Ressource, ein Herrscher, der
»nicht ›mehr‹ erwirbt, wird automatisch ›weniger‹«[27], denn ohne
Landvergabe kann er keine Gefolgsleute gewinnen – und Land
erwerben kann er kaum anders als dadurch, dass er es von anderen erobert. Der »Monopolmechanismus« kommt in Gang und

---

[24]   Vgl. Hauck 1979 passim; Hauck 1996, Kap. 5.
[25]   Elias 1978, II, 307.
[26]   Ebda., 79.
[27]   Ebda., 134.

»treibt die Territorialherren gegeneinander«[28] – so lange, bis einer von ihnen in einem sie alle umfassenden, gegenüber weiteren kriegerischen Bedrohungen von außen einigermaßen sicheren Gebiet die alleinige Oberherrschaft erringt. Dann aber setzt der umgekehrte Mechanismus ein: Die Territorialherren »haben das Land, über das ehemals der König zu ihren Gunsten verfügte, tatsächlich zu eigen. Sie brauchen [...] den König nicht mehr«[29]. Sie verfügen über alles, was nötig ist, »um sich und die [Ihren] zu ernähren und zu schützen«[30]. Kein Lehenseid und keine Vasallentreue konnte sie – wie dies beispielhaft der Zerfall des Reichs Karls des Großen zeigt[31] – davon abhalten, die Verpflichtungen, die sie ihm gegenüber eingegangen waren, einzufrieren oder zu kündigen und selbstständig Herrschaft auszuüben, wodurch sich regelmäßig die Ausgangslage wiederherstellte. Nur im Fall äußerer Bedrohung, »wenn die Funktion des Königs als Kriegsherr in Erscheinung tritt,« hat dieser eine Chance, den Verselbstständigungsprozess zu unterbrechen und das Spiel von vorne anzufangen. Anders ist er regelmäßig bald nur noch einer von vielen um die Vormacht konkurrierenden Territorialherren.

Durchbrochen werden kann dieser Zirkel nur unter den Bedingungen der Geldwirtschaft. Solange in einem Gebiet, das zu groß ist, als dass der Herrscher die ihm untergeordneten Chargen des Erzwingungsstabes ständig persönlich dirigieren könnte, die Vergabe von Land die einzige Möglichkeit zu deren Entlohnung ist, kommen diese immer wieder in die Lage, alle Herrschaftsfunktionen in ihrer Hand zu vereinen und sich von der Zentrale unabhängig zu machen. Der Ausweg aus dieser Tendenz zur Zersplitterung ist Herrschaft mittels Bürokratie, eine Herrschaftsform, in der den untergeordneten Chargen nur der Raum bleibt, die von oben in einer hierarchischen Kette an sie als Träger genau bestimmter Zuständigkeiten weitergeleiteten Befehle umzusetzen. Wenn dies funktionieren soll, müssen sie in ihrem Lebensunterhalt beständig von der Zentrale abhängig sein. Effektiv kann dies nur garantiert werden durch »Schaffung eines ausschließlich oder auch nur vorwiegend mit Geld besoldeten Beamtentums«.[32] Dies aber setzt

---

[28] Ebda.
[29] Ebda., 20.
[30] Ebda., 18.
[31] Ebda. 17 f., 21 ff.
[32] Ebda., 92. Eine weitere, beispielsweise von den chinesischen Kaisern des Mittelalters (vgl. z. B. Balazs 1968, 148 ff.; Gernet 1983, 205 ff.) und den Mogul-Herrschern in Indien (vgl. Habib 1963, 257 ff.) in

nicht nur Marktproduktion bedeutenden Umfangs und eine entwickelte Geldwirtschaft voraus, sondern auch, dass sich ein großer
Teil des Geldreichtums in den Händen der Zentrale konzentriert.
Beides kam im westfränkischen Gebiet des ehemaligen Karolin-
gerreiches im 11.–14. Jahrhundert in höherem Maße zustande als
auf dem Rest des Kontinents, weshalb sich hier zum ersten Mal
der »Absolutismus« als Herrschaftsform durchsetzte. Dessen »Sozi-
ogenese« ist Elias' zentrales Thema.[33]

Die Geldwirtschaft und der großräumige Warenverkehr, die
seit dem Ende des Römischen Reichs und dem damit zusam-
menhängenden Bevölkerungsrückgang[34] in ganz Europa gewaltig
geschrumpft waren, gewannen im 11., stärker noch im 12. Jahrhundert wieder rasch an Boden. Der Schrumpfungsprozess zuvor
war im späteren Frankreich sogar noch einschneidender gewesen
als im späteren Deutschland, wo die kaiserliche Zentralgewalt noch
für einige Zeit ein Gegengewicht gebildet hatte. Auch die Dezen-
tralisierungstendenzen waren in Deutschland anfangs schwächer,
vor allem deshalb, weil der Kaiser noch für einige Zeit in seiner
Funktion als oberster Kriegsherr zur Abwehr der verschiedenen
Angriffswellen aus dem Osten gebraucht wurde. Die Außengrenzen
Frankreichs dagegen waren bald nicht mehr bedroht, was einerseits
die Verselbstständigung der Territorialherren gegenüber dem König,
andererseits aber auch die Chancen für einen Wiederaufschwung
des Warenverkehrs förderte. Ersteres führte dazu, dass der Monopolmechanismus hier ungehindert wirken und die Territorialfürs-
ten in Ausscheidungskämpfe gegeneinander treiben konnte, Letzteres dazu, dass sich für die einstweiligen Sieger in diesen Ausscheidungskämpfen die Chancen verbesserten, durch Besteuerung des
Handels ihren Geldreichtum und damit ihre Aussichten auf wei-

---

Angriff genommene institutionelle Vorkehrung zur Lösung dieses
Problems besteht in der Rotation der Provinzadministratoren und
der Begrenzung ihrer Amtszeit auf einige wenige Jahre. Die Effektivität dieser Lösung ist allerdings entscheidend davon abhängig, ob die
Zentrale stark genug ist, die Rotation auch durchzusetzen – andern-
falls bilden sich der feudalen Zersplitterung ähnliche Verhältnisse aus.
Zudem erhielten zumindest in China die Provinz-Magistrate auch
ein – wenngleich geringes – von der Zentralregierung festgesetztes
Geldgehalt.

[33] … wenigstens im zweiten Band von »Über den Prozess der Zivilisation« – im ersten ist es das Vorrücken der Peinlichkeitsschwelle bzw.
die Zunahme der Affektkontrolle im Laufe der (abendländischen)
gesellschaftlichen Entwicklung.

[34] Vgl. Elias 1978, II, 42 f.; Duby 1981, 86.

tere Siege zu erhöhen. Marksteine für die Entwicklung des Warenverkehrs waren die Messen in Flandern und der Champagne, wo
nicht nur die dort produzierten Wollstoffe, sondern eine Vielzahl
von Produkten des Nordens mit denen der Mittelmeerregion, insbesondere Italiens, ausgetauscht wurden. Ebenso wichtig war die
sich sprunghaft ausbreitende Praxis der Gründung oder Privilegie-
rung von städtischen Ansiedlungen mit Marktrechten durch die
großen Fürsten, wofür diese zwar einige ihrer eigenen Privilegien
opfern mussten, aber regelmäßig durch »eine erhebliche Steigerung
ihrer Einkünfte« belohnt wurden, dergestalt, dass ihnen die Stadt
»weitaus mehr Geld als jeder ländliche Grundbesitz« zu liefern
pflegte.[35] Wer in jenen Ausscheidungskämpfen unterlag, verlor all
diese Chancen der Besteuerung, weshalb sich der Geldreichtum in
immer größerem Maß bei den Siegern konzentrierte – und damit
auch die Chance, Krieger und Beamte zur Erledigung der admi-
nistrativen und militärischen Alltagsaufgaben gegen Entlohnung
in Geld zu engagieren, also rudimentär bürokratische Herrschaft
zu installieren. Der Zirkel von Monopolisierung und Dezentralisierung konnte so zum ersten Mal durchbrochen werden, der Monopolmechanismus konnte zur dauerhaften Etablierung großer und
immer größer werdender Einheiten führen. Wie er dafür sorgte,
dass sich nach jahrhundertelangen Kämpfen schließlich das anfangs
eher mickrig ausgestattete Königshaus der Isle de France alle Konkurrenten unterwerfen und zum Herrscher über das ganze Territorium des heutigen Frankreich aufwerfen konnte, kann hier nicht
nachgezeichnet werden (spannender als Elias beschreibt es keiner).
Wohl aber muss dargelegt werden, welche Veränderungen in der
Herrschaftsform sich daraus ergaben.

Entscheidend ist hier der Aufstieg städtisch-bürgerlicher Elemente in den und die nahezu vollkommene Zurückdrängung des
Adels aus dem königlichen Herrschaftsapparat. Ursprünglich gab es
für das Bürgertum nur einen Weg in diesen Apparat, den über die
geistlichen Berufe, als *clerc*. Bald aber verliert dieser Begriff seine aus-
schließliche Bedeutung als Kleriker und meint jeden, »der studiert
hat, der Latein lesen und schreiben kann«. »Man lernt nicht mehr
ausschließlich Latein, um Geistlicher, man lernt es auch unmittelbar, um Beamter zu werden.«[36] Die Kenntnis des kanonischen und
des römischen Rechts wird zum gängigen Vehikel des Aufstiegs in
die höheren Bezirke des Herrschaftsapparats und zur Verdrängung

---

[35] Duby 1981, 253; vgl. auch Le Goff 1974, 77.
[36] Elias 1978, II, 258.

des Adels aus denselben. Zur Kontrolle der ständig erhöhten Steu-
erforderungen des Königs in Geldform – insbesondere der *aides*
zur Finanzierung der Kriegführung – benötigte man Menschen,
die »schreiben, lesen und vor allem zählen« konnten. Man rekru-
tierte sie aus den »studierten« Schichten des Bürgertums und ent-
lohnte sie nicht mehr mit Landschenkungen – »sie waren vielmehr
Lohnarbeiter«[37], von der Zentrale bezahlte Bürokraten.

Die Adligen all ihrer Privilegien zu berauben, konnte sich der
König allerdings auch nicht leisten, dafür waren sie zu mächtig.
Er musste ständig die Balance halten zwischen den Interessen der
obersten Schichten des Bürgertums und denen des Adels. Der Ausweg, der sich schließlich ergab, war die »Verhöflichung der Krieger«[38]. Zum neuen Privileg des Adels werden die »Hofämter«. »Aus
Rittern werden Höflinge«, die zwar »keine unmittelbare Funktion
im Prozess der Arbeitsteilung« mehr haben, wohl aber »eine Funktion für den König«[39], die des Gegengewichts gegen das Bürgertum.
Hier zeigt sich, dass auch der Monopolmechanismus den schließlich
davon Profitierenden keineswegs von den sonstigen gesellschaftlichen Kräften unabhängig werden lässt. Im Gegenteil: »Je mehr
Menschen durch das Spiel des Monopolmechanismus in Abhängigkeit geraten, desto größer wird die gesellschaftliche Stärke zwar
nicht der einzelnen Abhängigen, aber der Abhängigen als eines
Ganzen im Verhältnis zu […] dem Monopolisten.«[40] Dieser wird
schließlich zu einem – wenngleich besonders mächtigen – Funk-
tionär unter vielen in einem funktionsteiligen Apparat. »Das Pri-
vatmonopol Einzelner vergesellschaftet sich; es wird […] zu einem
öffentlichen Monopol.«[41] Eben daraus erklärt sich, warum auch die
Französische Revolution die Organisationsform »Herrschaft durch
Bürokratie« nicht beseitigte, sondern nur das private Monopol des
einen an der Spitze durch das öffentliche Monopol der Herrschaft
durch wechselnde Funktionäre ersetzte.

Eine evolutionäre Universalie im Sinne eines permanenten
und unumkehrbaren Siegeszugs in der Auseinandersetzung mit
anderen Herrschaftsformen ist bürokratische Herrschaft offenbar
nicht. Sie ist an entwickelte Geldwirtschaft und Warenverkehr
bedeutsamen Umfangs gebunden – und die können sich rückent-
wickeln, wie dies nach dem Zerfall des Römischen Reichs in Mit-

---

[37]   Duby 1981, 258 f.
[38]   Elias 1978, II, 351 ff.
[39]   Ebda., 309.
[40]   Ebda., 147.
[41]   Ebda., 148.

teleuropa der Fall war. Das Rom der Kaiserzeit war, wenn Max
Weber recht hat, ein durch und durch »bureaukratischer Staat«[42].
»Es war das erste Werk der Kaiser, dass sie die Steuern regulierten
und die Willkür der Staatspächter einschränkten. [...] der Staats-
pächter endet als Staats*beamter*«[43]. »Besoldetes Berufsbeamtentum«
und »stehendes Heer« waren die tragenden Säulen. Und als die
dafür erforderlichen »erheblichen Bargeldausgaben«[44] und »Geld-
steuern« angesichts der »in die Naturalwirtschaft zurücksinken-
den Völker«[45] nicht mehr aufgebracht werden konnten, musste
auch die in Rom etablierte bürokratische Herrschaft anderen Formen Platz machen – solchen der »feudalen« Verwaltung mittels
mit Land belehnter Unterfürsten samt dem dazugehörigen »ver-
hängnisvollen Zirkel« von Monopolisierung und Zersplitterung.
Die Analysen von Elias (und Duby) stimmen dem grundsätzlich
zu, fügen als zusätzlichen Erklärungsfaktor nur noch den Bevöl-
kerungsschwund in der Völkerwanderungszeit hinzu, durch den
jener Niedergang des Geld- und Marktwesens erst zustande kam.
Bürokratische Herrschaft kann und wird zerfallen, wenn sich ihre
Existenzbedingungen Geldwirtschaft und Marktverkehr auflösen.
Solche Auflösungsprozesse gab es in der Vergangenheit. Dass es sie
auch in der Zukunft geben wird, ist angesichts der Machtpositi-
onen, die sich Geld und Märkte in der Welt von heute – auf natio-
nalökonomischer, noch folgenreicher aber auf weltwirtschaftlicher
Ebene – erobert haben, allerdings kaum vorstellbar.

Demokratische Assoziation und universalistische Normen

Dass der Übergang zu demokratischer Assoziation auf Staatsebene
keine evolutionäre Universalie im Sinne der Unumkehrbarkeit ist,
erscheint mir, historisch betrachtet, angesichts der Erfahrungen mit
der Ablösung demokratischer durch faschistische Regime in Italien, Deutschland, Spanien in den 1920er/30er Jahren oder durch
Militärdiktaturen in z. B. Argentinien, Brasilien, Chile, Griechenland, Indonesien, Pakistan in den 1960er bis 1980er Jahren oder
des beständigen Wechsels zwischen Zivil- und Militärregimen im
mir besonders nahe liegenden Fall Nigeria als selbstevident. Dass
es sich dabei nur um Anfangswirren vor dem endgültigen Sieg

---

[42] Weber 1988, 261.
[43] Ebda., 276.
[44] Ebda., 305.
[45] Ebda., 307.

des demokratischen Prinzips handelt und dass sich dieses in der Zukunft deshalb eben doch als unumkehrbar erweisen wird, halte ich für äußerst zweifelhaft. Für weit wahrscheinlicher erachte ich es mit Poulantzas,[46] dass die parlamentarische Demokratie zwar den Normalfall des bürgerlichen Staates darstellt, dass bürgerlich kapitalistische Gesellschaften jedoch in Zeiten der »Hegemoniekrise« (d.h. immer dann, wenn es keiner der Fraktionen im Block an der Macht gelingt, ihre eigene Generallinie für ein »kompromisshaftes Gleichgewicht«[47] zwischen ihnen allen sowie zwischen ihnen und den beherrschten Klassen durchzusetzen) regelmäßig in den »Ausnahmestaat« (Faschismus, Bonapartismus, Militärdiktatur) als Form der Herrschaftsorganisation zurückfallen. Weiter hinein ins Reich der Prophetie möchte ich mich jedoch nicht begeben.

Ein Fragezeichen muss an die These von der demokratischen Assoziation als evolutionärer Universalie noch aus einem anderen Grund gehängt werden: Wenn sie es deswegen sein soll, weil, wie Parsons schreibt, Macht »overwhelmingly« von einem »consensual element« abhängt[48] und dieses am effektivsten durch demokratische Prozeduren zu organisieren ist, wie ist es dann zu erklären, dass solche in vielen akephalen, aber auch in vorbürokratisch herrschaftlich verfassten Gesellschaften im Laufe der Entwicklung so weitgehend verdrängt werden konnten? Zu denken ist dabei vor allem an die aus vielen Teilen der Welt überlieferten Volksversammlungen, in denen meist bis zur Erzielung von Einstimmigkeit diskutiert werden musste, ehe bestimmte Gemeinschaftsaktionen durchgeführt werden durften. Beispiele wären das Palaver in afrikanischen Gesellschaften[49] oder die *Fonos* in Polynesien[50], aber auch die *Shir*-Ratsversammlungen bei den Somali, die per Mehrheitsbeschluss entschieden[51]. So »overwhelming« scheint die Bedeutung des »konsensualen Elements« der Macht denn doch nicht zu sein, nachdem all diese Prozeduren im Gefolge der Staatsbildung schließlich sang- und klanglos in den Hintergrund gedrängt werden konnten.

[46] Poulantzas 1973, 335 ff.
[47] Gramsci 1975, 1591.
[48] Parsons 1964, 355.
[49] Vgl. für die kikongosprachigen z. B. Wamba Dia Wamba 1989, Depelchin 2005, 177 ff.
[50] Insbesondere auf Samoa; vgl. Sahlins 1959; Williamson 1967; Hauck 1979.
[51] Vgl. Lewis 1961, 189 ff.

Diskutierenswerter erscheint mir ohnehin die These vom Universalismus als evolutionärer Universalie. Stärker als an Parsons werde ich mich an dieser Stelle allerdings an den (freilich an diesen anknüpfenden) Überlegungen von Jürgen Habermas orientieren. Habermas vertritt bekanntlich – ausgehend von dem Gedanken, dass Gesellschaften »nicht nicht-lernen können«[52] – eine Rationalisierungstheorie der gesellschaftlichen Entwicklung[53], die von einem ständigen, wenn auch nicht stetigen Wachstum des instrumentell-technischen wie des kommunikativen Wissens im Verlauf der Menschheitsgeschichte ausgeht. Die »Schrittmacherfunktion«[54] komme dabei dem kommunikativen Wissen zu. Entwicklungsschübe seien zwar stets veranlasst durch Schwierigkeiten im technisch-instrumentellen Bereich der Auseinandersetzung mit der Natur (»Systemintegration«); aber gelöst werden könnten diese nur durch Einführung neuer, auf einer höheren Stufe der kommunikativen Rationalität angesiedelter Modelle der »Sozialintegration«. Als Maßstab für diese Rationalität dient dabei die Offenheit für diskursive Auseinandersetzung – je mehr gesellschaftliche Teilbereiche der Argumentation und der Diskussion offenstehen, desto rationaler die gesellschaftliche Organisation. Paradigmatisch eingeführt wird Habermas' Modell zunächst am oben bereits gestreiften Beispiel des Übergangs von verwandtschaftlich zu herrschaftlich organisierten Gesellschaften durch die Einsetzung von priesterlichen Richterherrschern, durch die erstmals die Unterscheidung von Norm und Handlung etabliert und die Entwicklungsstufe der »konventionellen Moral« erreicht worden sei. Damit könne nun erstmals über Handlungen im Lichte von Normen diskutiert werden; der zuvor der Diskussion enthobene Bereich des moralischen Handelns werde der argumentativen Auseinandersetzung geöffnet. Gleichzeitig schaffe dies die Möglichkeit zur Effektivierung der Naturaneignung durch Vergrößerung der politischen Einheiten und somit Kooperation auf erweiterter Stufenleiter.

Der nächste umwälzende Rationalisierungsschub im Bereich des kommunikativen Wissens setzt für Habermas eine Überwindung der »konventionellen Moral« voraus, welche zwar die Diskussion von Handlungen im Lichte von Normen, nicht aber die von Normen selbst erlaubte. Eingeleitet wurde dieser Schub durch den Übergang zur kapitalistischen Produktionsweise, durch den

---

52 Habermas 1976, 171.
53 Zur Auseinandersetzung mit dieser Evolutionstheorie vgl. Hauck 1996, Kap. 2, 3.
54 Habermas 1981, II, 232.

erstmals »universalistische Prinzipien [...] im Bereich der gesellschaftlichen Arbeit institutionalisiert wurden.«[55] An die Stelle von
Fronarbeit und Schollenpflichtigkeit trat die freie Lohnarbeit, an die
Stelle der Mehrarbeitsaneignung mittels physischen Zwangs durch
die feudalen Herrscher (vermittelt vor allem über deren juristische
Oberhoheit) trat die Mehrwertabschöpfung über den Arbeitsmarkt,
auf dem sich ›Arbeitgeber‹ und ›Arbeitnehmer‹ als persönlich freie
und juristisch gleiche Kontraktpartner gegenüberstanden. Diese
Institutionalisierung von universalistischen Normen im Zentralbe-
reich der gesellschaftlichen Arbeit ist für Habermas zum einen in
sich selbst schon ein Zugewinn an Rationalität, weil nun auch die
Frage, was und wo der einzelne Arbeiter arbeiten soll, nicht mehr
von Geburts wegen normativ vorentschieden ist, sondern der Diskussion offensteht. Zum anderen ist sie ein Zugewinn an Rationalität auch deswegen, weil sie die Tür öffnet für die Etablierung einer
»postkonventionellen Moral«, welche generell die Diskussion von
Normen – im Lichte von »Prinzipien«[56] – erlaubt und damit den der
argumentativen Diskussion geöffneten Bereich des menschlichen
Verhaltens noch einmal erweitert. Und schließlich sorgt sie ebenso
wie frühere Schübe auch dafür, dass Schwierigkeiten im Bereich der
Naturaneignung besser bewältigt werden können: Effektivität und
Produktivität der menschlichen Arbeit wachsen mit dem Übergang
zur kapitalistischen Produktionsweise.

Aus herrschaftsanalytischer Perspektive zentral ist die von Habermas herausgestellte Institutionalisierung universalistischer Prinzipien im Bereich der gesellschaftlichen Arbeit im Kapitalismus
deshalb, weil dadurch der eigentliche Kern, auf den hin Herrschaft
organisiert ist, die Verfügung der Herrschenden über die Arbeitsleistungen und Arbeitsprodukte der Herrschaftsunterworfenen, auf
neue Grundlagen gestellt wird: An die Stelle personaler Abhängig-
keiten und direkter physischer Gewalt tritt die Abhängigkeit von
anonymen Marktgesetzen und der »stumme Zwang der ökonomischen Verhältnisse«[57]. Unentgoltene Mehrarbeit leisten, einen
Mehrwert produzieren muss der Arbeiter/die Arbeiterin auch hier,
denn kein Unternehmer wird seine Arbeitskraft kaufen, wenn sie
ihm nicht mehr einbringt, als sie ihn kostet. Was sich geändert hat,
ist jedoch »die *Form*, worin diese Mehrarbeit dem unmittelbaren
Produzenten, dem Arbeiter, abgepresst wird«[58]. Diese Änderung

---

[55] Habermas 1976, 243.
[56] Ebda., 171.
[57] Marx 1969, 765.
[58] Ebda., 231.

in der Form aber »umschließt eine Weltgeschichte«, sie schließt
ein, dass der Arbeiter »als freie Person über seine Arbeitskraft als
Ware verfügt«[59], dass er persönlich und juristisch frei ist. Eben
diese Freiheit macht den Kern der Institutionalisierung universalistischer Prinzipien im Bereich der gesellschaftlichen Arbeit aus.
Sie hat allerdings auch ihre Kehrseite: Historische Voraussetzung
ist die Trennung der unmittelbaren Produzenten von ihren Pro-
duktionsmitteln (vor allem die Enteignung ihres Bodens), welche
sie zwingt, ihre Arbeitskraft auf dem Markt zu verkaufen, so sie
sie überhaupt verwirklichen wollen.

Soweit erscheint dies alles ja ganz schlüssig. Aber ist diese
Institutionalisierung des Universalismus unumkehrbar? Und geht
sie notwendig zu Lasten anderer, nicht-universalistischer Formen
der Organisation der gesellschaftlichen Arbeit? In den Anfangs-
stadien der kapitalistischen Entwicklung war dies selbst für Marx
(der hier fraglos stark zu evolutionistischen Antworten neigte) keineswegs der Fall: »überhaupt bedurfte die verhüllte Sklaverei der
Lohnarbeit in Europa zum Piedestal die Sklaverei sans phrase in
der neuen Welt«[60]. Die Dependentistas, vor allem Andre Gunder
Frank[61] und Armando Cordova[62], haben diesen Gedanken in ihrer
Auseinandersetzung mit dem modernisierungstheoretischen Evo-
lutionismus in den 1970er Jahren historisch weiter untermauert,
indem sie zeigten, dass die kolonialen Eroberer Lateinamerikas
Formen unfreier Arbeit nicht nur bestehen ließen, wo sie bestanden, sondern in weit größerem Umfang sogar neu schufen, um die
Produktion für den entstehenden kapitalistischen Weltmarkt in
ihrem Sinn gestalten zu können. Nur durch Gewalt konnten die
Indios, solange ihre Subsistenz einigermaßen gesichert war, dazu
gebracht werden, für den Profit und unter dem Kommando der
Kolonialherren in deren Minen und Plantagen zu arbeiten. Das
encomienda-System, das die indianischen Dorfgemeinden zur permanenten Gestellung von Zwangsarbeitern zu unbezahlter Arbeit
auf den Gütern der spanischen *encomenderos* verpflichtete, war eine
dieser neuen Produktionsformen, das europäischen Formen der
Leibeigenschaft nachempfundene *hacienda*-System eine andere,
die Zuckerrohrproduktion mittels afrikanischer Sklaven auf den
Plantagen der Karibik eine dritte.

---

59 Ebda., 183.
60 Ebda., 787.
61 Frank 1969.
62 Cordova 1973.

Immanuel Wallerstein macht darauf aufmerksam, dass mit der Etablierung der ›zweiten Leibeigenschaft‹ in Osteuropa auch innereuropäisch ganz ähnliche Prozesse für die Entstehungsphase des Kapitalismus im ›langen 16. Jahrhundert‹ prägend wurden.[63] Für ihn war die gleichzeitige Ausweitung von Formen unfreier Arbeit und kapitalistischer Lohnarbeit sogar eine Systemnotwendigkeit.[64] Der Aufschwung der industriellen bzw. manufakturellen Produktion von Textilien und Metallwaren sowie des Schiffbaus im Nordwesten Europas hatte eine wachsende Nachfrage nach einfachen Agrarprodukten, insbesondere Getreide, zur Folge, die nicht in ausreichender Menge durch die zurückgegangene Zahl der Produzenten im Westen bereitgestellt werden konnten. Dies veranlasste die Feudalherren in Osteuropa, vor allem in Polen, auf ihren Gütern die Getreideproduktion für den Export auszuweiten. Damit war der Grundstein für zwei völlig unterschiedliche Arten von Entwicklung gelegt. Die diversifizierte Industrie- und Agrarproduktion des Westens erforderte geschickte und motivierte Arbeitskräfte. Deshalb ging man hier zur freien Lohnarbeit über, die den Arbeiter relativ am besten stellt. Der Westen wurde so zum »Zentrum« des entstehenden kapitalistischen Weltsystems. Die Getreideproduktion des Ostens dagegen ging auf niedrigem technologischen Niveau vonstatten und erforderte bei den Arbeitskräften weder eine besondere Qualifikation noch eine besondere Motivation. Deshalb konnten die Feudalherren hier mit robusteren, auf direkter physischer Gewalt beruhenden Methoden der Arbeitskontrolle operieren und zu Schollenpflichtigkeit und Leibeigenschaft zurückkehren – in Regionen, in denen die Bauern zuvor schon seit geraumer Zeit juristische Freiheit genossen hatten. So wurde Polen als erste »periphere Region« in das kapitalistische Weltsystem eingegliedert – wie dann nacheinander auch die Karibik, Mittel- und Südamerika, Indonesien, Indien, Afrika usw. »Peripher« ist ihr Status deshalb, weil sie zu einem permanenten (Netto-)Surplustransfer in die Zentren verurteilt sind – ohne den es aus Wallersteins Sicht keinen Kapitalismus geben kann. Hauptgrundlage dieses Transfers ist (zumindest anfangs) die unfreie Arbeit, deren niedrige Entlohnung es erlaubt, die Preise der so produzierten Waren auf dem Weltmarkt extrem nach unten zu drücken.

Über Wallersteins Modell kann und muss man heftig streiten.[65] Problematisch ist vor allem seine Überzeugung, der Werttransfer

---

[63]   Vgl. Wallerstein 1974 und Wallerstein 1979.
[64]   Ähnlich Cooper 2007.
[65]   Vgl. Hauck 1985.

aus der Peripherie alleine liefere eine hinreichende Erklärung für die kapitalistische Entwicklung in den Zentren. Übersehen wird dabei die beschleunigte Produktivkraftentwicklung in den Zentren, die eben nicht nur durch Reichtumszufluss von außen, sondern auch durch Optimierung der Ressourcenallokation im Inneren zustande kam, welche ihrerseits konstitutiv mit der Befreiung der Lohnarbeit zusammenhängt: Nur dort, wo die Arbeitskraft frei als Ware auf dem Markt gehandelt wird, kann sie jederzeit an dem Ort und in dem Gewerbe eingesetzt werden, wo ihr Einsatz zum jeweiligen Zeitpunkt den höchsten Gewinn verspricht.[66] Nicht bestritten werden kann jedoch, dass es jenen Werttransfer von Beginn der kapitalistischen Entwicklung an gegeben hat und auch heute noch gibt.[67] Und auch er ist, entgegen allen modernisierungstheoretischen Behauptungen über die Irrelevanz jeglicher Außenbeiträge,[68] wenn schon keine hinreichende, so doch eine notwendige Bedingung für kapitalistische Entwicklung. Die gängige unterkonsumtionstheoretische Begründung für jene Überzeugung, nach der ständig steigende Reallöhne von Anbeginn an Motor eines sich selbst tragenden Wachstums in den Metropolen seien,[69] steht auf gar zu schwachen Füßen. Sie krankt vor allem daran, dass sie die Löhne nur als Nachfrage- und nicht auch als Kostenfaktor behandelt. In Zeiten sinkender Nachfrage wird kein Kapitalist die Löhne für seine Arbeiter erhöhen, um die gesamtgesellschaftliche Nachfrage zu steigern. Er wird im Gegenteil versuchen, sie zu senken, um seine Kosten zu verringern und seine Gewinne zu halten. Reallohnsteigerungen sind im Kapitalismus durch die Profitmargen der Unternehmer begrenzt; wenn sie diese langfristig übersteigen, wird die ›Investitionsneigung‹ der Unternehmer sinken, die Investitionen und mit ihnen die Nachfrage nach Arbeitskraft sowie die Reallöhne werden zurückgehen. Ganz anders sieht es aus, wenn in Zeiten zyklischer Nachfrageengpässe auf einen Außenbeitrag in Gestalt eines Reichtumstransfers aus peripheren Regionen zurückgegriffen werden kann. Das Nachfrageproblem erledigt sich dadurch von selbst – und genau darin liegt die Bedeutung jenes Transfers.

Was sind die Konsequenzen? Die Konsequenzen bestehen darin, dass selbst unter den günstigsten internen Bedingungen kapitalistische Entwicklung in den Ländern der Peripherie ohne

---

[66] Vgl. Brenner 1977.
[67] Vgl. Hauck 1996, Kap. 9.
[68] Vgl. z. B. Berger 1996.
[69] Vgl. vor allem Elsenhans 1982.

einen gewaltigen Reichtumszustrom von außerhalb undenkbar
erscheint. Eine theoretische Möglichkeit hierzu wäre eine Vervielfachung der Entwicklungshilfe – weit über die von den Vereinten Nationen angepeilten Messzahlen hinaus. Angesichts der globalen Machtverhältnisse erscheint dies jedoch utopisch. Was tatsächlich passieren könnte, ist, dass das eine oder andere Land der
Peripherie die Möglichkeit ergreifen wird, einen Werttransfer zu
seinen eigenen Gunsten zustande zu bringen – mittels der gleichen
Methoden wie die Metropolen seit Jahrhunderten: durch koloniale oder quasikoloniale Ausbeutung entweder anderer Länder oder
peripherer Regionen des eigenen Landes. Für große Flächenstaaten wie China, Indien oder Brasilien erscheint die letztgenannte
Methode, die der internen Kolonisation (für die das Russland des
19. Jahrhunderts das Urbild liefert), als besonders vielverspre-
chend. Und die Ausplünderung der Subsistenzsektoren und der
Subsistenzregionen im Hinterland – insbesondere mittels Wander-
arbeit – ist in der Tat in allen drei Ländern von enormer Bedeutung. Die sozialen Kosten allerdings sind gewaltig; und der Erfolg
ist keineswegs gesichert.

Offen bleibt noch, was all dies für die Landgewinne des Universalismus in der Organisation der gesellschaftlichen Arbeit zu
bedeuten hat. Zu betonen ist zunächst, dass freie Lohnarbeit und
unfreie Arbeit nicht nur (wie Frank, Cordova und Wallerstein zeigen) in den Anfängen der kapitalistischen Entwicklung, sondern
beide zugleich noch weit bis ins 19./20. Jahrhundert hinein neues
Gelände erobern konnten. Viel zu häufig übersehen wird vor allem,
dass die koloniale Expansion Europas am Ende des 19. Jahrhunderts, insbesondere der *Scramble for Africa*, für die ›Kolonisierten‹
nahezu überall die Unterwerfung unter ein System des Zwangsan-
baus und der Zwangsarbeit zugunsten der Kolonialherren bedeutete[70] – und dieses blieb in den Kolonien generell bis nach dem
Zweiten Weltkrieg bestehen. Danach allerdings wurde es nach und
nach abgeschafft; es war ökonomisch obsolet geworden, weil die
Menschen auch der entlegensten Regionen nun so weit vom Geld
und von den Gütern des Weltmarkts abhängig geworden waren,
dass sie auch ohne Zwang bereit waren, Lohnarbeit anzunehmen
oder *cash crops* anzupflanzen.

Schuldknechtschaft und vergleichbare sklavereiähnliche Verhältnisse allerdings spielen beispielsweise in Indien, Pakistan, Brasilien

---

[70] Vgl. z. B. Wallerstein 1976; Davidson 1978; Geschiere 1985; Trotha
1994; Hauck 2001.

oder Mauretanien auch heute noch eine gewaltige Rolle.[71] Dennoch ist kaum zu bestreiten, dass die unfreie Arbeit seit dem Ende der Kolonialzeit an Bedeutung verloren hat. Die Ursache scheint mir zu sein, dass jede Art von unfreier Arbeit die Mobilität der Arbeitskraft einschränkt – der Arbeiter kann sie nicht frei und meistbietend auf dem Markt verkaufen, sodass sie auch nicht jederzeit an dem Ort und in dem Produktionszweig eingesetzt werden kann, wo ihr Einsatz den höchsten Profit verspricht. Insofern steht sie der Profitmaximierung, dem obersten Prinzip des kapitalistischen Wirtschaftssystems, im Wege. Wenn die Geldwirtschaft weltweit auch das hinterste Hinterland erobert hat – und das hat sie[72] –, sodass die Menschen allüberall schon alleine durch den stummen Zwang der ökonomischen Verhältnisse gezwungen sind, sich in sie einzugliedern, hat die unfreie Arbeit zunehmend schlechtere Karten (was nicht heißt, dass sie, etwa in Zeiten des Ausnahmestaats, nicht wieder auf die Tagesordnung gesetzt werden könnte; die Zwangsarbeit im Nationalsozialismus belegt es). Dies allerdings ist, was es ist, nicht mehr und nicht weniger. Auch der freie Lohnarbeiter ist gezwungen, unbezahlte Mehrarbeit zu leisten. Was sich geändert hat, ist »nur die *Form*, worin diese Mehrarbeit dem unmittelbaren Produzenten, dem Arbeiter, abgepresst wird« (siehe oben) – so wichtig und verteidigenswert diese Formänderung auch ist.

Schlussfolgerungen

Fassen wir kurz zusammen: Der Schritt von der akephalen zur herrschaftlich verfassten Gesellschaft ist umkehrbar – und die Umkehr ist alles andere als ungewöhnlich; sogar permanentes Oszillieren zwischen beiden Formen kommt vor. Reversibel erscheint auch der Übergang von nicht-bürokratischer zu bürokratischer Herrschaft, allerdings nur unter sehr spezifischen ökonomischen Bedingungen: bürokratische Herrschaft funktioniert nur bei entwickelter Geld- und Warenwirtschaft. Solange die gegeben ist, ist sie jedoch

---

[71] Für Indien kommt Sarma Marla (1981) in einer empirischen Erhebung auf eine Gesamtzahl von 2.617.000 *bonded labourers*; für Mauretanien vgl. Bonte 1998.

[72] Für schöne Fallstudien, die zeigen, dass dies der Fall ist, aber keineswegs notwendig zu globaler kultureller Homogenisierung führen muss, weil auch die Güter der weltweiten Warenproduktion lokal situiert werden müssen, vgl. z. B. van Binsbergen/van Dijk 2004; Loimeier/Neubert/Weißköppel 2005; Sharma/Gupta 2006.

tatsächlich die effektivste Form der Herrschaftsausübung; nur wo Geld- und Warenwirtschaft zusammenbrechen, kann nicht-bürokratische Herrschaft bürokratische (wieder) ablösen. Parlamentarische Demokratie erscheint zwar als der Normalfall bürgerlich-kapitalistischer Herrschaftsorganisation; aber der Rückfall in den »Ausnahmestaat« in Zeiten der Hegemoniekrise erwies sich jedenfalls in der Vergangenheit als regelmäßig auftretende Erscheinung. Universalistische Formen der Organisation des gesellschaftlichen Produktionszusammenhangs haben in Gestalt der freien Lohnarbeit im Zuge der kapitalistischen Expansion immer größere Teile des Globus erobert; gleichzeitig haben sich im Zuge dieser Expansion aber auch bestimmte partikularistische Formen in Gestalt von unfreier Arbeit (Sklaverei, Leibeigenschaft, Zwangsarbeit etc.) weiter ausgebreitet.

So weit, so gut. Die Geradlinigkeit wie die Unumkehrbarkeit der von Parsons avisierten evolutionären Abfolge von Herrschaftsformen scheint durch all dies widerlegt. Es bleibt die schwierige Frage, ob die korrespondierende These als Trendaussage zu retten ist. Hierfür spricht einiges. Zunächst schon so simple Dinge wie, dass es kaum vorstellbar ist, dass sich bürokratische Herrschaft etabliert, bevor Herrschaft überhaupt etabliert ist, oder dass die Mehrwertabschöpfung über den Markt zum dominanten Produktionsverhältnis wird, ohne dass Geld und Märkte seit langem institutionalisiert sind. Das eine scheint auf dem anderen aufzubauen und deshalb notwendig historisch jünger zu sein. Weiter impliziert schon die Rede von Faschismus, Militärdiktatur etc. als »Ausnahmestaat«, dass die Regel eben eine andere ist – wenn Poulantzas recht hat, dann deshalb, weil die Herstellung des notwendigen »kompromisshaften Gleichgewichts« zwischen den verschiedenen Klassen und Fraktionen des Blocks an der Macht sowie zwischen diesem und den beherrschten Klassen in der bürgerlich-kapitalistischen Gesellschaft am einfachsten über demokratisch gewählte Parlamente zustande gebracht werden kann; nur wenn sie nicht funktioniert, braucht es den Ausnahmestaat. Und auch die unfreie Arbeit scheint seit dem Ende der Kolonialzeit zunehmend den Status der ›Ausnahme‹ zugewiesen zu bekommen. Fraglich bleibt schließlich auch, ob ein ›Rückfall über mehrere Stufen‹ – konkret beispielsweise: von der bürokratischen Herrschaft direkt in die Akephalie – denkbar ist. All dies zusammen legt die Interpretation nahe, dass sich die Häufigkeitsverteilung in den Formen der Herrschaftsorganisation menschheitshistorisch tatsächlich in der von Parsons behaupteten Richtung verändert hat.

Die Frage bleibt, wie all dies, der Trend wie die Abweichungen, zu erklären ist. Parsons' evolutionstheoretische Antwort erscheint mir hier gänzlich unzureichend. Problematisch ist zunächst der Zentralbegriff der »Anpassungskapazität« selbst. Solange für ihn kein vom tatsächlichen Überleben der Gesellschaft unabhängiger Maßstab angegeben wird, kann er nur zirkuläre Erklärungen liefern: Gesellschaftsformation X hat – anders als andere – überlebt, weil sie die höhere Anpassungskapazität hatte; und dass sie sie hatte, beweist ... ihr Überleben. Mindestens ebenso problematisch ist, dass Parsons in seiner Evolutionstheorie Gesamtgesellschaften als – den Kampf ums Überleben führende – Einheiten gegeneinander antreten lässt. Dahinter steht die Vorstellung von Gesellschaft als geschlossener und von Widersprüchen wie von antagonistischen Interessengegensätzen freier Einheit. Dies ist in der Tat Parsons' Überzeugung, selbst dort, wo er im Kontext seiner Überlegungen zu den evolutionären Universalien »soziale Schichtung« und »kulturelle Legitimation« von der Entstehung eines »Zweiklassensystems« (siehe oben) redet; denn für »die Gesellschaft als System« bringe dies »funktionale Vorteile«[73]. Der Hintergrund ist Parsons' Macht-Konzept: Macht ist demnach als wesentliches Element der politischen Organisation notwendig »auf die Erreichung gemeinsamer Ziele« gerichtet, welche »vom Standpunkt des Systems aus erwünscht« sind.[74] Vermehrung der Macht der Herrschenden bedeutet demnach Vermehrung ihrer Möglichkeiten zur Mobilisierung von Ressourcen für die Erreichung jener gemeinsamen Ziele; sie ist im Interesse aller. An die hier als universell gültig postulierte prästabilierte Harmonie zwischen den Interessen von Herrschern und Herrschaftsunterworfenen, von herrschenden und beherrschten Klassen mag heute kaum noch eine(r) glauben. Widersprüche, Konflikte, antagonistische Interessengegensätze gibt es (zumindest!) in allen herrschaftlich verfassten Gesellschaften. Wenn dem so ist, dann ist die – im Vergleich zur evolutionstheoretischen – erfolgversprechendere Strategie zur Erklärung der Stabilität oder Instabilität bzw. der Expansion oder Kontraktion von Herrschaftsformen aber eine, die an der Effektivität der Herrschaftsausübung durch die herrschenden Klassen ansetzt: Diese werden stets versuchen, die je effektivsten verfügbaren Herrschaftsinstrumente einzusetzen. Bürokratische Herrschaft ist effektiver als nicht-bürokratische (sie kann ihre Befehle

---

[73]   Parsons 1964, 343.
[74]   Parsons 1967, 256; vgl. Parsons 1961, 66.

effektiver durchsetzen als diese). Deshalb werden herrschende Klassen, sofern sie die Wahl haben, zur Sicherung ihrer Herrschaft stets auf das Instrument Bürokratie zurückgreifen; und nur wenn die Voraussetzungen dafür (Geld und Märkte) verloren gehen, haben nicht-bürokratische Formen wieder eine Chance. Kapitalistische Formen der Arbeitsorganisation (freie Lohnarbeit im Doppelsinn) verbessern unter bestimmten, in den Kernstaaten des entstehenden kapitalistischen Weltsystems geschaffenen Bedingungen die Chancen der Kapitalakkumulation in den herrschenden Klassen; deshalb werden diese im Regelfall soweit wie möglich zu diesen Formen übergehen. Unter anderen Bedingungen (den an der Peripherie geschaffenen) tut unfreie Arbeit diesbezüglich die besseren Dienste; deshalb wird man hier versuchen, zu ihr überzugehen. Die einmal geschaffenen Bedingungen können sich jedoch ändern: Die Expansion des Weltmarkts auch ins hinterste Hinterland der Peripherien lässt die Chancen der Produktion mittels freier Lohnarbeit steigen, der Übergang zum Ausnahmestaat lässt sie regelmäßig sinken. Und so weiter.

All dies können jedoch bestenfalls Trendaussagen sein, vor allem deshalb, weil die Machtverhältnisse zwischen herrschenden und beherrschten Klassen zwar asymmetrische sind, die ersteren deshalb aber keineswegs allmächtig sind[75] – und selten monolithisch. Die tatsächlichen Ergebnisse sind stets die Resultanten aus den strategischen Auseinandersetzungen zwischen einer Vielzahl von Klassen, Fraktionen und Kategorien, nicht nur zwischen Herrschenden und Beherrschten, sondern auch zwischen verschiedenen Gruppierungen im Block an der Macht wie in den beherrschten Klassen und zwischen verschiedenen durch zur Klassenherrschaft querstehende Merkmale definierten Kategorien (Gender, ›Rasse‹, Ethnizität z. B.) – und dies auf nationaler wie auf internationaler Ebene.

Literatur

Balandier 1974 = Georges Balandier, Anthropo-Logique, Paris.
Balazs 1968 = Étienne Balasz, La Bureaucratie Céleste, Paris.

---

[75]   Ein schlagendes Beispiel liefert Robert Brenner (1977, 51), der zeigt, dass auch der englische Adel im 14. Jahrhundert vielfach versuchte, Schollenpflichtigkeit und Fronarbeit neu einzuführen, eine Offensive, die aber um 1400 als Ergebnis von jahrhundertelangen Klassenkämpfen, die »das Ende der Leibeigenschaft herbeigeführt hatten«, gescheitert war.

Berger 1996 = Johannes Berger, Was behauptet die Modernisierungstheorie wirklich?, in: Leviathan 24, 45-72.

Bonte 1998 = Pierre Bonte, Esclaves ou cousins. Évolution du statut servile dans la société mauritanienne, in: Bernard Schlemmer (Hg.), Terrains et Engagements de Claude Meillassoux, Paris, 157-182.

Brenner 1977 = Robert Brenner, The Origins of Capitalist Development. A Critique of Neo-Smithian Marxism, in: New Left Review 104, 25-92.

Clastres 1974 = Pierre Clastres, La Société Contre L'État, Paris.

Conrad/Eckert/Freitag 2007 = Sebastian Conrad/Andreas Eckert/Ulrike Freitag (Hg.), Globalgeschichte. Theorien, Ansätze, Themen, Frankfurt am Main.

Cooper 2007 = Frederick Cooper, Was nützt der Begriff der Globalisierung? Aus der Sicht eines Afrika-Historikers, in: Sebastian Conrad/Andreas Eckert/Ulrike Freitag (Hg.), Globalgeschichte. Theorien, Ansätze, Themen, Frankfurt am Main, 131-136.

Cordova 1973 = Armando Cordova, Strukturelle Heterogenität und wirtschaftliches Wachstum, Frankfurt am Main.

Depelchin 2005 = Jacques Depelchin, Silences in African History, Dar es Salaam.

Davidson 1978 = Basil Davidson, Africa in Modern History, London.

Duby 1981 = Georges Duby, Krieger und Bauern, Frankfurt am Main.

Eisenstadt 1970 = Shmuel N. Eisenstadt (Hg.), Readings in Social Evolution and Development, Oxford.

Elias 1978 = Norbert Elias, Über den Prozess der Zivilisation, 2 Bde., Frankfurt am Main.

Elsenhans 1982 = Hartmut Elsenhans, Grundlagen der Entwicklung der kapitalistischen Weltwirtschaft, in: Dieter Senghaas (Hg.), Kapitalistische Weltökonomie, Frankfurt am Main, 103-148.

Feierman 1974 = Steven Feierman, The Shambaa Kingdom. A History, Wisconsin.

Fortes 1940 = Meyer Fortes/Edward E. Evans-Pritchard (Hg.), African Political Systems, London.

Frank 1969 = Andre Gunder Frank, Kapitalismus und Unterentwicklung in Lateinamerika, Frankfurt am Main.

Gernet 1983 = Jacques Gernet, Die chinesische Welt, Frankfurt am Main.

Geschiere 1984 = Peter Geschiere, Imposing Capitalist Development through the State, in: Wim van Binsbergen/Peter Geschiere (Hg.), Old Modes of Production and New States, London, 94-149.

Gramsci 1975 = Antonio Gramsci, Quaderni del Carcere, Bd. III, Torino.

Habermas 1976 = Jürgen Habermas, Rekonstruktion des Historischen Materialismus, Frankfurt am Main.

Habermas 1981 = Jürgen Habermas, Theorie des kommunikativen Handelns, 2 Bde., Frankfurt am Main.

Habib 1963 = Irfan Habib, The Agrarian System of Moghul India, London.

Hauck 1979 = Gerhard Hauck, Von der klassenlosen zur Klassen-Gesellschaft, Köln.

Hauck 1985 = Gerhard Hauck, Zur Diskussion um Wallersteins Weltsystemperspektive, in: Das Argument 151, 343-354.

Hauck 1996 = Gerhard Hauck, Evolution, Entwicklung, Unterentwicklung, Frankfurt am Main.

Hauck 2001 = Gerhard Hauck, Gesellschaft und Staat in Afrika, Frankfurt am Main.

Hauck 2006 = Gerhard Hauck, Kultur. Zur Karriere eines sozialwissenschaftlichen Begriffs, Münster.

Hilton 1987 = Anne Hilton, The Kingdom of Kongo, Oxford.

Le Goff 1974 = Jacques Le Goff, Das Hochmittelalter (Fischer Weltgeschichte 11), Frankfurt am Main.

Leach 1964 = Edmund Leach, Political Systems of Highland Burma, London.

Lenski 1966 = Gerhard Lenski, Power and Privilege, New York.

Loimeier/Neubert/Weißköppel 2005 = Roman Loimeier/Dieter Neubert/Cordula Weißköppel (Hg.), Globalisierung im lokalen Kontext, Münster.

Luhmann 1997 = Niklas Luhmann, Die Gesellschaft der Gesellschaft, 2 Bde., Frankfurt am Main.

Marla 1981 = Sarma V. Marla, Bonded Labour in India, New Delhi.

Marx 1969 = Karl Marx, Das Kapital, Bd. 1 (MEW 23), Berlin.

Middleton/Tait 1958 = John Middleton/David Tait (Hg.): Tribes Without Rulers, London.

Parsons 1961 = Talcott Parsons, An Outline of the Social System, in: Talcott Parsons/Edward A. Shils/Kaspar D. Naegele/Jesse R. Pitts (Hg.), Theories of Society, New York.

Parsons 1964 = Talcott Parsons, Evolutionary Universals in Society, in: American Sociological Review 29, 329-357.

Parsons 1967 = Talcott Parsons, On the Concept of Political Power, in: Reinhard Bendix/Seymour M. Lipset (Hg.), Class, Status and Power, London.

Parsons 1975 = Talcott Parsons, Gesellschaften, Frankfurt am Main.

Poulantzas 1973 = Nicos Poulantzas, Faschismus und Diktatur, München.

Sahlins 1959 = Marshall Sahlins, Social Stratification in Polynesia, Washington.

Sharma/Gupta 2006 = Aradhana Sharma/Akil Gupta, The Anthropology of the State, Oxford.

Sigrist 1967 = Christian Sigrist, Regulierte Anarchie, Olten.

Trotha 1994 = Trutz von Trotha, Koloniale Herrschaft, Tübingen.

van Binsbergen/van Dijk 2004 = Wim van Binsbergen/Rijk van Dijk (Hg.), Situating Globality. African Agency in the Appropriation of Global Culture, Leiden.

Wallerstein 1974 = Immanuel Wallerstein, The Modern World System, Bd. 1, New York.

Wallerstein 1976 = Immanuel Wallerstein, The Three Stages of African Involvement in the World Economy, in: Peter C. W. Gutkind/Immanuel Wallerstein (Hg.), The Political Economy of Contemporary Africa, London, 30-56.

Wallerstein 1979 = Immanuel Wallerstein, The Capitalist World Economy, Cambridge.

Wamba dia Wamba 1989 = Ernest Wamba dia Wamba, Das Palaver als Praxis von Kritik und Selbstkritik, in: Peripherie 35, 21-42.

Weber 1964 = Max Weber, Wirtschaft und Gesellschaft, 2 Bde., Köln.

Weber 1988 = Max Weber, Gesammelte Aufsätze zur Sozial- und Wirtschaftsgeschichte, Tübingen.

Williamson 1967 = Robert W. Williamson, The Social and Political Systems of Central Polynesia, 3 Bde., Oosterhuit.

Expansion ohne Kontraktion?
Krieg und Militär als »Zeichen und Werkzeug der Vereinigung der ganzen Welt«

THOMAS KOLNBERGER

»Am Anfang war die Langsamkeit – die Langsamkeit der Agrar-
gesellschaft. Die Schnelligkeit haben die Menschen geschaffen –
Kaufleute, Militärs, Industrielle, Ingenieure, Informatiker. Nach
einem türkischen Sprichwort ist das Tempo dagegen ein Werk des
Teufels, eine Schöpfung des großen Verführers.«[1] Weltgeschicht-
lich betrachtet setzte sich beim Transport von Gütern, Menschen,
Nachrichten das »Beschleunigungsprinzip als Fortschritt« zuerst
durch, wie Peter Borscheid weiter ausführt. Im Kriegswesen werden die Prinzipien gezielter Bewegung von Menschen und Material mit Tempo auf spezielle Weise vereint: Mobilität und – als ihr
Antagonist – Beharrungsvermögen sind schließlich wichtige militärische Tugenden, die das militärische Denken hinsichtlich seiner
Vorstellungen von Raumgewinn und Raumverlust prägen. Beim
Krieg und seinen zyklischen Expansionen und Kontraktionen deshalb eine Vorreiterrolle von Globalisierungsprozessen zu vermuten, wirkt schon auf den ersten Blick plausibel. Wann und wo nun
könnten solche Rhythmen globaler Dimension nachgewiesen werden, und vor allem, wer sind seine Agenten? Schließlich, wann hat
Krieg Tempo aufgenommen?

In der Forschung herrscht weitgehende Einigkeit darüber, dass
eine für die Menschen bemerkbare Beschleunigung – eine Tempo-
zunahme, die innerhalb eines Lebenszeitalters von breiteren Schichten am eigenen Leibe spürbar wurde und auch alle Lebenswelten
durchdringen konnte – erst mit der Industrialisierung der Welt
einsetzte. Historisch gesehen wurden Tempo und Beschleunigung
als sektorale Phänomene wirksam und so auch wahrgenommen.
In der landwirtschaftlichen wie gewerblichen Produktion etwa war

---

[1]   Borscheid 2004, 7.

bis zum Aufkommen von Taylorismus, REFA-Quote und Stacha-
now-Arbeit Tempo an sich keine bestimmende Größe oder Quali-
tätsmaßstab. Rhythmus und Ordnung vormoderner Produktions-
weisen waren noch nicht an abstrakte Zeit- und Raumordnungen
gebunden und folgten sozialen Formen der Alltagskultur. Das Tage-
werk eines Ochsengespanns wurde so zum Flächenmaß, Längen-
maße in Elle und Fuß in anthropomorphen Dimensionen gemessen – und allerorts verschieden; Jahreszeiten folgten Agrarzyklen;
und im wiederkehrenden Zyklus der Generationen dienten religiöse Feste zur Verfeinerung der Jahreseinteilung nach christlichem
Kalender. Beim Handel lag die Sache schon etwas anders, denn die
Zeit begann früh, den Rechenstift zu führen. Um einen Zeit- und
Informationsvorsprung herauszuarbeiten, galt der schnellen und
verlässlichen Nachrichtenübermittlung zwischen den Filialen die
besondere Obsorge internationaler Handelshäuser. Nachrichten
galten als Luxusartikel wie Seide und Pfeffer, es zahlte sich aus, sie
weit und schnell reisen – zirkulieren – zu lassen, damit das »Geld
nicht zu lange auf der Ware schliefe«, wie es in Zeiten der Großen
Ravensburger Handelsgesellschaft hieß. Tempo und Beschleunigung bildeten lange Zeit nur spatiale, d.h. räumlich beschränkte,
Realitäten, da mit großem Aufwand Verbindungsstrecken technisch
erst präpariert und organisatorisch unterhalten werden mussten.
Nicht alle Wege führten schlussendlich nach Rom. Zwischen Zentrum und Peripherien mit ihren jeweiligen Subzentren entstanden
Achsen hierarchischer Ordnungen, entlang derer – zu Land und zu
Wasser – auch Streitkräfte verschoben werden konnten. Die Ver-
kehrsadern bildeten das räumliche Rückgrat, die Städte die Zentren politischer und ökonomischer Macht.

Bevor der Frage nachgegangen werden kann, ob das Militär
eine Pionierrolle in der Beschleunigung und Zusammenführung
der Welt gespielt hat und sich als Indikator für Rhythmen der
Globalisierung eignet, muss geklärt werden, was Krieg ist. Um es
vorwegzunehmen: Er ist sicherlich kein Werk des Teufels, sondern
beginnt mit einem ›Raumproblem‹.

Avant-propos zum Krieg

Für die Sozialwissenschaften wird die Frage ›Was ist Krieg?‹ auch
in Zukunft eine schillernde und nicht restlos auflösbare Frage
bleiben. Zunächst bleibt festzuhalten, dass Krieg kein universales
Phänomen ist, sondern historisch entstanden. Archäologische Evi-

denzen wie spezialisierte Kriegswaffen, Massengräber oder künstle-
rische Darstellungen von Kampfszenen führen als Zeitraum seiner
Entstehung vor das 12. Jahrtausend v. Chr. bis ins Mesolithikum
zurück. Unlängst verglich der Ethnologe Jürg Helbling auf über-
zeugende Weise die Forschungen seines Fachs zu diesem Thema
systematisch und gelangte zu dem Schluss, dass Kriege dort entstanden, wo Menschen zuerst auf lokal konzentrierte Ressourcen
angewiesen waren und die Opportunitätskosten, diesen Ort zu verlassen, für die Gruppe höher zu veranschlagen waren als die Risken,
sich einer bewaffneten Konfrontation auf Leben und Tod zu stellen.[2] Diese ›Schwelle zum Krieg‹ haben unterschiedliche ethnische
Gruppen – je nach sozialer Entwicklung und in global disparaten
Gegenden – historisch unabhängig voneinander überschritten. Aus
dieser Perspektive wäre ein erster Rhythmus von ›Globalisierung‹
bildlich als pulsierend und lateral zu beschreiben, gebunden an politische Zyklen, aber zu dezentral und zeitlich versetzt, um globale
Konjunkturen anzeigen zu können. Es ist vielmehr ein Prozess von
Werden und Vergehen zwischen Tribalisierung und Re-Tribalisie-
rung, zwischen politischer Zentralisierung und Dekonzentration
staatlicher Organisation ohne kontinuierliche evolutionäre Stufen ›nach oben‹. Seine laterale Tendenz trug dazu bei, die Räume
zu schließen, den Raum durch demographisches Wachstum, Migration und Steigerung sozialer Komplexität zu verdichten. Wann
kann in diesem schiebenden Bewegungsvorgang der reinen Verbreitung und Verdichtung eine erste Konjunkturwelle festgestellt
werden, die dem vorherrschenden, trägen Trend sozialer Evolution
auf die Sprünge half? Im Folgenden werden solche ›Globalisierungs-
impulse‹ an entscheidenden Beispielen vorgestellt.

Testfall I: »…auf den Rücken von Pferden«

Domestizierte Reit- und Zugtiere wurden zur Grundlage erster
strategischer Mobilität. Ochsen, Kamele und Pferde hoben die
Reichweite menschlicher Besiedelung und den Einzugsbereich
militärischer Aktion deutlich über das primordiale Niveau des
Fußmarsches und seine logistischen Grenzradien hinaus. Diese
Entwicklung begann entlang des westeurasischen Steppengürtels.
»The initial development of more mobile herding economies and
the opening up of the steppe beyond the confines of narrow river

---

[2]   Helbling 2006.

valleys involved two distinct steps: the first was associated with the introduction of heavy oxen-driven wheeled carts and wagons, a process that certainly was under way by the end of the fourth millennium BC; and the second, which may have occurred during the second half of the third millennium BC, was associated with the possible riding and harnessing of horses to lighter vehicles, developments that greatly enhanced the mobility of the herders occupying the steppes from the trans-Ural region in the east to the Danube basin in the west.«[3]

Aufgrund des Körperbaus der ersten Pferderassen wurde zuerst gefahren, dann geritten. Erste Aufsitzversuche, die durch Abbildungen und figürliche Belege überliefert sind, fanden entweder vor dem anatomisch schwach ausgebildeten Brustkorbbereich am Widerrist oder hinter dem Rücken auf der sogenannten Kruppe statt – ohne Steigbügel, ohne Zaumzeug. Für eine Militarisierung der Reiterei erwies sich diese instabile Sitzposition als ungeeignet, andererseits war die Trageleistung der Pferde als Saumtiere noch marginal.[4] Die Zucht leistungsfähiger Reitpferderassen stand noch aus. Die Erfindung des Rades in Mesopotamien rund 3500 v. Chr. in Kombination mit Pferden (und Ochsen) aus der Steppe hingegen führte zu einer der großen revolutionären Innovationen der Bronzezeit (ca. 3000 bis 1000 v. Chr.), der *secondary product revolution* von Radfahrzeugen. Die Kultwägen, auch in kunstvollen Modellen überliefert, und Prestigegespanne der Eliten stellten den praktischen Nutzen gezogener Radfahrzeuge rasch unter Beweis. Der Gebrauch zwei-, dann einachsiger Gespanne verbreitete sich nach 3500 v. Chr. bemerkenswert schnell über den gesamten vorderen Orient (außer dem Niltal), Europa (in erster Linie im Hinterland des Mittelmeers) und über die gesamte westeurasische Steppenzone.[5]

Im Bereich des Schwarzen und Kaspischen Meers hatte das eine Siedlungsrevolution zur Folge: Im 8. Jahrhundert v. Chr. gaben Bewohner dort ihre sesshafte Lebensweise auf und erschlossen die Weiten der Steppen als (Voll-)Nomaden.[6] Nach Philip Kohl sind das sukzessive Prozesse der Adaption, und die »gigantic Tripol'ye settlements in central Ukraine«, »incredibly large nucleated settlements«, die sich über Hunderte von Hektar erstreckten

---

[3]   Kohl 2007, 144.
[4]   Für die nachantiken Reiter/Ritter Europas: Bachrach 1993 und 2002.
[5]   Drews 2004, 28.
[6]   Ebda., 27.

und ca. 500 Jahre vor den Stadtstaaten der Sumerer gebaut wurden, fanden keine Nachfolger.[7] Aus Landwirten einer im Vergleich zu mesopotamischen Beispielen noch sozial wenig hierarchisierten Gesellschaft wurden Viehhirten (*pastoral nomads*) – so deutlich war der ›komparative Kostenvorteil‹ der neuen Lebensweise. In Anatolien (Çatal Hüyük, 6500–5500 [?] v. Chr.), der Levante, Syrien – allesamt Mischzonen – blieb die Existenzweise überwiegend sesshaft. Geopolitisch führte das zu zwei komplementären, wenngleich höchst interaktiven Zonen: dem weiten Bogen weitestgehend sesshafter Besiedlung in Ackerbauzonen zwischen Kleinasien und Vorderindien mit den landwirtschaftlichen Gunsträumen entlang von Flüssen (insbesondere Nil, Indus, Euphrat und Tigris) einerseits und der Steppenzone, die sich als ökologische Zone durch menschliche Nutzung nun zu einer Ökumene entwickelte, andererseits. Entsprechende Übergangs- und Mischzonen dazwischen grenzten die Bereiche ab. Liegen hier ein ›Globalisierungsprozess‹, eine ›Expansionsphase‹ vor? Zeigt das Verschwinden von Sintashta-Arkaim (das sogenannte *Country of Towns* im südlichen Transural) eine ›Kontraktion‹ an?

Für Autoren der Globalisierung wie Andre Gunder Frank liegt mit dem Steppengürtel der Bronzezeit die erste Transversale eines ›Weltsystems‹ vor. Definitionsangebote von Globalisierung, wie Jürgen Osterhammel und Niels Petersson sie formulieren, beinhalten die »Verdichtung und Beschleunigung weltweiter Beziehungen«, »kulturelle Hybridisierung« und die Bildung von »Zentren und Peripherien«.[8] Gewiss, es entstanden Interaktionsräume, doch eine globale Dimension fehlte: Die Reichweite der Interaktionen ging über beschränkte geographische Räume nicht hinaus, es bildeten sich keine für das heutige Verständnis von Globalisierung so wesentlichen vernetzten Interaktionsprozesse mit regelmäßiger Wiederholung und Vertiefung auf globaler, zumindest interregionaler Ebene. Das hätte ein Mindestmaß an institutionellen Fundamenten vorausgesetzt, die aber erst im Entstehen begriffen waren. Was vorlag, könnte als Drift bezeichnet werden. Darunter versteht man einerseits Diffusionsprozesse bzw. die langsame Umwandlung einer Gesellschaftsform, stimuliert durch technisch-soziale Innovationen, die bis zur Herausbildung neuer sozialer Organisationsformen führen kann. Die Diffusion von Metallurgie oder Pferdezucht und -beherrschung wanderte von West nach Ost bis nach

---

7   Kohl 2007, 200 und 39 f.
8   Osterhammel/Petersson 2003, 16 ff.

China. Das ist bewiesen. Die frühen chinesischen Staaten jedoch adaptierten und verbesserten die neuen Technologien für ihre eigenen Zwecke auf autonome Weise. Andere Praktiken, etwa die Seidenraupenzucht, wanderten von dort nach Westen und ließen ihrerseits den Ursprungsort vergessen. Der Raum blieb träge und verwischte die Spuren. Es fügten noch keine magischen Kanäle weit auseinander liegende Zonen in Konjunkturzyklen zusammen, die mit ihren Schwankungen Rhythmen von Globalisierung anzeigen würden. Migration und Bevölkerungswachstum erschlossen einfach neue Räume, so langsam, so zäh diese Prozesse auch waren – und mit ihnen wanderte Expertenwissen. Was gleichzeitig zunahm, als globaler Trend, war ein Mehr an stratifizierten Gesellschaftsformen, die erste Zentrum-Peripherie-Konstellationen sowie Außenbeziehungen entstehen ließen. Gerade durch Krieg, und allem Anschein nach im anatolisch-mesopotamischen Bereich zuerst, setzte dieser Wandel zur ›ursprünglichen staatlichen Machtakkumulation‹ ein.

Die ›militärische Schwelle‹

Tribale Kriege weisen im Vergleich zu Kriegen in Gesellschaftsordnungen mit zentraler Gewalt einen viel stärker dispersiven Charakter auf.[9] Die neue ›militärische Schwelle‹ dagegen, vorangetrieben von ersten kriegerischen Dynastien, veränderte die Situation grundlegend: »The creation of a military aristocracy centered around a warlord-king – a ruler with the economic, ideological, and coercive power to mobilize the entire society for war – was a crucial step in the movement to cross the military threshold. Rulers for whom warfare was a means of ideological legitimization, personal aggrandizement, and increasing wealth were rulers who would be more likely to bring cities into war.«[10] Die Stadtstaatenbildung (die »Uruk Expansion«[11] im unteren Zwischenstromland etwa) produzierte nicht nur spezialisierte Militäreliten, sondern die Grundlage für Prozesse, die – auf ›Mininiveau‹ und fraktal – mit Globalisierung heutigen Zuschnitts durchaus vergleichbar sind, aber auf einen stadtstaatlichen Einzugsbereich beschränkt blieben. Eine Art *contado* der Frühzeit.

---

[9]   Vgl. Helbling 2006.
[10] Hamblin 2006, 24.
[11] Van De Mieroop 2007, 19 ff.

Die neuartige Integration in frühen Staaten und ersten Reichen förderte die ›Internationalisierung‹ und Verbreitung des Modells (*secondary state-formation*), gerade auch mit militärischen Mitteln: Selbstähnlichkeit begünstigt friedliche und kriegerische Interaktion gleichermaßen. Solche konkurrierenden Zentren bildeten dann lohnende Zielgebiete für den Fernhandel und wurden in Teilen zum Kern weit größerer Reichsbildungsprozesse, etwa dem Perserreich als erstem Weltreich der Geschichte. Mit dem Aufstieg und Wachstum der Reiche verbreitete sich in einem ko-evolutionären Prozess dann auch die Nutzung spezifischer Reit-, Saum- und Zugtiere weit über deren biologische Grenzen und natürliche Lebensräume hinaus, in manchen Fällen sogar schlagartig.

Während im Vorderen Orient die Streitwägen schon eine bedeutende, für einige Analysen sogar die entscheidende Rolle auf dem Schlachtfeld spielten, führten die Pharaonen dieses Kriegsgerät erst nach der Niederlage gegen die »Seevölker« ein.[12] Im Zeitalter des Streitwagens präsentierte sich das reiche, hoch organisierte Ägypten als bemerkenswerter Nachzügler. Mit der zentral initiierten Einführung dieses Kriegsgeräts, mit der historiographisch der Beginn des »Neuen Reichs« (1550–1070, XVIII. Dynastie) angesetzt wird, änderte sich die Situation abrupt. Fortan stiegen Streitwagengespanne, speziell aus Kanaan, zur bevorzugten Tributleistung auf, und der Streitwagen lenkende, den Feind vor sich hertreibende Pharao wurde zum Sinnbild der ganzen Ära. Solche Transfers kostspieliger Techniken stellten keine Drifts mehr dar, sondern gezielte Rüstungsmaßnahmen mittels Imports, um im internationalen Konkurrenzkampf bestehen zu können. Innerhalb von rund 150 Jahren waren im westlichen Eurasien alle möglichen Varianten von Streitwägen über tausende Kilometer entfernt liegende Zonen im Gebrauch. Ähnlich wie am östlichen Ende des innerasiatischen Steppengürtels in China entwickelte auch das Alte Ägypten eigenständige Varianten der Streitwägen in einer Zone, deren Kriegsorganisation weiterhin von Infanterie und vom Nil als logistischem Rückgrat bestimmt blieb. Die Streitwägen bildeten, als Nachrüstung, die notwendige Komplettierung des Waffenarsenals für die imperialen Ambitionen der Pharaonen in der Levante.[13]

Diese Diffusion und Adaption verlief über rund dreihundert Jahre parallel zur Entstehung von Reitertruppen. Kavallerie (in Form von Reiterkriegern) ist ab der Wende zum 2. Jahrtausend v.

---

[12] Vgl. Healy 1992, Grguric 2005, Fields 2006.
[13] Spalinger 2005.

Chr. nachweisbar, wiederum zuerst in der Steppe. Dort dienten Pferde anfänglich als reines Transportmittel – auch für Kriegszwecke. Es wurde nicht vom Pferderücken aus gekämpft, vielmehr erhöhten sich durch eine berittene Infanterie Schnelligkeit, Überraschungseffekt und Einsatzreichweite. Mit der Entwicklung kongenialer Waffen, vor allem des Reflexbogens, der ähnliche Holzbiege- und Komposittechniken verwendete wie die Leichtbauweisen der Kriegswägen – eine Interaktion ist hier nicht auszuschließen –, und den Vorläufern modernen Zaumzeugs verdrängte die Reiterei den Kriegswagen.[14] Am längsten überlebte er im Achämenidenreich und blieb bis zu den Diadochenreichen in Gebrauch.[15]

An dieser Stelle lassen sich erste Schlussfolgerungen ziehen. Mit dem Überschreiten der ›militärischen Schwelle‹, die den Übergang zur zentralen Organisation von Kriegsspezialisten markiert, stieg die Bereitstellung militärischer Schlagkraft zur Chefsache auf. Rüstung wurde quasi krisenresistent, weil fehlende militärische Kapazitäten in politische Krisen führen konnten – eine Prioritätenlage, die, weil ›antizyklisch‹, mit anderen Rhythmen der Globalisierung nicht unbedingt in Übereinstimmung zu bringen ist. Zweitens sind Militärsysteme strukturkonservativ orientiert: Was sich bewährt hat, wird beibehalten und wird auf keine ›natürliche Weise‹ vom Überlegenen, sei es technischer, sei es organisatorischer Natur, abgelöst. Zumeist sind es Krisen und Notlagen, die dazu führen. Die Überlegenheit (halb)nomadisierender Reiterkrieger etwa zwang die frühen Herrscher des Vorderen Orients zum grundsätzlichen Überdenken ihrer taktischen und strategischen Situation. Drittens beschränken sich Konjunkturen und Kontraktionen im vorindustriellen Kriegswesen noch ausschließlich auf die unmittelbare Nachbarschaft. Globale Reichweiten, die prototypische Globalisierungseffekte mit sich bringen konnten, entstanden vorzugsweise in ersten Weltreichen, die durchwegs entlang ökologischer Bruchlinien entstanden.

Eine solche, für ihre Größe wie Dauer historisch bemerkenswerte Interaktionszone bildet das östliche Eurasien zwischen ›Steppe‹ – dem weitläufigen Graslandgürtel Innerasiens – und China. Als Steppenreiterclans beginnen, sich in Stammesföderationen und Imperien zu organisieren, sind dies- und jenseits der kulturökologischen Grenze parallel laufende politische Zyklen nachweisbar: von den Hsiung-nu mit den nördlichen Dynastien Chinas

---

14 Drews 2004, 64 und 104.
15 Farrokh 2007, 81.

(3. Jahrhundert v. Chr.) bis zu den Mandschu.[16] Die *Pax Mongolica*, von der Marco Polo so schwärmt, kann wohl als die spektakulärste Konsequenz der oben angesprochenen lateralen Expansion
zentraler politischer Ordnung in der Steppe gelten.[17] Sie wurde zur
Grundlage für ein trans-eurasisches Austauschnetzwerk. Als zweite
große West-Ost-Transversale kann die islamische Welt gelten, in
der Ibn Battuta, ein Gelehrter und Reisender aus Marokko im 14.
Jahrhundert, zwischen Spanien und Westafrika bis nach Indien,
Südostasien und China reisen konnte, ohne sich jemals gänzlich
als Fremder fühlen zu müssen. Aufgrund der Dimension gebührt
diesen beiden Zonen, deren Blütezeit sich ablöste, wohl am ehesten das Prädikat *First Globalization*.

Management und Globalisierung des Pferdes

Management ist aus dem italienischen *maneggio* (»Führung und
Training von Pferden«) abgeleitet. Der Zusammenhang zwischen
Kriegspferden und politischer Organisation ist also ein alter. Um
die ›Globalisierung des Pferdes‹ differenziert darzustellen, sollten
mit ›Globalisierung‹ nur die Extreme der historisch-räumlichen
Verteilungskurve bezeichnet werden. Globalisierungsprozesse sind
demnach dort zu vermuten, wo Pferde jenseits ihres natürlichen
Lebensraums (jenseits der ökologischen Drift sozusagen) in wid-
rigem Lebensumfeld nachweisbar sind bzw. – trotz schwierigster
Umstände – in Massen dorthin importiert wurden.

Um sich gegen die drohende Gefahr einer organisierten Steppe
zu wappnen, waren die verschiedenen chinesischen Teil-, Zwischen-
und Gesamtreiche gezwungen, Abertausende von Kriegspferden
zu importieren. China, dessen Ökozone nicht für die Massenauf-
zucht von Pferden geeignet ist, wurde durch Importe zum Pferde-
stall der Welt.[18] »Until the nineteenth century«, schreibt Jos Gommans, »the warhorse played a central role in the political organization of the great empires that bordered on the pastoral heartlands
of Central Eurasia.«[19] Kriegspferde waren zur Schlüsselressource
aufgestiegen. Ming-China importierte Pferde zeitweise sogar aus
Übersee. Hauptsächlich aus Südostasien und Bengalen wurde die
ebenso sensible wie teure Fracht bezogen, nur um sich von Step-

---

16 Barfield 1996.
17 Für die militärische Seite vgl. Di Cosmo 2002.
18 Clarence-Smith 2007.
19 Gommans 2007, 1.

penimporten unabhängiger zu machen.[20] In Indien lag der Fall
ähnlich: »In terms of quantities, Turkish and Mongolian warhorses
tended to dominate the market but in southern India there was,
especially during the Bahmani sultanate and Vijayanagara (1300–
1500), also an important influx of more expensive Arabian and
Iranian horses from overseas sources.«[21]

Die schon längere Zeit in der Forschung gehegte Vermutung,
dass Globalgeschichte mit partiellen ›Weltsystemen‹ begann, wie
sie Janet Abu-Lughod skizziert hat, scheint sich auch in diesem Teil-
aspekt des Kriegswesens zu bestätigen. Da das Kriegswesen aber
wesentlich stärker von politischen Rahmenbedingungen und geographischen Vorgaben abhängig ist, bildet es eigene geopolitische
Kreise in Form von Kavalleriezonen (schwere und leichte), Infante-
riezonen, maritim-amphibische Übergangszonen und dergleichen
mehr als dominierende Kampfverfahren einer Region.

Drift und Globalisierung von Pferden

Während die Nomaden der innerasiatischen Steppenzonen Pferde
als Teil ihrer Lebensgrundlage en masse – weil im Unterhalt billig – halten konnten, blieben aufgrund der naturräumlichen Herausforderung die gängigen Rassen homogen und ihrer Nischen-
verwendung angepasst. An Quantität mangelte es hier nie, doch
blieben Variationen und Einsatzmöglichkeiten beschränkt. In vormodernen Agrargesellschaften verkehrte sich die Situation: Menschen waren ›billig‹, Pferde teuer, und die sesshaften Agrarier stellten
sich als die besseren Pferdezüchter heraus. Erst ihre Innovation der
Stall- und Koppelzüchtung schuf die Voraussetzung für die weitere
Spezialisierung und geographische Verbreitung von Pferd und Reiter. Der Fall Südostasien ist hier instruktiv: Ende des 3. Jahrhunderts n. Chr. erreichten über Yünnan Pferde aus China Festlands-
südostasien.[22] Nach der mongolischen Invasion im 13. Jahrhundert bürgerte sich der Gebrauch von Pferden vor allem für Kriegszwecke mehr und mehr ein. Der Inselarchipel folgte diesem Trend
etwas zeitverzögert. Pioniere und Agenten dieser Expansion waren
zuerst die Höfe und die von ihnen bestallten Sonderbeauftragten
in Sachen Pferde. So ist auch hier der Funktions- und Ehrentitel
eines »Marschalls« bald vielerorts nachweisbar. Anfänglich waren

---

[20]   Ptak 1991.
[21]   Gommans 2007, 8 bzw. Digby 1971.
[22]   Für Yünnan siehe Yang 2008, Kap. 2, 24 ff.

Pferde hochherrschaftliche Prestigegüter, wurden entweder importiert oder in fürstlichen Stallungen gezüchtet und dienten vornehm-
lich höfischem Pomp und Repräsentation.[23] Ihre immer intensivere
Nutzung als Kriegsmittel zwang im militärischen Wettbewerb zur
Zucht geeigneter Rassen in höheren Stückzahlen.

Von den Holländern, die im 16. und 17. Jahrhundert in diesen Breiten als Kolonialmacht auftraten, wurden diese arbeitstei-
ligen Prozesse räumlicher Trennung zwischen Inseln, die klimatisch
besser für die Zucht geeignet waren, und den Nachfragemärkten
fortgesetzt. Deutlicher als in vergangenen Epochen traten nun
aber vermehrt Handels- und Marktkräfte als Agenten der Verbreitung hervor und nahmen entscheidenden Einfluss auf militärische
Belange. Pferde wurden über weite Strecken exportiert und importiert und folgten als Handelswaren und Kriegsmittel kolonialen
Schifffahrtsrouten. So baten die ersten Gouverneure der niederländischen Kapprovinz an der Südspitze Afrikas wiederholt und in
flehentlichem Ton ihre Vorgesetzten in Amsterdam, mehr Pferde
zu verschiffen. Deren Einsatz bei schnellen Kommandoaktionen
und Patrouilleritten hatte sich für die militärische Sicherung der
Kolonie als unabdingbar herausgestellt. Während der ersten 125
Jahre der Kolonie seit ihrer Gründung 1652 wurden Pferde aber
nur einmal aus Europa importiert, alle anderen kamen aus dem
Osten und formten das »Cape Horse«: »This ›Cape Horse‹ was a
fusion of the Southeast Asian or ›Javanese‹ pony (itself arguably
of Arab-Persian stock), imported Persian (1689), South American
stock (1778), North American stock (1782), English Thorough-
breds (1792) and Spanish Barbs (1807) with a particularly signif-
icant Arabian genetic influence. In 1769, when the first export of
horses occurred, they were destined for Madras and initiated interest
in breed-improvement« – vor allem für die jetzt florierende internationale Rennpferdezüchtung des kolonialen britischen *way of
life*, der mehr und mehr Nachahmer fand.[24]

Ein vergleichbares Zusammenspiel von ökologischen Grundlagen und politischen Rahmenbedingungen für Pferd und Mensch
hat Robin Law für Westafrika analysiert. Auch hier können in der
Geschichte komplementäre Zonen als erste Verbreitungsräume
festgestellt werden. Kleinere Pferderassen (*ponies*) sind hier um
ca. 1000 nachweisbar. Die Expansion marokkanischer Dynastien
reichte bis zum Niger und verstärkte die Nachfrage afrikanischer

---

[23]   Allgemein Thê Anh/Forest 1998 und Charney 2004.
[24]   Boomgaard 2007, 131.

Reiche (Mali, Oyo, Songhai u. a.) nach Pferden für Kriegszwecke. Neben der Transsahararoute, die ›Andalusier‹ und nordafrikanische Berber und Araber in den Süden brachte, wurde Pferdehandel zur See für die Portugiesen und dann für ihre im kolonialen Kielwasser folgenden Konkurrenten aus Westeuropa zum lohnenden Geschäft. Das Savannenklima ermöglichte die umgehende Implementierung von Pferden als Kriegsmittel in ›Kavalleriestaaten‹, während in den feuchttropischen Gebieten Infanterie und Boot bestimmend blieben. Vorangetrieben wurden diese militärischen Gegensätze erst durch politische Agenten. Dahinter standen Reichsbildungsprozesse, kriegerische Dynastien, die an der Einführung von Feuerwaffen und deren militärisch organisiertem Gebrauch maßgeblichen Anteil hatten.[25] Auch im vorliegenden Fall handelte es sich um landschaftlich differenzierte Regionen, die einander ergänzten und als Ensemble ›Militärzonen‹ bildeten.[26] Ihr Zusammenspiel konstituierte – im Sinne einer Globalgeschichte – »linkages among places and the systematic nature of those linkages«[27], also eigene partielle ›Weltsysteme‹. Mit der maritimen Expansion asiatischer und europäischer Seefahrer über die Weltmeere wurde die Drift von Pferden noch weiter über die engere, natürliche Heimat ausgedehnt. Dank der Mustangs iberischer Provenienz wiederholte sich auf den Prärien Nordamerikas die Erschließung der weiten, weitgehend unbewohnten Grasländer. (Halb) Sesshafte Indianergruppen sattelten um und mit ihnen die Lebensweise als eine Besiedlungs*frontier* der *First Nation* – bis die weißen Siedler auf Planwagen und Dampfrössern mit ihrer spezifischen Kulturgrenze nachrückten. Der südliche Teil Lateinamerikas, vor allem Argentinien und Chile bis Patagonien, wurde ebenfalls auf den Rücken von Pferden erschlossen. Die Meisterschaft der Araucanos in der Reiterei trug nicht unwesentlich dazu bei, die Kolonialisierung und Pazifizierung dieser Gebiete bis ins 19. und 20. Jahrhundert hinauszuzögern.[28]

Diese Etappe der Globalisierung von Pferden als gezielte Verbreitung und Züchtung (Hybridisierung) vollzog sich in ersten, zähen Etappen, weil die Verbreitung mit der Bedeutung des Pferdes für die materielle Lebensgrundlage einherging. Während sich die ersten Phasen in relativ kompakten Gradienten präsentierten, weil das Pferd »wie von selbst bei seiner Verbreitung Regie

---

[25] Law 1980; Smith 1989, 89 f.; Thornton 1999.
[26] Kolnberger 2007.
[27] Abu-Lughod 1994.
[28] Latcham 1988.

führte«, standen die weiteren Etappen in Abhängigkeit zu ersten globalhistorischen Prozessen überregionaler Netzwerke. Jetzt führte die Geschichte von Handelsexpansionen und Kolonialismus jenseits einfacher Besiedelungsausdehnung Regie. Die Landnahme der Pferde in Australien oder Neuseeland fügt unserer Aufzählung dann nur noch ein weiteres Beispiel hinzu.

Testfall II: Die Weltreise des Schießpulvers

Liegt die Herkunft einer wichtigen Schöpfung menschlichen Geistes im Dunkeln, tritt ein Kulturheroe dafür umso deutlicher ins Licht der Geschichte. Im Westen wird dem Mönch Berthold Schwarz die Erfindung des Schießpulvers zugeschrieben. Die älteste erhaltene Formel für Schießpulver datiert aus dem 9. Jahrhundert n. Chr. – und wurde in China verfasst. Erste funktionstüchtige Feuerwaffen kamen ebenfalls aus Ostasien. Belege dafür, aus dem 12. Jahrhundert stammend, fanden Archäologen in der Mandschurei. Im Nahen Osten und Europa sind solche Waffen für 1300, in Indien für das 14. Jahrhundert nachweisbar.[29] Als Vermittler zwischen Ost und West können mit ziemlicher Sicherheit die Mongolen gelten. Das ist eine Rolle, die typisch für alle langgestreckten Imperien war. Auch Steppenreiter, die über ihre engere Ökumene hinaus Macht durch Krieg projizieren wollten, mussten sich immer wieder neu auf veränderte Gefechtssituationen einstellen: Befestigte Städte wurden dank der Übernahme chinesischer Belagerungstechniken eingenommen, deren Technik während der »Zeit der Streitenden Reiche« (475–221 v. Chr.) eine erste Blüte erfuhr. Im 4. Jahrhundert n. Chr. wurde der Einsatz schwerer chinesischer Kavallerie erforderlich – in China eine Entwicklung aus einer Epoche wiederum ›streitender Reiche‹ nach dem Fall des Han-Reichs –, sodass auch stark gepanzerte Reiterei in die Steppenkontingente integriert wurde. Schließlich fiel der Einzug einsatzreifer Schusswaffen in die Kriegsgeschichte wieder mit unruhigen Zeiten in der Geschichte Chinas zusammen, an deren Ende die Gründung der mongolischen Yuan-Dynastie (1279) stand.

Der innovative Impuls, den der Westen wohl über die Vermittlung durch die Mongolen erfuhr, löste an beiden Enden Eurasiens parallele wie divergierende Entwicklungen in Design und Einsatzweise von Feuerwaffen bzw. in der Produktion des schwar-

---

[29]   Zur Globalgeschichte der Feuerwaffen: Chase 2003.

zen Pulvers aus. »After a century gunpowder appeared not to have fulfilled its promise; it was still a difficult substance, something for which a proper role had yet to be found. This was especially true in field warfare, for which gunpowder weapons simply lacked the technical attributes needed to make them genuine competitors with the well-developed longbow and crossbow.«[30] Im Westen während des 14. Jahrhunderts, auf das Bert Hall anspielt, entwickelten sich Feuerwaffen in einem für die damalige Zeit nur als rasant zu bezeichnenden Innovationsprozess zu verlässlichem Kriegsgerät. Wiederum liegt intensive Kriegsführung in einer bestimmten Zone diesen Prozessen zugrunde. Eine Vorreiterrolle für Belagerungs- und Feldkanonen spielte zuerst allem Anschein nach die christlich-muslimische Konfrontation in Spanien. Gottfried Liedl hebt für den »Weg der Kanone« überzeugend den frühen Beitrag der andalusischen *Frontera* hervor.[31] In der Folge wurden die großen Belagerungswaffen mobiler und feldtauglich und ihre Verlässlichkeit für Hand- und Faustfeuerwaffen im Laufe des 16. und 17. Jahrhundert ›miniaturisiert‹. Zusammen mit neuen taktischen Konzeptionen und unterstützenden technischen Innovationen – vom Gewalthaufen zur Schützenlinie und von der Pike zum Bajonett – begründete das den Aufstieg des Westens in militärischen Belangen.

Im 16. Jahrhundert erreichten diese Fabrikationen China über den Seeweg bzw. durch die Vermittlung der Osmanen. Nachdem die ersten Meister diese Gesellenstücke eingehender Prüfung unterzogen hatten, war ihre technische Überlegenheit auch für die maßgeblichen chinesischen Stellen evident. Dafür spricht auch der weithin bekannte Fall der Jesuiten Adam Schall von Bell (1592–1666), Matteo Ricci (1552–1610) und Ferdinand Verbiest (1623–1688), die nicht zuletzt aufgrund ihres waffentechnischen Knowhows am Ming-Hof zu höchsten Ämtern und Würden aufstiegen. Nur noch in Japan wurden mit Europa vergleichbare Fortschritte erzielt. Warum? »Of all the technologically advanced areas of the world, only western Europe and Japan did not face any threat from steppe or desert nomads, and it was those two areas where firearms developed most rapidly«, so Kenneth Chase.[32] Es herrscht weitgehende Einigkeit, dass die chinesischen Reiche in der Entwicklung vorangeschritten waren, Feuerwaffen auch en masse einsetzten, aber dabei nie die Prioritäten aus den Augen verloren: Das taktische wie

[30] Hall 1997, 65.
[31] Liedl/Pittioni/Kolnberger 2002.
[32] Chase 2003, 3.

strategische Bedrohungsbild, das von hochmobilen, reichsbilden-
den Nomadenvölkern ausging, war ein anderes als im zerfließenden
südlichen Rand des Zentralreichs. Die gefährliche und existentiell
wichtige Grenze lag im Norden, und Feuerwaffen waren dort nur
bedingt zu gebrauchen. Schließlich wurde, um dieser Dauerfront
näherzurücken, sogar die neue Hauptstadt von Nanking in den
Norden nach Peking verlegt. Dass aus dieser logischen Fixierung
auf die Abwehr von Reiterheeren einmal ein entscheidender technologischer wie taktischer Rückstand entstehen sollte, war nicht
abzusehen. Außerdem blieb die logistische Leistungsfähigkeit im
Reich der Mitte bis ins 18. Jahrhundert konkurrenzlos.[33]

Die Chinesen, wie auch die Japaner nach der Abschließung
ihrer Inselwelt, beteiligten sich eigenständig an der Weiterentwicklung von Feuerwaffen – zugeschnitten auf ihre Bedürfnisse.[34] Der
Genese und Expansion solcher *gunpowder empires*, wie sie bei den
Osmanen, Moguln, Russen und Habsburgern vorliegen, wurde in
der Forschung entsprechende Aufmerksamkeit geschenkt.[35] Solche
Imperien umfassten weitläufige, geographisch wie auch kulturell
unterschiedlich geprägte Gebiete, deren Einbindung – oder deren
erfolgreicher Widerstand gegen die Annexion – mit Phasen intensiver militärischer Interaktion einhergingen. Unterschiedliche ›Mili-
tärtraditionen‹, d.h. die Art und Weise der Kampfführung im regi-
onalspezifischen Kontext, konfrontierten Großreiche mit Gegnern
in oftmals sehr ungleichen militärischen *frontier*-Situationen. Auch
China musste einen Zweifronten-Krieg in zwei höchst unterschiedlich geprägten Milieus – oft gleichzeitig – führen: entlang des chinesischen Limes, der Großen Mauer, mit Grenzermilizen, Mili-
tärkolonat und Kavallerie, im Süden mit einem Übergewicht an
Infanterie- und Belagerungskriegen. Dazu kam die Fähigkeit, Flotten aufstellen zu können. ›Technisch-soziale Mehrfronten-Kriege‹
wäre der treffendere Ausdruck, um die Herausforderungen, die an
die Flexibilität von Mensch, Material und Kriegsführung gestellt
wurden, zu umschreiben. Anderswo war die militärische Grund-
ausgangslage zwischen Steppen-, Tropengürtel und maritimer Zone
nicht so akzentuiert wie in China.

---

[33]   Allgemein zu China und Militär: Graff/Higham 2002 und Peers 2006;
      vor der ›Schießpulverrevolution‹: Graff 2002; für das 19. und 20. Jahr-
      hundert: Elleman 2001.
[34]   Für Indien: Khan 2001.
[35]   Zu den Moguln etwa: Gommans 2002; für die Osmanen: Murphey
      1999; für das Moskauer Reich und die Steppe: Davies 2007.

Über das ursprüngliche technologische Verbreitungsgebiet von Feuerwaffen hinaus nahmen an Design, technischer Weiterentwicklung und Verfeinerung aber auch andere teil. Sie adaptierten gekonnt diese Basisinnovation für ihre Zone, und zwar so gekonnt, dass im Falle Nordvietnams »this had led to the popular belief that the Chinese, through their invasion of Đại Việt in 1406–7, acquired firearms technology from the Vietnamese.«[36]

Andere ließen Erfahrungen aus dem Gebrauch in der Importregion in die Exportregion zurückfließen. Anfänglich hing die Entwicklung und Implementierung erster Generationen von Schusswaffen noch von einem kurzfristigen *return on investment* ab. Europäischer Schusswaffenentwicklung blieb die Zeit – zuerst in Nischen, dann auf weiteren Einsatzfeldern –, ihre Praktikabilität als alternative Fernwaffe in einem von Infanteriekampf bestimmtem Einsatzgebiet unter Beweis zu stellen. Nach der Entdeckung der Salpetererzeugung für die Pulvererzeugung im großen Stil, aufgrund des vorhandenen metallverarbeitenden Gewerbes und der militärischen Nützlichkeit war das im Westen der Fall. Dazu kamen der günstige Kostenfaktor und die Konkurrenzsituation.

Die weitere Verbreitung fällt unter die Kategorie Globalisierungsphänomen. Im subsaharischen Afrika etwa oder in den Amerikas wurde die »Grammatik des Schießpulvers«[37] umgehend nach der Einführung erster Schusswaffen begriffen – so bei den westafrikanischen Asante, die aus eigener Kraft und mit portugiesischer und holländischer ›Waffenhilfe‹ ihre Spielart eines importabhängigen ›Schießpulverreichs‹ schufen.[38] Doch fehlten allenthalben Rohstoffgrundlagen und Verarbeitungstraditionen für eine eigene Produktion und Entwicklung. Bestenfalls wurden vorhandene Modelle repariert oder als Einzelstücke reproduziert oder adaptiert. Zum ausschlaggebenden Faktor der Verbreitung wurde die Kommodifizierung von Waffen, ihr Handel wurde in transkontinentalen Tauschzyklen zwischen Afrika, Europa und den Amerikas organisiert. Im Gegensatz zur Drift entlang der Seidenstraße bildete dieser sogenannte atlantische Dreieckshandel mit schwarzen Sklaven, Fertigprodukten und Rohstoffen einen integrierten und integrierenden Wirtschaftskreislauf komplementärer Wegstrecken und Weltregionen. Die für den Export bestimmten Musketen aus westlicher Produktion stellten ein bedeutendes Segment dieses Import-Export-Handels dar. Joseph Inikori

---

[36] Laichen 2006, 73.
[37] McLuhan 1995, 31 f.
[38] Yarak 1990; Wilks 1993.

hat den westafrikanischen Waffenhandel im 18. Jahrhundert – dem Jahrhundert der großen Verbreitung von Musketen, auch in der Neuen Welt – als entscheidenden Impetus für die Genese der atlantischen Weltwirtschaft identifiziert.[39] In Nordamerika wurde der Grundstein für europäisch-indianische Allianzen oftmals mit diesen Waffen gelegt.[40] Meist handelte es sich bei diesen *trade guns* um serielle Sonderanfertigungen, die auf die spezifischen Bedürfnisse und Forderungen der Jäger, Sammler und sesshaften Gruppen dieser Weltregionen abgestimmt waren. Die Ureinwohner bestimmten zwar das Design mit, das Zentrum des waffentechnologischen Fortschritts wie der Marktbeherrschung blieb seit Ende des 18. Jahrhunderts im euro-amerikanischen Westen.

Testfall III: Hoch zur See unter Segeln um die Welt

Die Erfindung des Segelschiffs ist eine der großen technischen Innovationen der Menschheit. Nautische Erfordernisse und traditionelle Bauweisen kreierten für alle möglichen maritimen Zonen und Binnengewässer Myriaden von Wasserfahrzeugen. Hochseetaugliche Typen wurden aber nur entlang eines maritimen Gürtels, der vom Nordatlantik bis in die Südsee reichte, entwickelt. Davon ausgenommen sind die präkolumbianischen Amerikas, Australien und das subsaharische Afrika, außer der dem Indischen Ozean zugewandten Küste. Wie schon Alfred Thayer Mahan (1840–1914), der Vordenker moderner Flottenpolitik, festhielt, ist das Meer vor allem ein Fortbewegungsmittel, das Austausch, Wanderungsbewegungen und politische Aktion in große Entfernungen projizieren kann.

In den Jahrhunderten, in denen das Schießpulver seine Kreise zu ziehen begann, führte der nur im Westen konsequent verfolgte Weg, im Schiffsbau mehr und mehr Kanonen auf mehr und mehr Decks unterzubringen, zu einer entscheidenden Wende und Gabelung. Bis ins 15./16. Jahrhundert lag der Marinebausektor im Osten und Westen noch gleichauf. Speziell der Technologietransfer zwischen Nordatlantik und Mittelmeer, Mittelmeer und Indischem Ozean blieb offen und innovativ. Die Flottenexpeditionen der Ming und die lokalen Seemächte Südostasiens stellten die Einsatzfähigkeit ihrer Hochseeflotten immer wieder eindrucks-

---

[39]   Inikori 1997 und 2007.
[40]   Russell 1962.

voll unter Beweis. Dauerhaft die Seeherrschaft zu erlangen, wie es den maritimen Kolonialmächten Europas schließlich gelang, hatten chinesische Reiche aber nicht versucht. Das Meer wurde dort nicht zur »Staatsaffäre«,[41] für den Westen und seine im Aufbau befindlichen staatlichen Marinestreitkräfte aber schon. Ziel war es, die Seewege zu kontrollieren. Von der Entwicklung im Westen, angetrieben von vielen Seekriegen, die den Schiffsbau unter fortgesetzten Innovationszwang setzten, wurden auch die islamischen Seestreitkräfte im Zeitalter der europäischen Expansion der Neuzeit abgehängt[42] – vor allem, weil die Supermacht der *umma* jener Epoche, die Osmanen, aus geopolitisch logischen Gründen weiter auf Galeeren setzte. Hier liegt eine entscheidende Zäsur der Weltgeschichte vor: Zwischen dem 14. und 17. Jahrhundert spielten kurze Entwicklungszyklen Teilen des Westens die entscheidende Fernwaffe in die Hände.[43] Dieser verknüpfte nach der Entdeckung der Amerikas und Australiens im 18. Jahrhundert alle Kontinente und dominierte die wichtigsten Seewege. Mit der Entwicklung immer größerer Kanonensegelschiffe (Schiffe französischer, niederländischer und britischer Flotten verdrängten im 17. Jahrhundert schon bis zu 2000 Tonnen und führten 50, 60 und mehr Kanonen mit sich) konnte – außer den jungen Vereinigten Staaten – keine außereuropäische Macht mehr mithalten. In der napoleonischen Zeit verfügten Linienschiffe der ersten Klasse auf ihren Batteriedecks schon über 70 bis 80 Stücke, die Giganten unter ihnen über weit mehr als 100.

Während die Marineexpansion wie die Entwicklung von Feuerwaffen und Transporttechnologien (Pferdewagen und Straßenbau) sukzessive historische Dynamiken zeigt und Quertransfers gang und gäbe waren, wird nicht nur in militärischen Belangen ab 1850 die Welt durch die technischen Möglichkeiten der sich industrialisierenden Welt auf den Kopf gestellt. Hätte sich Napoleon noch in der Kriegswelt eines Gustav Adolf und Wallenstein zurechtgefunden, Feldmarschall Radetzky in jener Napoleons, so kam es diesbezüglich zwischen 1850 bis 1900 zu einer deutlichen Zäsur. Progressive Rüstungszyklen folgten (im Westen) in immer kürzeren Abständen. Es setzte die totale, technisch geleitete Transformation der Streitmächte des Westens ein. Die Halbwertszeit der Modelle wurde nun in Jahren, nicht mehr in Jahrzehnten gemes-

---

[41] Mollat Du Jourdin 1993.

[42] Noch immer grundlegend: Cipolla 1965.

[43] Zur klassischen Epoche islamischer Seefahrt und islamischen Schiffsbaus: Agius 2008.

sen. Besonders in der Marine trat das deutlich zutage. Nach rund
50 Jahren war die bis heute beibehaltene neue Grundform stähler-
ner Kampfschiffe mit Schraubenantrieb schließlich gefunden und
die Ära der Segelkampfschiffe zu Ende.

War der militär(technolog)ische Handlungsspielraum gegenüber den euro-amerikanischen Mächten, an die Japan noch
Anschluss fand, schon vor 1850 immer geringer geworden, wurden alle anderen nun bis auf Weiteres auf die Zuschauerränge im
großen Spiel der Imperialisten verwiesen.

Conclusio

»Sie bewundern unaufhörlich die Erfindung des Buchdrucks, des
Schießpulvers und des Kompasses, Zeichen und Werkzeug der Vereinigung der ganzen Welt in einem Schafstall.«

In seinem »Sonnenstaat«, einem utopischen Gesellschaftsent-
wurf (erschienen 1623), beschreibt der Dominikaner Tommaso
Campanella (1568–1639) drei technische Errungenschaften, die
sowohl Zeichen ihrer Zeit als auch Werkzeuge ihrer Vereinigung
waren. Drei militärische Kulturtechniken, die diese Eigenschaften
als Zeichen und Werkzeug aufweisen, wurden hier skizziert.

Um der Forderung der Herausgeber gerecht zu werden, glo-
balhistorische – also weltweit und geschichtlich weiter zurückrei-
chende – Prozesse als Expansionen und Kontraktionen darzustellen,
wurde hier im größeren Maßstab ausgeholt. Die Analyse von Krieg
und Militär als globalhistorischer Faktor führt dann fast zwangs-
weise dazu, sie im Rahmen ihrer räumlichen Auswirkungen und
Strukturierungen zu diskutieren. Solch militärischer Raum (›Militärzonen‹) ist anfangs das alleinige Ergebnis von Beziehungsver-
hältnissen zwischen Naturraum und dessen gesellschaftlicher Einbindung, später seiner technischen Beherrschung. Zwar existieren Unterschiede im Krieg und der militärischen Organisation,
diese sind aber eher als Phänomene zeitlicher Verschiebungen und
Varianten von Vergesellschaftung zu sehen denn als eigenständige
Zyklen von Krieg, Militarisierung oder militärtechnischen Transferleistungen. Neben deutlich auszumachenden Trends können diese
aber nur im regionalen Maßstab historisch sinnvoll gedeutet werden. Das schließt zwar keine Expansionen oder Kontraktionen zu
bestimmten Zeiten aus, da aber nur regional bedeutend, lassen sie
sich bis zu ersten weltweit geführten Kriegen (Siebenjähriger Krieg
von 1756–1763 um die Vorherrschaft in Europa bzw. in Übersee

zwischen Briten und Franzosen sowie ihren Verbündeten) und den beiden Weltkriegen, denen ein ›Kalter‹ Krieg folgen sollte, zu keinen konsistenten Konjunkturen verknüpfen.

Raum ist immer ein Modell von Zusammenhängen.[44] Die erste ›Globalisierung‹, d.h. der Vorgang einer Zusammenführung unterschiedlicher Weltgegenden als Transformationsprozess, ist die soziale Ausweitung von Besiedelung und die pulsierende Expansion und Kontraktion (früh)staatlicher Ordnung. Die Realisierung von Globalisierung ist historisch auf Migration, einfache Ortsveränderung und Ausbreitung, zurückzuführen. Schleichendes demographisches Wachstum – oft nur Zehntelprozente, dafür über hunderte Jahre kumuliert – und soziale Evolution sind die entscheidenden Schrittmacher. Typologisch wurde hier zwischen Drift und Diffusion unterschieden. Bei der Drift liegt ein Mindestmaß an zielgerichteter Verbreitungsqualität durch Menschen, etwa durch Handel vor, ohne dass eine Gleichschaltung in Konjunkturen zu beobachten wäre. Diffusion dagegen ist die räumlich unmittelbare Verbreitung mittels Durchmischung und Adaption. Bei Isomorphen als dritter Kategorie entstehen Gleichartigkeit und Verdichtung. Alle drei präsentierten Beispiele zeigen diese Qualitäten.

Klarer lassen sich Tempozäsuren technischer Natur beschreiben: primordiales Fußtempo; seit ca. dem 9. Jahrhundert v. Chr. das Pferdetempo, seit dem 12./13. Jahrhundert das hochseetaugliche (Groß)Segelschiff; mit der Industrialisierung setzte das Motorenzeitalter auf Basis fossiler Brennstoffe ein. Diese Geschwindigkeitszunahmen und ihre daraus resultierenden Raumverdichtungen verliefen wiederum weniger zyklisch als in Form von Niveauhebungen, die sich aber nicht entropisch ausdehnten, sondern entlang bestimmter Korridore wirksam wurden. Zur konkreten Orientierung einige Richtwerte: Für den militärischen Fußmarsch gibt Macchiavelli 32 Kilometer pro Tag an. Das ist sicherlich ein Spitzenwert. Die Normaltagesleistung einer Armee aus der Pharaonenzeit mit rund 25 bis 27 Tagesstraßenkilometern liegt gleichauf mit den Richtwerten der US-Army von heute und den Angaben des Florentiners im 15. Jahrhundert. Auf dem Nil konnte eine Transportleistung von bis zu 55 Tageskilometern erzielt werden. An Effektivität bleibt der Schifftransport auf Binnengewässern und Ozeanen unübertroffen. Vorzugsweise orientierten sich deshalb vormoderne Militärs bei der Planung und Durchführung von Nachschub und Transport an den Verläufen von Flüssen oder

---

[44]   Fassler 2008, 192 ff.

Küstenlinien. Beladene Ochsengespanne auf festem Untergrund haben einen Radius von 20–25 Kilometern, ein Pferdegespann 40 bis 60 Kilometer, beide an guten Tagen und solange der mitgeführte oder en passant vorhandene Futtervorrat ausreicht. Diese Obergrenzen wurden erst im Dampfmaschinenzeitalter mit Eisenbahnen und Schraubenschiffen wieder angehoben. Und bei den Schiffen? Kolumbus' erste Reise dauerte vom 3. August bis zum 12. Oktober, dem Tag seiner Landung auf den Bahamas. Zwischen europäischem Festland und Karibik/amerikanischer Ostküste blieben die Transferzeiten je nach Route in den folgenden Jahrhunderten zwischen 25 und 40 Tagen konstant. Ein Postdampfer um die Mitte des 19. Jahrhunderts benötigte im günstigsten Fall dann nur noch sieben Tage.

Die Welt begann, nachdem sie zuerst bevölkert und dann verknüpft worden war, technisch zu schrumpfen. Im Sinne von Campanella schufen die heutigen »Zeichen und Werkzeuge der Vereinigung der ganzen Welt« – moderne Transporttechnologie und Echtzeit-Telekommunikation – eine isomorphe Teilwelt, in der Konjunkturen, die mehr als sozial-zyklische Wechsellagen von Krisen und Expansion darstellten, erst entstehen konnten.

Literatur

Abu-Lughod 1994 = Janet L. Abu-Lughod, The World System in the Thirteenth Century: Dead-end or Precursor, Washington.

Agius 2008 = Dionisius A. Agius, Classic Ships of Islam. From Mesopotamia to the Indian Ocean, Leiden-Boston.

Bachrach 1993 = Bernard S. Bachrach, Armies and Politics in the Early Medieval West, Aldershot.

Bachrach 2002 = Bernard S. Bachrach, Warfare and Military Organization in Pre-Crusade Europe, Aldershot.

Barfield 1995 = Thomas J. Barfield, The Perilous Frontier. Nomadic Empires and China, 221 BC to AD 1757, Cambridge (MA).

Boomgaard 2007 = Peter Boomgaard, Horse Breeding, Long-distance Horse Trading and Royal Courts in Indonesian History, 1500–1900, in: Greg Bankoff/Sandra Swart (Hg.), Breeds of Empire. The ›Invention‹ of the Horse in Southeast Asia and Southern Africa 1500–1950, Kopenhagen, 33-50.

Campanella 1955 = Tommaso Campanella, Der Sonnenstaat. Idee eines philosophischen Gemeinwesens, Berlin.

Carneiro 1994 = Robert Carneiro, War and peace. Alternating realities in human history, in: Stephen Reyna/Richard Downs (Hg.), Studying war. Anthropological perspectives (War and Society 2), Amsterdam.

Charney 2004 = Michael W. Charney, Southeast Asian Warfare 1300–1900, Leiden-Boston.

Chase 2008 = Kenneth Chase, Firearms. A Global History to 1700, Cambridge, u. a.

Christian 2004 = David Christian, Maps of Time. An Introduction to Big History, London, u. a.

Cipolla 1965 = Carlo M. Cipolla, Guns, Sails, and Empires. Technological Innovation and the Early Phases of European Expansion, 1400–1700, New York.

Clarence-Smith 2007 = William Gervase Clarence-Smith, Southeast Asia and Southern Africa in the Maritime Horse Trade of the Indian Ocean, c. 1800–1914, in: Greg Bankoff/Sandra Swart (Hg.), Breeds of Empire. The ›Invention‹ of the Horse in Southeast Asia and Southern Africa 1500–1950, Kopenhagen, 21-32.

Davies 2007 = Brian L. Davis, Warfare, State and Society on the Black Sea Steppe, 1500–1700, London-New York.

Dawson 2001 = Doyne Dawson, The First Armies, London.

Di Cosmo 2002 = Nicola Di Cosmo (Hg.), Warfare in Inner Asian History (500–1800), Leiden-Boston.

Digby 1971 = Simon Digby, War-Horse and Elephant in the Delhi Sultanate. A Study of Military Supplies, Oxford.

Drews 2004 = Robert Drews, Early Riders. The Beginnings of Mounted Warfare in Asia and Europe, New York-London.

Elleman 2001 = Bruce A. Elleman, Modern Chinese Warfare, 1795–1989, London-New York.

Farrokh 2007 = Kaveh Farrokh, Shadows in the Desert. Ancient Persia at War, Oxford.

Fassler 2008 = Manfred Fassler, Cybernetic Localism: Space, Reloaded, in: Jörg Döring/Tristan Thielmann (Hg.), Spatial Turn: Das Raumparadigma in den Kultur- und Sozialwissenschaften, Bielefeld, 185-217.

Fields 2006 = Nic Fields, Bronze Age War Chariots, Oxford.

Flannery 1999 = Kent V. Flannery, Process and Agency in Early State Formation, in: Cambridge Archaeological Journal 9/1, 3-21.

Frank 1993 = Andre Gunder Frank, Bronze Age World System Cycles, in: Current Anthropology 34/4, 383-429.

Frank/Gills 1993 = Andre Gunder Frank/Barry K. Gills (Hg.): The World System. Five Hundred Years or Five Thousand?, London.

Gat 2006 = Azar Gat, War in Human Civilization, Oxford.

Godelier 1999 = Maurice Godelier, Das Rätsel der Gabe. Geld, Geschenke, heilige Objekte, München.

Gommans 2002 = Jos Gommans, Mughal Warfare. Indian Frontiers and High Roads to Empire, 1500–1700, London-New York.

Gommans 2007 = Jos Gommons, Warhorse and Post-nomadic Empire in Asia, c. 1000–1800, in: Journal of Global History 2/1, 1-21.

Graff 2002 = David A. Graff, Medieval Chinese Warfare, 300–900, London-New York.

Graff/Higham 2002 = David A. Graff/Robin Higham (Hg.), A Military History of China, Boulder.

Grguric 2005 = Nicolas Grguric, The Mycenaeans c. 1650–1100 BC, Oxford.

Haas (1990) = Jonathan Haas (Hg.), The Anthropology of War, Cambridge.

Hakami 2007 = Khaled Hakami, Evolution durch Krieg. Oder warum der Krieg nicht der Vater aller, aber doch der meisten Dinge ist, in: Gerfried Mandl/Ilja Steffelbauer (Hg.), Krieg in der antiken Welt, Essen, 11-31.

Hall 1996 = Bert S. Hall, Weapons and Warfare in Renaissance Europe. Gunpowder, Technology, and Tactics, Baltimore-London.

Hamblin 2006 = William J. Hamblin, Warfare in the Ancient Near East to 1600 BC. Holy Warrior at the Dawn of History, London-New York.

Harvey 1989 = David Harvey, The Condition of Postmodernity, Oxford.

Healy 1992 = Mark Healy, New Kingdom Egypt, Oxford.

Helbling 2006 = Jürg Helbling, Tribale Kriege. Konflikte in Gesellschaften ohne Zentralgewalt, Frankfurt am Main-New York.

Inikori 1997 = Joseph E. Inikori, The Import of Firearms into West Africa, 1750–1807: A Quantitative Analysis, in: Douglas M. Peers (Hg.), Warfare and Empires. Contact and Conflict between European and Non-European Military and Maritime Forces and Cultures, Aldershot, 245-274.

Inikori 2007 = Joseph E. Inikori, Africa and the Globalization Process. Western Africa, 1450–1850, in: Journal of Global History 2/1, 63-86.

Keeley, Lawrence (1996): War before Civilization, Oxford.

Khan 2001 = Iqtidar Alam Khan, Early Use of Cannon and Musket in India. AD 1442–1526, in: Jos J. L. Gommans/Dirk H. A. Kolff (Hg.), Warfare and Weaponry in South Asia, 1000–1800, New Delhi-Oxford, 321-336.

Kohl 2007 = Philip L. Kohl, The Making of Bronze Age Eurasia, Cambridge.

Kolnberger 2007 = Thomas Kolnberger, Das Konzept der Militärzone. Die geographische Reichweite militärischer System, in: Gerfried Mandl/Ilja Steffelbauer (Hg.), Krieg in der antiken Welt, Essen, 115-128.

Laichen 2006 = Sun Laichen, Chinese Gunpowder Technology and Đại Việt, ca. 1390–1497, in: Nhung Tuyet Tran/Anthony J. S. Reid (Hg.), Việt Nam – Borderless Histories, Madison-London, 72-120.

Latcham 1988 = Ricardo E. Latcham, Die Kriegskunst der Araucanos. Chiles Ureinwohner gegen die Conquista, Hamburg.

Law 1980 = Robin Law, The Horse in West African History. The Role of the Horse in the Societies of Pre-colonial West Africa, Oxford.

Liedl/Pittioni/Kolnberger 2002 = Gottfried Liedl/Manfred Pittioni/ Thomas Kolnberger: Im Zeichen der Kanone. Islamisch-christlicher Kulturtransfer am Beginn der Neuzeit, Wien.

McLuhan 1995 = Marshall McLuhan, Die magischen Kanäle – Understanding Media, 2., erweiterte Aufl., Dresden-Basel.

Mollat Du Jourdin 1993 = Michel Mollat Du Jourdin, Europa und das Meer, München.

Murphey 1999 = Rhoads Murphey, Ottoman Warfare 1550–1700, London.

Osterhammel/Petersson 2003 = Jürgen Osterhammel/Niels P. Petersson, Geschichte der Globalisierung. Dimensionen, Prozesse, Epochen, München.

Peers 2006 = C. J. Peers, Soldiers of the Dragon. Chinese Armies 1500 BC–AD 1840, Oxford.

Ptak 1991 = Roderich Ptak, Pferde auf See. Ein vergessener Aspekt des maritimen chinesischen Handels im frühen 15. Jahrhundert, in: Journal of the Social and Economic History of the Orient 34, 199-233.

Rogers/Ehrlich 2008 = Deborah S. Rogers/Paul R. Ehrlich, Natural selection and cultural rates of change, in: Proceedings of the National Academy of Sciences of the USA, Early Edition 1-5. [Online: www.pnas.org]

Russell 1962 = Carl P. Russel, Guns on the Early Frontiers. A History of Firearms from Colonial Times through the Years of the Western Fur Trade, Berkeley.

Smith 1989 = Robert S. Smith, Warfare & Diplomacy in Pre-Colonial West Africa, London.

Spalinger 2005 = Anthony J. Spalinger, War in Ancient Egypt. The New Kingdom, Oxford.

Thê Anh/Forest 1998 = Nguyên Thê Anh/Alain Forest (Hg.), Guerre et paix en Asie du Sud-Est, Paris.

Thornton 1999 = John K. Thornton, Warfare in Atlantic Africa 1500–1800, London.

Van De Mieroop 2007 = Marc Van De Mieroop, A History of the Ancient Near East ca. 3000–323 BC, Oxford.

Wilks 1993 = Ivor Wilks, Forests of Gold. Essays on the Akan and the Kingdom of Asante, Ohio.

Wolf 1986 = Eric R. Wolf, Die Völker ohne Geschichte. Europa und die andere Welt seit 1400, Frankfurt am Main.

Yang 2008 = Bin Yang, Between Winds and Clouds. The Making of Yunnan, Second Century BCE to Twentieth Century CE, New York. [Online: http://www.gutenberg-e.org/yang]

Yarak 1990 = Larry W. Yarak, Asante and the Dutch, 1744–1873, Oxford.

Weltliteratur? Roman und Globalisierung

WIEBKE SIEVERS

Einer der großen Bestseller der letzten Jahre, Khaled Hosseinis *The Kite Runner*, der 2003 erschien, wurde innerhalb von fünf Jahren in 42 Sprachen übersetzt und in 48 Ländern veröffentlicht. Ungefähr 400 Jahre früher publizierte Miguel de Cervantes seinen *Don Quixote*, den Franco Moretti als einen der ersten internationalen Bestseller beschreibt.[1] Dieser wurde innerhalb von sieben Jahren ins Englische, Französische, Deutsche, Holländische und Italienische übersetzt. Im späten 18. Jahrhundert folgten Portugiesisch, Dänisch, Schwedisch, Polnisch und Russisch. In der zweiten Hälfte des 19. Jahrhunderts stieg die Zahl der Übersetzungen schließlich rasant an, und der Roman wurde zum ersten Mal auch in außereuropäische Sprachen übersetzt, darunter Arabisch, Persisch, Chinesisch, Japanisch, Hindi und Gujarati.[2] Der Vergleich dieser beiden Bestseller zeigt exemplarisch, dass auch im Bereich der Literatur von einem Prozess der Globalisierung im Sinne einer Verdichtung von Raum und Zeit gesprochen werden kann: *The Kite Runner* verbreitet sich sehr viel schneller sehr viel weiter als *Don Quixote*. Gleichzeitig illustriert die weltweite Verbreitung des *Don Quixote* in mehreren Phasen, dass die Globalisierung auch in diesem Bereich in Rhythmen voranschreitet, in denen sich Ausweitung und Stillstand abwechseln.

Wie diese Zyklen aussehen, soll im Folgenden anhand des Romans dargestellt werden. Dabei lege ich ein sehr breites Verständnis des Romans als längere fiktionale Erzählung zugrunde, das die mittelalterlichen europäischen Romane genauso berücksichtigt wie den sogenannten vormodernen Roman in China. Solch ein breiter Zugang scheint deswegen sinnvoll, weil weitere typologische Spezifizierungen oft auf bestimmte Nationalliteraturen rekurrieren

---

[1]   Moretti 1998, 171.
[2]   Moretti 1998, 171 f.

und damit den Blick für globale Verbindungen verstellen. Diese Verbindungen werden in der folgenden Darstellung hauptsächlich an Exporten und Übersetzungen festgemacht. Die dafür benötigten Daten sind zum Großteil aus Einzelstudien entnommen, da die einzige internationale Datenbasis, der *Index Translationum*, erst seit den 1930er Jahren existiert, als relativ unzuverlässig gilt[3] und keine Analyse nach Gattungen erlaubt, sondern nur eine Unterscheidung zwischen Literatur und anderen Textsorten. Dennoch wird sie für das letzte Drittel des 20. Jahrhunderts ergänzend herangezogen, um auch jene Zeiten und Räume auszuleuchten, für die keine spezifischen Studien in den mir zugänglichen Sprachen existieren. Für frühere Zeiträume lassen sich solche Lücken leider nicht auf diese Art und Weise schließen.

Auf Basis dieses Datenmaterials werden im Folgenden grob die Phasen der Globalisierung des Romans ab dem 13. Jahrhundert nachgezeichnet. Ein grundlegendes Charakteristikum dieses Prozesses ist die starke Verschränkung von Globalisierung und Deglobalisierung. Romane wurden normalerweise nicht in den klassischen Literatursprachen verfasst, die oft über Ländergrenzen hinweg verwendet wurden – wie Latein oder das hochsprachliche Chinesisch –, sondern in den Volkssprachen. Damit erreichten sie zwar ein größeres Publikum in einer spezifischen Region, waren jedoch über diese Region hinaus schwerer zugänglich. Übersetzung, Imitation und Neuschöpfung in der eigenen Volkssprache waren die logische Konsequenz. Am Roman lässt sich deswegen exemplarisch das Janusköpfige der Globalisierung aufzeigen: Während sich die Gattung über den Globus verbreitete, trug sie gleichzeitig zur volkssprachlichen Aufspaltung der Literaturräume bei. Diese kulminierte im Nationalismus des 19. Jahrhunderts, der mit dem größten Globalisierungsschub der Gattung Roman einherging.

Zwischen diesen einzelnen Literaturräumen existierte zu keiner Zeit ein gleichwertiger Austausch. Vielmehr gab es immer Zentren, die Romane exportierten, während die volkssprachlichen Romane aus der Peripherie nur selten den Weg zurück in die jeweiligen Zentren fanden. Zwischen dem 13. und dem 18. Jahrhundert hatten diese Zentren nur regionale Strahlkraft. Das galt sowohl für den chinesischen Roman in Ost- und Südostasien als auch für französische, englische und spanische Romane in Europa. Die ostasiatischen und europäischen Romane entwickelten sich bis ins 18. Jahrhundert, als erste chinesische Romane in Europa rezipiert wur-

---

3   Heilbron 1999, 433.

den, völlig unabhängig voneinander. Das sollte sich erst im Verlauf des 19. Jahrhunderts ändern. Nach einer Phase des Niedergangs gewann der Roman in neuer Form im 17. Jahrhundert in Frankreich und im 18. Jahrhundert in England wieder an Bedeutung, verbreitete sich dann bis zum späten 18. Jahrhundert über ganz Europa und nach Nordamerika und eroberte Ende des 19. und Anfang des 20. Jahrhunderts auch Asien. Dieser Prozess der globalen Verbreitung des Romans zog sich bis weit ins 20. Jahrhundert. Gleichzeitig flossen seit Beginn des 19. Jahrhunderts auch Romane aus der damaligen Peripherie ins Zentrum zurück, zunächst aus den USA, später aus Russland, Skandinavien und Deutschland. Nach dem Zweiten Weltkrieg teilten sich dann die Literaturflüsse in zwei Blöcke, wobei der Anteil der englischsprachigen Literatur an allen Übersetzungen weltweit immer deutlich höher war als jener der russischen, nach 1989 aber noch deutlich zunahm.

Zwei Zentren und ihre Peripherien: der Roman in Asien und Europa

Der Ursprung des Romans wird gern in Europa gesucht. Dabei herrscht nur Uneinigkeit darüber, ob dieser im 18. Jahrhundert von den Engländern,[4] im 17. Jahrhundert von den Spaniern[5] oder schon im Mittelalter von den Franzosen[6] erfunden wurde. Doch der Roman lässt sich bis in die Antike zurückverfolgen und dort etwa nach Syrien bzw. Ägypten,[7] er gedieh aber auch in Ostasien, und das bis ins 18. Jahrhundert sogar besser als in Europa. Bis ins 19. Jahrhundert entwickelte sich der Roman in diesen beiden Weltregionen ohne gemeinsame Berührungspunkte (sieht man von einigen wenigen europäischen Übersetzungen aus dem Chinesischen im 18. und 19. Jahrhundert ab) und auf unterschiedliche Weise. In Asien bestätigte seine Entwicklung im Großen und Ganzen die jahrhundertealte Dominanz Chinas, der sich nur Japan sporadisch widersetzte bzw. entzog. In Europa dagegen gingen die ersten Impulse zur Entstehung des Romans von unterschiedlichen Sprachen und Kulturen aus, die um die Vormachtstellung im europäischen Raum und darüber hinaus rangen, und seine Ausbreitung erfolgte in mehreren Etappen, die von Phasen des Abstiegs oder

---

4   Watt 1957.
5   Resina 2006.
6   Varvaro 2006.
7   Doody 1996.

zumindest der Stagnation unterbrochen wurden. Teilweise kam es auch zu Abkoppelungen von Ländern bzw. ganzen Regionen.

Chinesische Dominanz:
Der Roman in Ost- und Südostasien bis zum 19. Jahrhundert

Zentrum des asiatischen Romanschaffens war China, wo erste volkssprachliche Prosa schon im 12. Jahrhundert erschien. Doch die frühen Prosatexte aus dieser Zeit sind in China aufgrund der geringen Wertschätzung, die ihnen entgegengebracht wurde, kaum mehr auffindbar. Nachweisen lässt sich ihre Existenz heute vielmehr in der damaligen chinesischen Peripherie, vor allem in Japan und in Korea, die vom 2. Jahrtausend v. Chr. bis zum späten 19. Jahrhundert unter dem Einfluss der chinesischen Kultur standen, wenn auch nicht immer ganz ohne Widerstand, wie sich zeigen wird.[8] Wann genau die ersten Romane in China entstanden, ist aufgrund der oben angesprochenen Quellenlage umstritten. Gängige Literaturgeschichten verorten den Beginn der Romankunst im 14. Jahrhundert, andere AutorInnen setzen diesen jedoch nicht vor dem 16. Jahrhundert an. Aber selbst wenn erste Romane schon aus dem 14. Jahrhundert stammen, so waren die Bedingungen für die Verbreitung von Romanen zu dieser Zeit sehr viel ungünstiger als im 16. Jahrhundert. Das lässt sich zum einen auf die Zensur zurückführen, zum anderen auf die Tatsache, dass die Verlage und Druckereien zu dieser Zeit weitgehend in staatlicher Hand waren und Romane aufgrund der begrenzten Kapazitäten in Manuskriptform zirkulierten. Im 16. Jahrhundert dagegen weitete sich mit dem wirtschaftlichen Aufstieg auch die Leserschaft aus. Diese erste Blütephase leitete dann auch die Kanonisierung ausgewählter Werke ein, unter anderem des Romans *Die Reise nach Westen* von Wu Tscheng-en (entstanden zwischen 1500 und 1580), wobei das Ziel der Reise in diesem Roman signifikanterweise Indien ist. Damit war der chinesische Roman dem europäischen ein, wenn nicht sogar zwei Jahrhunderte voraus.[9] Das erkannte schon Goethe, der in einem Gespräch mit Eckermann darauf hinwies, dass die Chinesen »zu Tausenden« Romane hätten und, so Goethe weiter, sie »hatten ihrer schon, als unsere Vorfahren noch in den Wäldern lebten.«[10]

---

[8]   Zeitlin 2006, 254.
[9]   Plaks 2006, 184-186, 194; Zimmer 2002, 33-45.
[10]   Eckermann 1999, 224.

Der chinesische Roman zirkulierte in ganz Ost- und Südostasien, gelangte jedoch auf sehr unterschiedlichen Wegen in die
verschiedenen Regionen. Zudem wurde er je nach Ausprägung
der Literatur im Land unterschiedlich aufgenommen. In Japan
entstanden schon im 10. Jahrhundert erste Romane (unter dem
Namen *Monogatari*) im Rahmen einer frühen Abgrenzung vom
dominanten China. Die *Monogatari*, unter denen vor allen Din-
gen *Die Geschichte vom Prinzen Genji* von Murasaki Shikibu (entstanden Anfang des 11. Jahrhunderts) auch heute noch bekannt
und beliebt ist, wurden nur am Hof gelesen, markierten aber die
Entwicklung des Japanischen zur Schriftsprache und damit eine
Abgrenzung von der chinesischen Sprache, in der bis dahin die
gesamte schriftliche Kommunikation in Japan geführt worden
war.[11] Doch das Chinesische wurde vom Japanischen nicht verdrängt, sondern blieb neben dem klassischen Japanisch bis ins 19.
Jahrhundert Literatursprache.

Dies sollte sich signifikanterweise erst mit dem Import des chinesischen Romans im 18. und 19. Jahrhundert ändern. Japan hatte
zwar um 1600 alle Grenzen zur Außenwelt geschlossen: Japaner
durften das Land nicht verlassen und Ausländer nicht einreisen,
ausgenommen waren nur eine Handvoll holländischer und ungefähr tausend chinesische Händler. Dennoch kann von einer »World
within Walls«, wie Donald Keene sein Buch[12] über die japanische
Literatur von 1600 bis 1868 nennt, keine Rede sein, denn der
Import von Büchern war trotz der geschlossenen Grenzen zulässig,
solange diese nicht christlicher Natur waren. Im 17. Jahrhundert
gelangten jedoch nur einige hochsprachliche chinesische Prosatexte
nach Japan, während der volkssprachliche chinesische Roman erst
zu Beginn des 18. Jahrhunderts, also mit 200 Jahren Verspätung,
in Japan rezipiert wurde. Das hing damit zusammen, dass die japanischen Leser der chinesischen Hochsprache, die auch in Japan zu
diesem Zeitpunkt noch Literatursprache war, mächtig waren und
die hochsprachlichen Romane im leicht abgewandelten Original lesen konnten.[13] Die chinesische Umgangssprache war ihnen
jedoch fremd und bedurfte einer Übersetzung im heute gängigen
Sinn dieses Wortes. Erst als sich einige japanische Wissenschaftler
mit der chinesischen Umgangssprache zu beschäftigen begannen
und eine Methode für ihre Übersetzung ins Japanische entwickelten, stieg auch das Interesse am volkssprachlichen chinesischen

---

[11]   Boscaro 2006.
[12]   Keene 1976.
[13]   Wakabayashi 2005, 135.

Roman.[14] Gut 70–80 Prozent der chinesischen Romane wurden zwischen dem Anfang des 18. Jahrhunderts und der Mitte des 19. Jahrhunderts nach Japan importiert, und viele wurden übersetzt bzw. adaptiert.[15] Durch Übersetzung und Adaption chinesischer Romane stieg wiederum der Wert der japanischen Sprache als Literatursprache. Gleichzeitig bereitete die neue Übersetzungsmethode den Weg für den Import europäischer Romane nach 1868.

Neben Japan standen auch Vietnam und Korea unter starkem chinesischen Einfluss. Eigene Schriftsprachen entwickelten sich hier, anders als in Japan, erst im 13. bzw. im 16. Jahrhundert. Beide versuchten zwar, den chinesischen Roman auf Distanz zu halten, was jedoch misslang. Nach Korea wurde der chinesische Roman von koreanischen Gesandten importiert, die außer in Kriegszeiten drei bis vier Mal jährlich nach China reisten. Wahrscheinlich wurden diese importierten Romane zumindest teilweise schon im 16. Jahrhundert ins Koreanische übersetzt und so auch den Frauen am Hof zugänglich gemacht. Erhalten sind jedoch nur Übersetzungen aus dem 19. Jahrhundert. Doch schon 1569 wurden chinesische Romane in Korea als pornographisch eingestuft, womit deren Kommerzialisierung ein Riegel vorgeschoben wurde. Die chinesischen Originale kursierten jedoch weiterhin, wenn auch nur in Form von Manuskripten. Selbst ein Verbot der Romane Ende des 18. Jahrhunderts konnte den Import aus China nicht stoppen. Zudem verfassten auch Koreaner Romane in chinesischer Sprache, die oft in China angesiedelt waren, weil die Autoren hofften, auf diese Weise der Verfolgung zu entgehen. Romane in koreanischer Sprache wurden dagegen vor dem 20. Jahrhundert kaum geschrieben. Erst nach der japanischen Besetzung Koreas im frühen 20. Jahrhundert und der damit einhergehenden Übersetzung europäischer Romane gewann der koreanischsprachige Roman an Bedeutung.[16]

In Vietnam war die Ausgangssituation insofern etwas anders, als hier schon im 15. und 16. Jahrhundert ein Versroman in vietnamesischer Sprache entstand, der in seiner Blütezeit im 18. und 19. Jahrhundert stark von chinesischen Romanen beeinflusst wurde, was jedoch nicht dazu führte, dass auch Prosaromane geschrieben wurden. Die chinesischen Romane gelangten wahrscheinlich mit chinesischen Immigranten nach Vietnam. 1734 wurde der Import verboten, weil die vietnamesische Regierung den Buchdruck vor

---

[14] Ôki/Ôtsuka 1987, 106-109.

[15] Zwicker 2006a, 584-589.

[16] Kim 1987; Salmon 1987, 3-4; Zeitlin 2006, 260-261.

Ort fördern wollte. Tatsächlich wurden aber in den letzten 40 Jahren des 19. Jahrhunderts sogar vietnamesische Versromane in Guangdong gedruckt und von da aus nach Saigon importiert. Die Übersetzung chinesischer Romane gewann besonders an Bedeutung, als die Franzosen nach der Kolonisation eine neue Schrift einführten. Dies lag einerseits daran, dass die Alphabetisierung im Land zunahm. Andererseits kann man das Interesse an den chinesischen Romanen auch als eine Art Widerstand gegen die Kolonialmacht interpretieren, die gerade diese Verbindung zu kappen versuchte.[17]

Im Kampf um die Vormacht: Der Roman in Europa bis zum 19. Jahrhundert

Wie in China erlebte auch in Europa der volkssprachliche Roman eine erste Blüte, als sich neue Schichten für die Schriftkultur zu interessieren begannen. Dieses Interesse offenbarte sich im Mittelalter zunächst an den kaiserlichen und königlichen Höfen, später dann auch in der Aristokratie und im Bürgertum. Allen war gemein, dass sie die Schriftsprache Latein, die bis ins 17. Jahrhundert dominant bleiben sollte, nicht beherrschten. Erste Werke waren dementsprechend Übersetzungen lateinischer Werke ins Altfranzösische, die Mitte des 12. Jahrhunderts am Hof Heinrichs II. im normannischen England in Auftrag gegeben wurden. »Mettre en romanz«, so lautete diese Aufgabe im damaligen Französisch, daher der Begriff Roman. Bald darauf entstanden jedoch auch Eigenkreationen an anderen Höfen in England und Frankreich. Diese waren, genau wie die erwähnten Übersetzungen, zunächst noch in Versform verfasst. Von besonderer Bedeutung war in dieser Hinsicht Chrétien de Troyes' *Erec et Enide* (ca. 1170), in dem zum ersten Mal der Artusstoff verarbeitet wurde, der neben antiken Stoffen Grundlage vieler mittelalterlicher Romane war. Aus dem französischsprachigen Raum verbreitete sich der Roman über ein Netzwerk von Höfen und Universitätsstädten sowohl in den Norden Europas bis nach Skandinavien als auch in den europäischen Süden bis nach Griechenland und Portugal. Zunächst mussten Abschriften noch bei Kopisten in Auftrag gegeben werden, später waren sie dann auch käuflich zu erwerben. Somit existierte schon zur Zeit der Manuskripte ein erstes kommerzielles Verlagswesen.

---

[17] Yan 1987.

Die Verbreitung der französischen Texte animierte außerdem zu deren Imitation in anderen Sprachen. Bereits um 1170 entstanden erste Romane in mittelhochdeutscher und mittelniederländischer Sprache, teilweise vom gleichen Autor, Heinrich von Veldeke, was zeigt, wie unscharf die nationalsprachlichen Grenzen zu jener Zeit waren. Dasselbe lässt sich auch für den romanischen Sprachraum beobachten. So zirkulierten ab 1220 in Italien französischsprachige Romane, die zu der Zeit noch mühelos verstanden wurden. Erst danach folgten italienische Adaptationen.[18]

Trotz dieser weiten Verbreitung der Romanform wäre es zu einfach, von einem europäischen Roman des Mittelalters zu sprechen, denn der volkssprachliche Roman diente auch zu der Zeit schon der Abgrenzung, wie sich am deutlichsten im Fall des Englischen zeigt. Erste englischsprachige Romane entstanden Mitte des 13. Jahrhunderts, als die Nachfrage nach Romanen auch beim Landadel und beim Bürgertum im Steigen begriffen war, die des Französischen nicht mächtig waren. Seine erste Blütezeit erlebte der englischsprachige Roman jedoch nicht zufällig im Hundertjährigen Krieg mit Frankreich. Zum Teil kann man auch von unterschiedlichen Ausprägungen des Romans sprechen, so im Fall von Spanien. Dort entwickelte sich der Roman zwar auch im frühen 12. Jahrhundert, war jedoch zunächst stark vom Prozess der Reconquista beeinflusst und setzte deswegen inhaltlich andere Schwerpunkte. Im 16. Jahrhundert, also mit dem Ende der Reconquista und mit der Eroberung Amerikas, feierte dann der Ritterroman große Erfolge in Spanien. Zwischen 1508 und 1550 entstand in Spanien jährlich ein Roman, 12 weitere Romane folgten, bevor Anfang des 17. Jahrhunderts der *Don Quixote* erschien, der das Ende des Ritterromans in Europa ankündigte und gleichzeitig das vorläufige Ende des spanischen Romans bedeutete, das mit dem Ende der spanischen Hegemonie in Europa zusammenfiel.[19]

Die spanischen Ritterromane, allen voran Garci Rodríguez de Mantalvos *Amadís de Gaula* (1508), wurden nicht nur in ganz Europa gelesen, sondern wurden gerade in der Zeit der amerikanischen Eroberungen immer wieder aufgelegt und in die Neue Welt verschifft, wo sie die Inspiration für geographische Namen wie Kalifornien und Patagonien lieferten.[20] Die weite Verbreitung dieser Romane war auch darauf zurückzuführen, dass ihre Blütezeit mit der Etablierung des Buchdrucks in Europa zusammenfiel.

---

[18] Krueger 2000; Febvre/Martin 1958, 15-23.
[19] Brownlee 2000, 255, 261; Resina 2006, 297-300.
[20] Brownlee 2000, 254-255, 261.

Gleichzeitig zeigt dieses Beispiel, dass das Verlagswesen zu dieser Zeit durchaus weiträumig operierte. Das galt übrigens auch innerhalb von Europa, allerdings weniger für den volkssprachlichen Roman, denn volkssprachliche Texte wurden hauptsächlich in den Ländern gedruckt, wo sie auch gelesen wurden. Doch selbst der volkssprachliche Markt wurde bis Mitte des 17. Jahrhunderts, als der Buchhandel begann, in nationale Subeinheiten zu zerfallen, durch eine Unzahl von Übersetzungen zusammengehalten, die jedoch im 17. Jahrhundert weniger werden sollten.[21]

Doch wie schon in der Einleitung erwähnt: Der *Don Quixote* wurde zu Beginn des 16. Jahrhunderts nur noch ins Englische, Französische, Deutsche, Italienische und Niederländische übersetzt und hatte damit eine geringere Ausbreitung als noch der altfranzösische Roman, der es sowohl weiter in den Norden, nämlich nach Skandinavien, als auch weiter in den Südosten schaffte, nämlich nach Griechenland. In Griechenland lässt sich für das gesamte 16. Jahrhundert nur eine einzige publizierte Übersetzung nachweisen, ein Trend, der bis ins 18. Jahrhundert anhält und oft mit dem Ende des Byzantinischen Reichs und der Flucht der Elite vor den Osmanen begründet wird.[22] Auch in Skandinavien verlor das europäische Zentrum, insbesondere Frankreich, mit der Krise im späten Mittelalter immer mehr an Einfluss. Mit der Reformation wurden dann auch die letzten literarischen Verbindungen nach Frankreich und Italien abgeschnitten und erst mit Ende des 17. Jahrhunderts wieder aufgenommen. Gleichzeitig wurde die deutsche Literatur in diesem Raum immer wichtiger.

Im 18. Jahrhundert gewann eine neue Form des Romans ausgehend von Frankreich und England an Bedeutung und begann auch von hier aus zu expandieren. In dieser Zeit kamen mit der Chinoiserie auch die ersten chinesischen Romane nach Europa, zunächst nach England, wo 1761 die erste europäische Übersetzung eines chinesischen Romans veröffentlicht wurde,[23] dann auch nach Frankreich und Deutschland. Dabei handelte es sich weniger um die kanonisierten Meisterwerke als um sentimentale Romane, wie sie zu dieser Zeit auch in Europa produziert wurden. Dieser Trend hielt bis ins 19. Jahrhundert an und beeinflusste auch Autoren wie zum Beispiel Goethe.[24] Den umgekehrten Weg ging dagegen zu dieser Zeit kein einziger Roman, auch wenn immer

---

[21] Febvre/Martin 1958, 313, 356, 412-414.
[22] Connolly/Bacopoulou-Halls 2009, 421.
[23] Salmon 1987, 10.
[24] Plaks 2006, 192; Zimmer 2002, 53.

wieder behauptet wird, Goethes *Werther* sei schon zu Lebzeiten des Autors ins Chinesische übersetzt worden – ein Gerücht, das auf Glasbildern von Werther und Lotte beruhte, die angeblich auf einem aus Ostindien zurückgekehrten Schiff erspäht wurden (Yang 2000: 15). Erst im späten 19. Jahrhundert wurden europäische Romane ins Chinesische übersetzt, im frühen 20. Jahrhundert beherrschten sie sogar den chinesischen Markt. Wie es zu dieser Umkehrung der Übersetzungsflüsse kam, soll im folgenden Abschnitt erläutert werden.

Europäische Eroberungen:
Globale Ausbreitung englischer und französischer Romane

Moretti[25] stellt fest, dass die Globalisierung des europäischen Romans in drei Phasen vonstatten ging. Zwischen 1720 und 1750 kam es zu einem Anstieg der Romanproduktion in Frankreich und Großbritannien, kurz danach auch in Deutschland. Zwischen 1820 und 1850 breitete sich der Roman gemeinsam mit dem Nationalismus über Europa aus, darunter Italien und Spanien im Süden, Russland im Osten und Dänemark im Norden. Außerhalb Europas begann der Roman zu dieser Zeit auch in den USA seinen Aufstieg. Danach folgten nicht nur viele weitere neue europäische Länder, darunter Bulgarien und die Türkei, sondern auch viele Länder weltweit, darunter Japan, China und Indien. Diese weltweite Ausbreitung des Romans begann normalerweise mit Importen bzw. Übersetzungen französischer und englischer Romane. Dabei hing der Einfluss des europäischen Romans auch davon ab, wie sehr sich schon ein eigener Buchmarkt im jeweiligen Land etabliert hatte.

Ausgangspunkt dieser zweiten Internationalisierung des Romans war wieder Frankreich, wo in der zweiten Hälfte des 17. Jahrhunderts eine neue Form des Romans zu entstehen begann. Bis in die Mitte des 18. Jahrhunderts dominierten französische Romane zunächst den englischen, holländischen und deutschen Markt, später auch Nord-, Süd- und Osteuropa, wobei es sich weniger um ein Netz von Ländern handelte als um ein Netz von Städten, in denen sich Verlage konzentrierten: »Man las in Leipzig, Hamburg und Breslau, was man gleichzeitig in Den Haag, Paris und London las – Übersetzungen wurden binnen Wochen verfasst,

---

25   Moretti 1998, 174.

fremdsprachige Importe besonders der niederländischen Verleger wurden direkt auf die Leipziger Messe geliefert«, konstatiert Olaf Simons[26] für die Zeit um 1700. Deswegen waren diese Romane jedoch noch lange nicht in anderen deutschsprachigen Städten, geschweige denn im ländlichen Raum erhältlich.[27]

Englischsprachige Romane von Defoe und Swift feierten zwar auch zu Beginn des 18. Jahrhunderts schon internationale Erfolge. Doch erst ab dem mittleren bis späten 18. Jahrhundert wurden nicht nur in England mehr Romane gedruckt, sondern der englischsprachige Roman begann dem französischsprachigen auf dem europäischen Markt Konkurrenz zu machen.[28] Allerdings blieben französische Romane auf dem internationalen Markt auch im 19. Jahrhundert dominant, obwohl leichte regionale Unterschiede zu erkennen sind: England hatte es im Norden, besonders in Holland, Frankreich im Süden, besonders in Spanien, leichter.[29] Die steigende Bedeutung englischer Romane auf dem internationalen Markt manifestierte sich auch im sinkenden Anteil von Übersetzungen auf dem englischen Romanmarkt. Während zwischen 1750 und 1754 noch 20 Prozent der publizierten Romane in England Übersetzungen waren, sank dieser Anteil bis 1850 auf ungefähr 5 Prozent. Umgekehrt stieg der Anteil der Übersetzungen in Frankreich zwischen 1750 und 1816 von 10 auf fast 30 Prozent an (Ursprungssprache war hauptsächlich Englisch), sank dann aber bis 1850 wieder auf 20 Prozent ab. Die Zentren der Romanproduktion verloren also an Internationalität, je mehr sie ihre Romane auf dem internationalen Markt absetzten.[30]

Wie schon oben erwähnt, erlebte der Roman zwischen 1820 und 1850 in der europäischen Semiperipherie einen Aufschwung, der oft mit Übersetzungen französischer und englischer Romane einsetzte. Bei einer Untersuchung zur Verbreitung englischer und französischer Romane auf Dänisch, Französisch, Englisch, Italienisch, Polnisch, Holländisch, Rumänisch und Ungarisch für den Zeitraum 1800–1850 kommt Franco Moretti zu dem Ergebnis: »all of Europe reading the same books, with the same enthusiasm, and roughly in the same years (when not months).«[31] Zwischen 1700 und 1850 hatte sich der Roman also bis nach Süd-, Nord-

---

[26] Simons 2001, 13.
[27] Ebda., 27-31.
[28] Raven 2006, 432, 449-452; Sassoon 2006, 34-35.
[29] Moretti 1998, 182-184.
[30] Ebda., 153.
[31] Ebda., 176.

und Osteuropa ausgebreitet. Auch in Russland war er präsent. In all diesen Ländern inspirierte die Übersetzung französischer und englischer Romane eine Produktion in der jeweiligen Nationalsprache. Die Rezeption dieser Texte blieb zunächst jedoch weitgehend auf diese Nationalsprache beschränkt, und auch da stellte sie nur einen kleinen Anteil der Romanproduktion, die weiterhin zum Großteil aus Übersetzungen bestand. In den Jahren 1816 bzw. 1850 waren 80 Prozent aller veröffentlichten Romane in russischer und dänischer Sprache Übersetzungen. Dasselbe galt für 60 Prozent aller italienischen und holländischen Romane und gut 50 Prozent aller polnischen, spanischen und deutschen Romane.[32]

Doch wie kam es zur Ausbreitung des französischen und englischen Romans in die europäische Semiperipherie? Eine wichtige Rolle spielte die französische Sprache, denn sie diente zu diesem Zeitpunkt in gebildeten Schichten als europäische Lingua franca. So wurden französische Texte nicht nur in Italien und Spanien im Original gelesen, sondern auch in Russland. Und auch Texte aus anderen Sprachen wie Englisch, Spanisch und Portugiesisch wurden auf dem europäischen Markt oft erst dann sichtbar, wenn sie ins Französische übersetzt wurden (was, wie oben erläutert, nur selten vorkam). Zudem wurden sie dann meist direkt aus dem Französischen weiterübersetzt.[33] Der hohe Stellenwert des Französischen reichte bis ins Osmanische Reich, dessen erste Übersetzungen aus europäischen Sprachen in der zweiten Hälfte des 19. Jahrhunderts vom Französischen dominiert wurden.[34] Zum anderen waren für die Ausbreitung nach Nord- und Osteuropa die Verlagszentren in Leipzig und Wien nicht unwichtig. Die Verteilung der Bücher aus Leipzig an lokale Buchhändler funktionierte schon im 18. Jahrhundert sehr viel besser als in Paris und in London. Leipzig war außerdem Zentrum für den gesamten nordeuropäischen Buchhandel, wobei es da in Konkurrenz zu Flandern stand. Von Wien aus wurde dagegen der Balkan versorgt, auch mit Übersetzungen ins Serbokroatische und Griechische. In der europäischen Warenkette schnitten also deutschsprachige Verlage erheblich mit, auch wenn die Romane, die sie verkauften, großteils aus England und Frankreich kamen.[35]

Für die weltweite Verbreitung des Romans waren die Kolonialbeziehungen von entscheidender Bedeutung. Während zu Beginn

32 Ebda., 152.
33 Sassoon 2006, 33.
34 Berk 2006, 2-4.
35 Sassoon 2006, 52-53.

des 19. Jahrhunderts noch 80 Prozent der französischen Buchex-
porte auf den europäischen Raum beschränkt blieben, stiegen im
Verlauf des Jahrhunderts zunächst die Exporte nach Amerika und
dann auch jene in die restliche Welt bedeutend an, davon ein Großteil in die französischen Kolonien. Dabei dürfte es sich allerdings
hauptsächlich um Schulbücher gehandelt haben, der Anteil der
Romane ist leider unbekannt.[36] Ähnlich verkauften auch Londoner
Verleger ihre Romane nicht nur in Großbritannien, sondern auch
in den britischen Kolonien, womit sich teilweise auch der große
Produktionsanstieg in England im 18. und besonders im 19. Jahrhundert erklären dürfte. Romane wurden nach Dublin verschifft,
wo billige Nachdrucke produziert wurden, die dann illegal wieder
in England verkauft wurden.[37] Einer der wichtigsten internationalen Absatzmärkte für englische Bücher im 18. Jahrhundert waren
die englischsprachigen Kolonien in Amerika. Allerdings sanken die
Buchimporte mit der Unabhängigkeit der Vereinigten Staaten stark
ab. Doch britische Romane waren auch nach 1790 in den Vereinigten Staaten von großer Bedeutung. So stellten sie zwischen 1770
und 1899 rund 34 Prozent aller Bestseller in den USA, amerikanische Romane dagegen nur 30 Prozent. Selbst im 19. Jahrhundert ist der amerikanische Romanmarkt also nur sehr sporadisch
amerikanisch, wie John Austin feststellt.[38] Das gilt jedoch nur für
die AutorInnen. Verlegt wurden die britischen Romane nach der
Unabhängigkeit nicht mehr zwangsläufig in London. Vielmehr handelte es sich vermutlich häufiger um illegale, billige Nachdrucke,
die dann auch in anderen britischen Kolonien zirkulierten. Sogar
in Indien fürchteten sich englische Verleger vor der Konkurrenz
dieser Nachdrucke durch amerikanische Verleger.[39]

Auch nach Indien kam der Roman als Importprodukt aus
Großbritannien. Dabei wurde der Buchdruck in Indien schon im
16. Jahrhundert von den Portugiesen eingeführt. Ende des 18. Jahrhunderts erschienen dann auch englische Texte in Übersetzung.
Der großangelegte Import von Büchern aus England begann erst,
nachdem sich die englische Regierung 1835 dafür ausgesprochen
hatte, in Indien Schulbildung in englischer Sprache zu forcieren.
Genaue Daten zu den Importen existieren erst seit 1850. Damals
wurden jedoch schon Bücher im Wert von 150.000 Pfund importiert, wobei 95 Prozent dieser Bücher aus England stammten. Nach

---

[36]   Barbier 1990, 316-318.
[37]   Moretti 1998, 165; Raven 2006, 439.
[38]   Austin 2006, 463-464.
[39]   Joshi 2003, 100.

dem Aufstand im Jahr 1857 stieg der Wert der Buchimporte auf über 300.000 Pfund an, mit der Eröffnung des Suez-Kanals sank er um 75 Prozent. Von diesem niedrigeren Preisniveau ausgehend, stiegen die Importe bis Ende des 19. Jahrhunderts kontinuierlich.[40] Wie viele dieser Bücher Romane waren, ist unbekannt, doch Bestandslisten der damaligen Leihbibliotheken beweisen, dass viele Romane importiert und auch in die lokalen Sprachen übersetzt wurden. Mehrere englische Verlage initiierten Reihen von billigen Nachdrucken, die für den indischen Markt bestimmt waren, um einer möglichen Konkurrenz aus den USA zuvorzukommen. Oft erschienen diese Nachdrucke gleichzeitig mit den britischen Originalen, wenn nicht sogar früher. Besonders erfolgreich war der Verlag Macmillan, der seine englischen AutorInnen 1873 sogar in einem Rundbrief dazu aufforderte, ihre Bücher dem »orientalischen Geschmack« anzupassen. In der zweiten Hälfte des 19. Jahrhunderts entstanden dann auch Romane in bengalischer Sprache, wobei deren bekanntester Autor, Bankinchandra Chattopadhyay, schon 1864 einen Roman in englischer Sprache veröffentlichte, dem jedoch im Vergleich zu seinen folgenden Romanen in bengalischer Sprache nur wenig Erfolg beschieden war.[41] Das sollte im 20. Jahrhundert anders werden, wie ich im folgenden Abschnitt zeigen werde.

Doch nicht nur koloniale Beziehungen sorgten für die weltweite Verbreitung des europäischen Romans. Auch Handelsbeziehungen mit europäischen Mächten konnten den Import von europäischen Romanen mit sich bringen. So ging die erste Übersetzung eines europäischen Romans in Japan, Daniel Defoes *Robinson Crusoe*, die im Jahr 1857 erschien, also noch vor dem Ende des japanischen Handelsembargos, den Umweg über das Niederländische, denn die Niederländer waren zu der Zeit die einzige europäische Macht, die Zugang zu Japan hatte. Doch erst mit dem Ende des Embargos im Jahr 1868 wurde europäisches Wissen im Allgemeinen und der europäische Roman im Besonderen auch in Japan wichtiger. Auch in dieser Phase kamen diese Romane nicht unbedingt auf direktem Weg nach Japan, sondern wurden zum Beispiel von japanischen Reisenden in Singapur, Hongkong oder Indochina entdeckt. Insgesamt erreichten Übersetzungen europäischer Romane ins Japanische zu dieser Zeit jedoch nie die Bedeutung wie jene ins Russische, Polnische und Italienische – ihr pro-

---

40 Ebda., 37-40; Sassoon 2006, 5.
41 Joshi 2003, 72-73, 96-100, 147.

zentualer Anteil betrug nie mehr als 36 Prozent, was sich darauf zurückführen lässt, dass sie immer in Konkurrenz zu japanischen Romanen standen. Während in den 1880er Jahren noch Nachdrucke vormoderner Romane den Markt dominierten, wurden schon 1885 mehr als doppelt so viele japanische wie übersetzte Romane veröffentlicht, wobei diese japanischen Romane auf den importierten westlichen Vorlagen beruhten.[42]

Die japanische Öffnung für europäische Einflüsse markierte auch die Veränderung des Kräfteverhältnisses im ost- und südostasiatischen Raum, wo China durch verschiedene verlorene Kriege, zuletzt den gegen Japan, immer mehr an Einfluss verlor. Diese Niederlagen brachten auch eine Öffnung Chinas mit sich. Erste Übersetzungen europäischer Prosa wurden schon seit der Niederlage im Zweiten Opiumkrieg angefertigt. Doch erst zwischen 1901 und 1911, also kurz nach der Niederlage gegen Japan, explodierte die Zahl der Übersetzungen und überstieg zwischen 1902 und 1907 sogar die eigene Romanproduktion. Dass die Niederlage gegen Japan für diese radikale Neuorientierung Chinas von Bedeutung war, zeigt sich auch daran, dass in diesem Zeitraum viele Übersetzungen europäischer Romane über Japan nach China gelangten, während nach 1911 keine Übersetzungen mehr zu finden sind, die diesen Umweg gingen.[43]

Diese Welle der Ausbreitung des volkssprachlichen Romans setzte sich auch im 20. Jahrhundert weiter fort, so in den Staaten, die nach dem Ersten und Zweiten Weltkrieg neu entstanden, etwa die baltischen Staaten oder Israel. Eine weitere Welle setzte mit der Dekolonialisierung ein, so in Nigeria, wo in den 1950er und 1960er Jahren erste Romane verfasst wurden.[44] Andererseits sahen sich Frankreich und England spätestens seit Mitte des 19. Jahrhunderts einer Konkurrenz aus der Peripherie ausgesetzt, deren Romane ins Zentrum zurückflossen. Schon in den 1820er Jahren wurden die ersten Romane aus den Vereinigten Staaten in Europa rezipiert. Im späten 19. Jahrhundert stieg dann das Interesse an russischen Romanen immens an. Eine weitere Welle von Rückflüssen ging von Skandinavien aus. In den 1920er Jahren schafften es dann auch erste deutsche RomanautorInnen, sich auf dem internationalen Markt durchzusetzen. Diese Rückflüsse hatten einen deutlichen Statusverlust des französischen Romans zur Folge, der nach dem Zweiten Weltkrieg seine hegemoniale Posi-

---

[42]   Zwicker 2006b, 510-515.
[43]   Pollard 1998, 6-8; Tarumoto 1998, 39, 42.
[44]   Griswold 2006, 521.

tion endgültig an den englischsprachigen Roman verlor, wie der folgende Abschnitt zeigt.[45]

Zwei Zentren im Kampf um die Vormacht: Sowjetunion und USA

Zwischen 1930 und 1945 stockte die Internationalisierung des Romans, was zunächst mit den Auswirkungen der Weltwirtschaftskrise zusammenhing, später mit dem Krieg. Doch die bis dahin erreichte Internationalität wurde deswegen nicht weniger, nicht einmal in jenen Ländern, in denen die Politik versuchte, auf den Buchmarkt Einfluss zu nehmen. In Russland wurde nach der Revolution im Jahr 1917 sogar mehr übersetzt, allerdings nicht nur aus dem Westen, dessen Literatur ein spezifisches Übersetzungsprogramm gewidmet war. Vielmehr förderte die Sowjetunion die Minderheitensprachen, um die Alphabetisierung voranzutreiben, und unterstützte die Übersetzung zwischen den verschiedenen Sprachen innerhalb der Sowjetunion, womit sich die große Anzahl der Übersetzungen aus dem Russischen erklärt. Englisch und Französisch verloren als Ausgangssprachen jedoch nicht sofort an Bedeutung. Tatsächlich waren englische und französische Romane von Jack London, Victor Hugo und Jules Verne zwischen 1918 und 1957 in Russland Bestseller.[46] Auch im nationalsozialistischen Deutschland blieben Englisch und Französisch neben den skandinavischen Sprachen lange die prozentual wichtigsten Ausgangssprachen für Übersetzungen, was daran lag, dass einige kanonisierte AutorInnen zwar verboten, aber Kriminal- und Abenteuerromane weiterhin übersetzt wurden. Erst 1939 wurden Übersetzungen aus dem Englischen generell untersagt. Kurze Zeit später war ein politisch motivierter leichter und eher kurzzeitiger Anstieg von Übersetzungen aus dem Rumänischen, Japanischen und Italienischen zu verbuchen, während insgesamt die Zahl der Übersetzungen stark zurückging.[47]

Eine wirkliche Veränderung in der Globalisierung des Romans trat erst nach dem Zweiten Weltkrieg ein, also mit der Aufspaltung der Welt in zwei ideologische Lager. Diese Aufspaltung hatte zur Folge, dass zwei Sprachen, Russisch und Englisch, zum Nachteil aller anderen an Bedeutung gewannen. Russisch dominierte

---

[45] Sassoon 2006, 473, 477, 1030; Paul 2007, 1625, 1628.
[46] Bauer 1964, 80.
[47] Sturge 2004, 56–66.

in den Staaten des sowjetischen Machtbereichs. So wurde in Bulgarien zwischen 1947 und 1956 fast ausschließlich Literatur aus dem Russischen übersetzt, darunter viele Romane, etwa von Turgenev und Tolstoi. Danach stieg die Zahl der Übersetzungen aus anderen Sprachen, besonders aus dem Französischen, wieder etwas an. Auch in diesem Fall spielten Romane, unter anderem von Flaubert und Stendhal, eine bedeutende Rolle.[48] Auch in China wurde nach 1949 hauptsächlich russische Literatur übersetzt. Doch die Bedeutung des Russischen sank auch hier kontinuierlich, während das Englische an Bedeutung gewann, wobei wieder den Romanen eine besondere Bedeutung zukam. Twain, London, Balzac und Verne zählten in China zwischen 1949 und 1960 zu den Bestsellern.[49] Mit der Kulturrevolution gelangten keine Übersetzungen mehr nach China, aber nach deren Ende nahm die Übersetzung aus den westeuropäischen Sprachen, besonders aus dem Englischen, wieder massiv zu.[50]

Insgesamt stellt die Zeit nach 1945 einen Siegeszug des Englischen als Ausgangssprache von Übersetzungen dar, auch wenn es sich kurzzeitig mit dem Russischen die Einflusssphären teilen musste. Dabei nahm besonders die Bedeutung des amerikanischen Englisch auf dem internationalen Übersetzungsmarkt enorm zu. Gleich nach 1945 stieg die Zahl der Übersetzungen US-amerikanischer Literatur in Westdeutschland und Frankreich massiv an. Außerhalb Europas begann dieser Aufstieg des Englischen später. So war in Japan das Französische in den 1950er Jahren noch weitaus bedeutender als das Englische. Erst Anfang der 1970er Jahre wurden Romane aus den USA wichtiger und stellen dort auch heute noch den weitaus größten Anteil aller Übersetzungen.[51] Wie schon oben erwähnt, stieg die Bedeutung des Englischen auch in den Staaten des sowjetischen Machtbereichs schon vor 1989. Eine deutliche Wende war jedoch danach zu beobachten. Zum einen stieg die Zahl der literarischen Übersetzungen aus dem Englischen mit dem Ende des Realsozialismus massiv an. Andererseits nahm die Zahl der literarischen Übersetzungen aus den osteuropäischen Sprachen seit 1989 radikal ab. Aus kleineren Sprachen wie Aserbaidschanisch, Usbekisch und Turkmenisch wurde in den 1990er Jahren so gut wie überhaupt keine Literatur mehr übersetzt. Bei größeren osteuropäischen Sprachen zeigten sich zeitweise gegen-

---

[48] Vrinat-Nikolov/Tchilingirov 2006, 26-31.
[49] Bauer 1964, 19-21, 67, 88.
[50] Xu 2008, 90-91.
[51] Matsunaga-Watson 2005, 169-171.

läufige Tendenzen, insbesondere durch die Buchmessenschwer-
punkte in Frankfurt, wo 1999 Ungarn, 2000 Polen und 2003
Russland zu Gast waren. Doch nur für die ungarische Literatur
scheint diese Entwicklung einigermaßen nachhaltig zu sein (siehe
Index Translationum).

Die internationale Bedeutung des Englischen zeigt sich schließlich auch darin, dass sich viele Autoren und Autorinnen in mehr-
sprachigen Kontexten dafür entscheiden, auf Englisch zu schreiben, um ein größeres Publikum zu erreichen. So wechselten zum
Beispiel die indische Autorin Mrinal Pande und ihr Landsmann
Kiran Nagarkar, die auf Hindi bzw. Marathi zu schreiben begonnen
hatten, in den 1990er Jahren ins Englische, um auf dem internationalen Literaturmarkt wahrgenommen zu werden.[52] Während Bankinchandra Chattopadhyay im 19. Jahrhundert mit seinem Roman
in englischer Sprache noch weniger erfolgreich war als mit seinen
bengalischen Romanen, gilt heute genau das Gegenteil.

Doch es gibt auch Widerstand gegen die angloamerikanische
Hegemonie im kulturellen Sektor im Allgemeinen und auf dem
Buchmarkt im Besonderen. Dieser formiert sich auf verschiedenen Ebenen. In den 1960er und 1970er Jahren gab es deutlichen Widerstand von AutorInnen und Verlagen. Einzelne Autor-
Innen wie Ngugi wa Thiong'o entschieden sich bewusst gegen
das Englische als Literatursprache. Neue Verlage wurden gegründet, um sich der Verlagskonzentration und damit auch der Vereinheitlichung des Literaturmarktes zu widersetzen. Die 1960er und
1970er Jahre waren auch eine Zeit, in der Romane aus Lateinamerika und Afrika in den USA und Europa zum ersten Mal wahrgenommen wurden. Widerstand gibt es jedoch auch auf der staatlichen Ebene. Verschiedene Staaten fördern nicht nur Autoren und
Autorinnen in ihrem jeweiligen Land, sondern auch die Übersetzung von deren Literatur in andere Sprachen. Und in den vergangenen Jahren hat sich auch auf internationaler Ebene Widerstand
gegen die angloamerikanische Hegemonie formiert. Vor allem auf
Betreiben von Frankreich und Kanada wurde 2005 die UNESCO-
Konvention zum Schutz und zur Förderung der Vielfalt kultureller Ausdrucksformen verabschiedet – signifikanterweise mit nur
zwei Gegenstimmen, jener der USA und Israels. Diese Konvention
erlaubt nicht nur staatliche Schutzmaßnahmen der eigenen Kul-
turprodukte, sondern beinhaltet auch Maßnahmen zur Förderung
kultureller Diversität in unterentwickelten Ländern. Ob diese Kon-

---

[52] Mukherjee 2006, 627.

vention Auswirkungen auf die Internationalität des Buchmarktes haben wird, muss sich allerdings erst zeigen.

Literatur

Austin 2006 = John Austin, United States, 1780–1850, in: Franco Moretti (Hg.), The Novel, Bd. 1: History, Geography, and Culture, Princeton-Oxford, 455-465.

Barbier 1990 = Frédéric Barbier, Les marchés étrangers de la librairie française, in: Roger Chartier/ Henri-Jean Martin (Hg.), Histoire de l'édition française. Le temps des éditeurs: Du romantisme à la Belle Époque, Paris, 308-320.

Bauer 1964 = Wolfgang Bauer, Western Literature and Translation Work in Communist China, Frankfurt am Main-Berlin.

Berk 2006 = Özlem Berk, Translating the »West«. The Position of Translated Western Literature within the Turkish Literary Polysystem, in: RiLUnE 4, 1-18.

Boscaro 2006 = Adriana Boscaro, Monogatari, in: Franco Moretti (Hg.), The Novel, Bd. 1: History, Geography, and Culture, Princeton-Oxford, 241-248.

Brownlee 2000 = Marina S. Brownlee, Romance at the crossroads: medieval Spanish paradigms and Cervantine revisions, in: Roberta L. Krueger (Hg.), The Cambridge Companion to Medieval Romance, Cambridge, 253-266.

Connolly/Bacopoulou-Halls 2009 = David Connolly/Aliki Bacopoulou-Halls, Greek tradition, in: Mona Baker/Gabriela Saldanha (Hg.), Routledge Encyclopedia of Translation Studies, 2. Aufl., London-New York, 418-426.

Doody 1996 = Margaret Anne Doody, The True Story of the Novel, New Brunswick (NJ).

Eckermann 1999 = Johann Peter Eckermann, Gespräche mit Goethe in den letzten Jahren seines Lebens (Johann Wolfgang von Goethe Sämtliche Werke, Bd. 12), Frankfurt am Main.

Febvre/Martin 1958 = Lucien Febvre/Henri-Jean Martin, L'apparition du livre, Paris.

Griswold 2006 = Wendy Griswold, Nigeria, 1950–2000, in: Franco Moretti (Hg.), The Novel, Bd. 1: History, Geography, and Culture, Princeton-Oxford, 521-530.

Heilbron 1999 = Johan Heilbron, Towards a Sociology of Translation. Book Translations as a Cultural World-System, in: European Journal of Social Theory 2/4, 429-444.

Joshi 2003 = Priya Joshi, In Another Country. Colonialism, Culture, and the English Novel in India, New Delhi.

Keene 1976 = Donald Keene, World within Walls. Japanese Literature of the Pre-modern Era, 1600–1867, London.

Kim 1987 = Dong-uk Kim, The Influence of Chinese Stories and Novels on Korean Fiction, in: Claudine Salmon (Hg.), Literary Migrations. Traditional Chinese Fiction in Asia (17–20th centuries), Beijing, 55-84.

Krueger 2000 = Roberta L. Krueger, Introduction, in: Roberta L. Krueger (Hg.), The Cambridge Companion to Medieval Romance, Cambridge, 1-9.

Matsunaga-Watson 2005 = Noriko Matsunaga-Watson, The selection of texts for translation in postwar Japan: An examination of one aspect of polysystem theory, in: Eva Hung (Hg.), Translation and Cultural Change. Studies in history, norms and image-projection, Amsterdam-Philadelphia, 161-173.

Moretti 1998 = Franco Moretti, Atlas of the European novel 1800–1900, London-New York.

Mukherjee 2006 = Meenakshi Mukherjee, Epic and Novel in India, in: Moretti, Franco (Hg.), The Novel, Bd. 1: History, Geography, and Culture, Princeton-Oxford, 596-631.

Ôki/Ôtsuka 1987 = Yasushi Ôki/Hidekata Ôtsuka, Chinese Colloquial Novels in Japan – mainly during the Edo Period (1603–1867), in: Claudine Salmon (Hg.), Literary Migrations. Traditional Chinese Fiction in Asia (17–20th centuries), Beijing, 106-139.

Paul 2007 = Fritz Paul, Die übersetzerische Entdeckung europäischer Literaturen: Skandinavienschwelle, in: Harald Kittel/Armin Paul Frank/Norbert Greiner/Theo Hermans/Werner Koller/José Lambert/Fritz Paul (Hg.), Übersetzung. Ein Handbuch zur Übersetzungsforschung, 2. Teilband (Handbücher zur Sprach- und Kommunikationswissenschaft 26,2), Berlin-New York, 1625-1634.

Plaks 2006 = Andrew H. Plaks, The Novel in Premodern China, in: Franco Moretti (Hg.), The Novel, Bd. 1: History, Geography, and Culture, Princeton-Oxford, 181-213.

Pollard 1998 = David Pollard, Introduction, in: David Pollard (Hg.), Translation and Creation: Readings of Western Literature in Early Modern China, 1840–1918, Amsterdam-Philadelphia, 5-23.

Raven 2006 = James Raven, Britain, 1750–1830, in: Franco Moretti (Hg.), The Novel, Bd. 1: History, Geography, and Culture, Princeton-Oxford, 429-454.

Resina 2006 = Joan Ramon Resina, The Short, Happy Life of the Novel in Spain, in: Franco Moretti (Hg.), The Novel, Bd. 1: History, Geography, and Culture, Princeton-Oxford, 291-312.

Salmon 1987 = Claudine Salmon, Introduction, in: Claudine Salmon (Hg.), Literary Migrations. Traditional Chinese Fiction in Asia (17–20th centuries), Beijing, 1-51.

Sassoon 2006 = Donald Sassoon, The Culture of the Europeans. From 1800 to the Present, London.

Simons 2001 = Olaf Simons, Marteaus Europa oder der Roman, bevor er Literatur wurde. Eine Untersuchung des deutschen und englischen Buchangebots der Jahre 1710 bis 1720, Amsterdam.

Sturge 2004 = Kate Sturge, »The Alien Within«. Translation into German during the Nazi Regime, München.

Tarumoto 1998 = Teruo Tarumoto, A Statistical Survey of Translated Fiction 1840–1920, in: David Pollard (Hg.), Translation and Creation. Readings of Western Literature in Early Modern China, 1840–1918, Amsterdam-Philadelphia, 37-42.

Varvaro 2006 = Alberto Varvaro, Medieval French Romance, in: Franco Moretti (Hg.), The Novel, Bd. 1: History, Geography, and Culture, Princeton-Oxford, 156-180.

Vrinat-Nikolov/Tchilingirova 2006 = Marie Vrinat-Nikolov/Krassimira Tchilingirova, Création et diversification du canon littéraire bulgare (XIXᵉ–XXᵉ siècles). Entre tradition nationale et innovation par la traduction, in: RiLUnE 4, 19-35.

Wakabayashi 2005 = Judy Wakabayashi, The reconceptualization of translation from Chinese in 18th-century Japan, in: Eva Hung (Hg.), Translation and Cultural Change: Studies in history, norms and image-projection. Amsterdam-Philadelphia, 121-145.

Watt 1957 = Ian Watt, The Rise of the Novel, Berkeley.

Xu 2008 = Yankong Xu, Towards Pluralistic and Interdisciplinary Approaches. A Reflection on Translation Studies in Contemporary China, in: Wang Ning/Sun Yifeng (Hg.), Translation, Globalisation and Localisation. A Chinese Perspective, Clevedon-Buffalo-Toronto, 88-107.

Yan 1987 = Bao Yan, The Influence of Chinese Fiction on Vietnamese Literature, in: Claudine Salmon (Hg.), Literary Migrations. Traditional Chinese Fiction in Asia (17–20ᵗʰ centuries), Beijing, 265-316.

Yang 2000 = Wuneng Yang, Goethe in China (1889–1999), Frankfurt am Main.

Zeitlin 2006 = Judith T. Zeitlin, Xiaoshuo, in: Franco Moretti (Hg.), The Novel, Bd. 1: History, Geography, and Culture, Princeton-Oxford, 249-261.

Zimmer 2002 = Thomas Zimmer, Der chinesische Roman der ausgehenden Kaiserzeit, München.

Zwicker 2006a = Jonathan Zwicker, The Long Nineteenth Century of the Japanese Novel, in: Franco Moretti (Hg.), The Novel, Bd. 1: History, Geography, and Culture, Princeton-Oxford, 553-595.

Zwicker 2006b = Jonathan Zwicker, Japan, 1850–1900, in: Franco Moretti (Hg.), The Novel, Bd. 1: History, Geography, and Culture, Princeton-Oxford, 509-520.

Wellen im Wasser und in der Zeit
›Welt‹-Handel seit 1204

ANDREAS EXENBERGER

Einleitung

So etwas wie ›Welthandel‹[1] gibt es schon, seit es produzierende
Menschen gibt. Schon in vorgeschichtlicher Zeit kamen Güter über
weite Distanzen, und die alten Hochkulturen errichteten ihre Zivilisationen nicht zuletzt auf Waren aus entfernten Regionen. Freilich waren die ›Welten‹ dieser Zivilisationen immer beschränkt, vor
allem aus technischen Gründen, und es dauerte lange (bis ins 16.
Jahrhundert), ehe der Handel den gesamten Globus umspannte,
und noch länger (bis ins 20. Jahrhundert), bis er auch wirklich in
die ganze Welt (zumindest potenziell) vorgedrungen war. Rückblickend stellt sich diese Entwicklung als nahezu natürlich dar, sie
erscheint als Aufwärtstrend, dessen Hauptbeschränkung die ver-
fügbare Technologie ist. Transportmittel werden größer, schneller
und billiger, was das Volumen der gehandelten Waren steigert, die
dabei zurückgelegten Distanzen vergrößert und die Reichweite der
dadurch geschaffenen Märkte erhöht.

Der Welthandel passt also nicht in eine Geschichte der ›Rhythmen‹ der Globalisierung? Mitnichten. Technologie ist nämlich nicht
die einzige Nebenbedingung, die der Handel zu erfüllen hat, und
auch die Vorstellung, dass diese sich beständig und quasi linear
immer nur verbessert, wäre naiv. Technologieentwicklung zeichnet sich vielmehr durch lange Reifungs- und Stagnationsphasen
mit ruckartigen Aufwärtsbewegungen aus, Schlüsselinnovationen,

---

[1]   Vgl. etwa Denzel 2007 für interessante konzeptionelle Beiträge zum
       Thema, Taylor 2002 und Edelmayer/Landsteiner/Pieper 2001 für zwei
       unterschiedliche knappe Einführungen sowie Findlay/O'Rourke 2007
       für eine ausführliche Darstellung.

die die Welt grundlegend verändern.[2] Das schließt technologischen
Rückschritt nicht aus, der durch politische Intervention ebenso
wie durch zivilisatorische Regression verursacht sein kann. Damit
ist schon der zweite wesentliche Punkt angeschnitten: Handel ist
immer auch Gegenstand von Politik und Kultur, die ihn ungeachtet der rein technischen Möglichkeiten durch institutionelle Eingriffe hemmen oder auch fördern können. Solche Eingriffe reichen
von Lobbyismus im Dienste bestimmter Interessen bis zu religiösen
Vorschriften, die z. B. den Status erwünschter oder unerwünschter
Tätigkeiten widerspiegeln. Schließlich ist noch ein dritter großer
Einflussfaktor zu berücksichtigen: die allgemeinen Rahmenbedingungen (von der Geographie über die Demographie bis zur durchaus wandelbaren Verfügbarkeit von handelbaren Ressourcen) und
damit zusammenhängende Anreize. Insbesondere im Bereich des
Handels waren solche Anreize in der Regel gegenüber der Technologie wichtiger für die Herstellung tatsächlicher Beziehungen.[3]

Handel ist jedenfalls ein Multiplikator, eine Art wirtschaftlicher
Seismograph. Er reagiert stärker auf wirtschaftliche Veränderung
als die Produktion, wie das etwa Angus Maddison in einer kur-
sorischen Betrachtung der letzten fünf Jahrhunderte zeigt (Abbildung 1). Das Wachstum des Handels ist im Vergleich mit dem
Wachstum der Produktion in nahezu allen betrachteten Perioden
überproportional.

Wie sowohl diese Daten als auch die zuvor angestellten Reflexi-
onen andeuten, müssen wir also damit rechnen, mehr oder weniger
ausgeprägte ›Rhythmen‹ auch bei einer Darstellung der Geschichte
des Welthandels zu finden. Handel steht aber zudem sozusagen an
der Wiege der Globalisierung, und das nicht nur praktisch,[4] sondern auch begrifflich. Der Ursprung der Diskussion um Weltwirt-
schaften liegt schließlich ebenso im Handel, wie man auch heute
im allgemeinen Verständnis von Globalisierung den weltumspannenden Austausch von Gütern und Dienstleistungen meint.

Wie unangemessen diese Sichtweise ist, muss im Kontext dieses
Bandes nicht ausgeführt werden. Auch dieser Beitrag geht im

---

[2]   Diese Vorstellung folgt im Wesentlichen dem Konzept der Kondra-
      tieff-Zyklen; vgl. Schumpeter 1939, vor allem 161-174.
[3]   Hier ist z. B. auf die reichhaltige Debatte zum Verhältnis zwischen
      China und Europa zu verweisen, die inzwischen Bibliotheken füllt.
      China fehlte keinesfalls die Technologie (z. B. im Schiffsbau oder im
      Geldwesen), sondern die Anreize, die ihren Einsatz im Außenhandel
      wirtschaftlich profitabel gemacht hätten.
[4]   Vgl. dazu etwa Exenberger 2005.

Abbildung 1: Jährliches Wachstum von Welthandel und Weltproduktion 1500–2003 (in Prozent)[5]

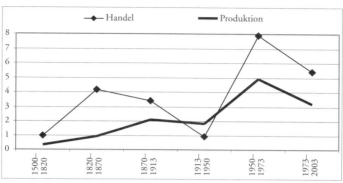

Wesentlichen vom eingangs formulierten breiten und historischen Verständnis von Globalisierung und dessen grober Periodisierung aus und stützt sich dabei auf ähnliche ReferenzautorInnen.[6] Er fußt insbesondere auf den zwei allgemein anerkannten ›Globalisierungswellen‹ im 20. und im 19. Jahrhundert sowie auf zwei diesen vorausgehenden im langen 16. und an der Wende vom 13. zum 14. Jahrhundert und betrachtet diese im Zusammenhang mit Hegemonialzyklen.[7] Das führt zum Aufzeigen von vier Brüchen in der Entwicklung des Welthandels in den letzten ca. acht Jahrhunderten, die einen generellen Expansionstrend unterbrechen und in verschiedene Zyklen teilen. Europa prägte diesen Prozess nur im Nachhinein aus einer ganz bestimmten Perspektive heraus und wohl in erster Linie, weil es zur richtigen Zeit über die gerade entscheidende Technologie verfügte (vor allem im Schiffsbau, der Seefahrt und in der Bewaffnung),[8] was man mit etwas kritischer Distanz wohl

---

5   Daten nach Maddison 2007, 81.
6   Vor allem Hopkins 2002, Gills/Thompson 2006, Abu-Lughod 1989, Wallerstein 1986 und Braudel 1986, zudem aber auch Osterhammel/Petersson 2003, O'Rourke/Williamson 1999a, Findlay/O'Rourke 2007, Flynn/Giráldez 2002, Bordo/Taylor/Williamson 2003, Flynn/Giráldez/von Glahn 2003, Held/McGrew 2003 und Robertson 2003. Siehe auch Eberharter/Exenberger 2007, 12-15.
7   Vgl. dazu Modelski/Thompson 1996 und Kennedy 1989, zusammenfassend Exenberger 2007a, 348-351.
8   Dazu analytisch sehr zutreffend Immanuel Wallerstein: »Wenn daher zu einem beliebigen Zeitpunkt eine Region aufgrund einer Reihe von Faktoren aus der Vergangenheit im Sinn eines Schlüsselfaktors einen leichten Vorteil gegenüber einer anderen Region hat und dazu eine

eher dem Zufall als der besonderen Leistungsfähigkeit der Europäer zuschreiben muss. Aber auch diese Debatte braucht gerade an dieser Stelle nicht aufgegriffen zu werden, ein Verweis auf z. B. die Arbeiten Jared Diamonds mag hier genügen.[9]

Aus der Perspektive der Brüche drängen sich vier Ereignisse in den Vordergrund, die meist auch mit hegemonialen Transformationen und Konflikten zu tun haben: die Große Pest in Europa nach 1346, die Napoleonischen Kriege 1792 bis 1815 und die ›Weltkriege‹ 1914 bis 1945 sowie – weniger trennscharf – die ›Krise‹ des 17. Jahrhunderts, die ich mit ca. 1610 bis 1660 datieren möchte. Sie ziehen ihre Bedeutung nicht zuletzt aus vorangegangenen (und folgenden) Expansionsphasen: dem Entstehen eines ersten eurasischen Weltsystems im 13. Jahrhundert, der Schaffung einer ersten Weltwirtschaft im Wortsinn im 16. Jahrhundert und der Schaffung der ersten Weltmärkte für Massengüter im Wortsinn im 19. Jahrhundert sowie – ebenfalls deutlich weniger trennscharf – das Entstehen des europäischen Staatensystems aus mehreren merkantilistisch orientierten Mittelmächten. Schließlich ist ein aktueller, fünfter Bruch zur Diskussion zu stellen, ehe Schlussbemerkungen den Text abrunden.

Der erste Bruch: die große Seuche

Das Weltsystem 1250–1350 und das ›globale Venedig‹

1204 nahm der ›Welthandel‹ zwar nicht seinen Anfang, es ereignete sich aber etwas Weichenstellendes, das insbesondere seine langfristige Zukunft verändern sollte. Die kleine Seerepublik Venedig erlangte in diesem Jahr die zwar in mehreren Kriegen umstrittene, aber trotzdem drei Jahrhunderte dauernde Vormachtstellung im mediterranen Seehandel[10] durch die erfolgreiche ›Umleitung‹ des vierten Kreuzzugs nach Konstantinopel. Venedig war auch vorher eine Seemacht gewesen, und es war reich gewesen, vor allem durch

---

Konjunktur von Ereignissen kommt, die diesem leichten Vorteil eine zentrale Bedeutung in der Determination der sozialen Aktion geben, verwandelt sich ein leichter Vorteil in starke Ungleichheit, und die Überlegenheit überdauert dann diese Konjunktur. Dies war im 15. und 16. Jahrhundert in Europa der Fall.« (Wallerstein 1986, 127-128.)

[9]   Vgl. Diamond 1997 oder auch Landes 1999.

[10] Vgl. dazu Ashtor 1974, der dies zumindest für das 15. Jahrhundert aufzeigt.

den Handel. Aber durch diesen Kreuzzug wurde aus einer formell immer noch byzantinischen Stadt (prägend für ihre Institutionen) und rein levantinischen Wirtschaftsmacht (an vielen Stellen in die Defensive oder sogar zum Rückzug gedrängt) eine im damaligen, europäischen Sinn globale Macht, die ›drei Achtel‹ des östlichen Kaiserreichs beherrschte.[11]

Janet Abu-Lughod veranschaulicht den größeren Kontext dieser Entwicklung und zeigt auch, warum Venedig durch diesen Kriegserfolg zur ›globalen‹ Macht werden konnte: »Between A.D. 1250 and 1350 an international trade economy was developing that stretched all the way from northwestern Europe to China; it involved merchants and producers in an extensive (worldwide) if narrow network of exchange.«[12] Venedig spielte in diesem ›verketteten‹ Weltsystem aus acht »Handelskreisen« eine für dessen europäischen Teil sehr wichtige Rolle. Es war letztlich für die Märkte in Kontinentaleuropa der wichtigste Anlaufpunkt für Waren aus Indien (über Ägypten und Syrien) und China (über das Schwarze Meer), wobei Venedig sich gerade im 13. Jahrhundert aktiv als der Marktplatz Europas positionierte.[13] Dabei kam der Lagunenstadt die *Pax Mongolica*[14] zu Hilfe, die ab 1223 das damals von Venedig maritim-kommerziell kontrollierte Nordufer des Schwarzen Meeres direkt mit China verband. Schon 1257 wurde dann auch erstmals (von Genuesen) Seide aus China auf den Messen der Champagne verkauft.[15] Ein Europa, das dem uns bekannten bereits recht ähnlich war (jedenfalls ähnlicher als jenes der römischen Zeit), war damit erstmals zum Schauplatz der Globalgeschichte geworden, und einzelne Europäer zu globalen Akteuren. 1338 erschien mit der *Practica della Mercatura* von Francesco Pegolotti ein Handbuch für solche Akteure voller praktischer Tipps, in dem auch auf die konkreten Auswirkungen der *Pax Mongolica* eingegangen wurde: »Der Weg von Tana [auf der Krim]

---

[11] Vgl. ausführlicher Exenberger 2003, 61-65.

[12] Abu-Lughod 1989, 8.

[13] Dies, indem es den oberitalienischen Raum monopolisierte und Kaufleute zwang, für ihre Einkäufe nach Venedig zu kommen; vgl. Exenberger 2003, vor allem 65-69.

[14] *Pax Mongolica* ist ein in der Tradition der *Pax Romana* stehender Begriff, der auf die starke Verbesserung der inneren Sicherheit im durch die mongolische Expansion geschaffenen Reich verweist. Zugleich ist er einer der größten Euphemismen der Globalgeschichtsschreibung: Die Art und Weise, wie dieser ›Friede‹ geschaffen wurde, würde man heute als ›totalen Krieg‹ und ›Völkermord‹ beschreiben.

[15] Abu-Lughod 1989, 167.

nach Cathay [China] ist nach allem, was Kaufleute sagen, die ihn gezogen sind, bei Tag und Nacht sehr sicher [...].«[16]

Der Tod kam auf den Handelsstraßen

Schon vor dem Zusammenbruch dieses ausgedehnten eurasischen Weltsystems, dessen Gravitationszentren im Hinblick auf Bevölkerung und Wirtschaftskraft freilich in Asien lagen, waren die Folgen der politischen Umbrüche in der Levante (Aufstieg der Mamluken in Ägypten, Rückeroberung der Kreuzfahrerstaaten in Palästina) und der innereuropäischen Streitigkeiten zwischen Venedig und Genua bereits spürbar. Zwischen 1323 und 1344 bestand ein päpstliches Verbot für den Handel mit Ägypten, was ihn zwar nicht ganz beendete, aber doch Anreize schuf, Alternativen weiter im Norden zu suchen und zu finden. Neben Persien war dies weiterhin die Schwarzmeerregion, die allerdings durch wiederholte Überfälle der Tataren unsicherer wurde. Diese Unsicherheit hatte Preisschwankungen und wirtschaftliche Verluste zur Folge, was z. B. Venedig dazu veranlasste, seinen Bürgern den Handel mit den Tataren immer wieder zu verbieten.[17]

Von diesen Küsten her kam schließlich auch das Unglück über Europa. Mit den Handelswaren reiste der Pesterreger aus China, wo er bereits im frühen 14. Jahrhundert für größere Epidemien gesorgt hatte, in ein durch demographischen Druck und abnehmende Klimagunst schon geschwächtes Europa.[18] 1346 hatte die Pest die Krim erreicht, von dort reiste sie mit den Handelsschiffen in die Levante und nach Ägypten, 1347 weiter nach Italien und Südfrankreich und schließlich in einem weiten Bogen über das Meer wie durch den Kontinent, bis sie 1352 auch Moskau erreicht hatte.[19] Die Epidemie tötete etwa ein Viertel der damaligen Bevölkerung Europas, in vielen Städten, speziell den im Handel aktiven, aber weit mehr als die Hälfte. In Italien z. B. nahm die Stadtbevöl-

---

[16] Zit. nach Nagel 2007, 28. Und Pegolotti setzt fort: »es sei denn, der Kaufmann stirbt auf dem Weg [...], denn in diesem Fall würde alles dem Herren des Landes gehören, in dem der Kaufmann stirbt [...].«

[17] Vgl. Ashtor 1983, 44-74.

[18] Schon nach 1314 war es infolge schlechter Ernten in Europa verbreitet zu Hungersnöten gekommen, und die Bevölkerung begann nach drei Jahrhunderten des permanenten Wachstums zu stagnieren.

[19] Für eine kartographische Darstellung siehe Abu-Lughod 1989, 172-173.

kerung zwischen 1300 und 1400 von 1,8 auf 0,7 Millionen ab und damit der Verstädterungsgrad von 15 Prozent auf 9 Prozent.[20] Die Seuche wurde in der Folge endemisch und tötete in den folgenden Jahrzehnten wahrscheinlich nochmals ein Viertel der Bevölkerung, wieder vor allem in den Städten.

Der Handel litt darunter besonders. Marktplätze starben buchstäblich aus, und schon während der Epidemie wurde Schiffen die Einfahrt in die Häfen und Händlern der Zutritt zu den Städten verweigert. Dann sorgte die Angst vor Ansteckung, die durch die Endemisierung der Krankheit nachhaltig wirkte, für einen weiteren Rückgang im Warenaustausch. Auf die Gefahr hin, eine komplizierte Geschichte zu sehr zu vereinfachen, war Europa (wie das ebenfalls stark betroffene Ägypten) für eine Zeitlang als Handelspartner zwar nicht völlig, aber weitestgehend ausgefallen. Zudem zerbrach die *Pax Mongolica* zwischen 1335 (Kollaps des Ilchan-Regimes in Persien) und 1368 (Ablöse der Yuan durch die Ming in China). Diese politischen Umbrüche beendeten die relative Sicherheit in Eurasien und versetzten damit dem eurasischen Weltsystem, das vielleicht einen ersten echten Anlauf zur wirtschaftlichen Globalisierung darstellte, den Todesstoß.[21] Es waren aber nicht alle Auswirkungen negativ, denn – wieder eine grobe Vereinfachung – wer die Katastrophe überlebte, für den verbesserte sich die Lage: »[…] the plague raised per capita wealth, incomes and wage rates, replacing a large but relatively stagnant European economy in 1340 that was already at its Malthusian limits with one that had two-thirds of the population but the same amount of land, capital, and stock of precious metals in coins and bullion.«[22]

Zweiter und dritter Bruch: die wirklichen Weltkriege

Erholung in Europa und weltweite Expansion

Von diesem Einschnitt erholte sich Europa erst im Laufe des 15. Jahrhunderts. Dabei kam es zu einer Konzentration der Kräfte – in

---

[20] Vgl. Bosker/Brakman/Garretsen/de Jong/Schramm 2008, 102. Auch die Zahl der Städte (Siedlungen mit mehr als 10.000 Einwohnern) sank von insgesamt 79 auf 26, in Süditalien von 26 auf 5.

[21] Vgl. nochmals Abu-Lughod 1989.

[22] Findlay/O'Rourke 2003, 15; vgl. auch Findlay/O'Rourke 2007, 112-114. Auf ähnliche Beobachtungen im Hinblick auf Reallöhne verweist bereits Wallerstein 1986, 111-112.

Italien (Transformation von Stadt- in Territorialstaaten) ebenso wie
in Frankreich (Aufstieg der Zentralmacht), im Heiligen Römischen
Reich (Aufstieg der Habsburger) oder in Spanien (Reconquista
und Vereinigung). Davon ausgehend konnte es zu dem kommen,
was man ›die europäische Expansion‹ genannt hat und was man
doch richtiger als ›europäische Expansionen‹ bezeichnen müsste.[23]
Zudem trat, eingeleitet von Portugal,[24] der Atlantik auf die Bühne
der Globalgeschichte. Was im 15. Jahrhundert zaghaft begann,
vertiefte sich im 16. und 17. Jahrhundert, sodass schließlich mit
dem ›Atlantischen Dreieck‹ der westliche, von Europa dominierte
Flügel einer erstmals wirklich ›globalen‹ Weltwirtschaft geschaffen
war. Ihr östlicher Flügel bis zu den Gewürzinseln und China wurde
anfangs ebenfalls von Portugal mit dem *Estado da India* dominiert.[25]
Es wurde aber aus der Führungsrolle bald verdrängt, nicht zuletzt
durch seinen Erfolg: Gerade weil durch die Übermacht der Portugiesen auf der Asienroute der eigentlich weit lukrativere Weg nach
Osten verwehrt war, machten sich andere nach Westen auf. Dort
errichteten die Spanier ein flächenmäßig riesiges Reich, das nicht
zuletzt durch den Raub von Gold und später vor allem den Abbau
von Silber auch sehr gewinnbringend war. Motiviert war aber auch
diese Expansion primär durch Handelsinteressen. Andere Strate-
gien setzten sich durch, als klar wurde, dass die übliche Praxis der
Handelsstützpunkte in Amerika nicht anwendbar war.[26]

Sehr lange konnten sich aber auch die Spanier ihrer anfangs
noch geteilten Weltherrschaft nicht erfreuen. Denn die Reichtü-
mer, die in Lissabon und Sevilla anlandeten, riefen zuerst Finan-
ziers und später Abenteurer aus aller Herren Länder auf den Plan,
die sich an der Aufteilung des Kuchens beteiligen wollten. Das
führte zuerst zu steigenden Kosten für den Schutz der Flotten und
Stützpunkte (vor allem gegen die Niederländer und Engländer).
Im 17. Jahrhundert ging daraufhin der spanische Transatlantikhandel zurück (Abbildung 2), ein wichtiges Element des Welthandels. Das war insofern von globaler Bedeutung, als ›spanisches‹ Silber, das über den Atlantik und die Manila-Galeone in den Welt-

---

[23] Vgl. dazu das vierbändige Standardwerk von Wolfgang Reinhard
      (1983–1990), vor allem die ersten beiden Bände, sowie die mittler-
      weile siebenbändige, ausführlich kommentierte Quellensammlung
      »Dokumente zur Geschichte der europäischen Expansion« (Schmitt
      1984–2008).
[24] Vgl. Exenberger 2005.
[25] Vgl. etwa Feldbauer 2005.
[26] Vgl. etwa Hausberger 2008.

Abbildung 2: Umfang des spanischen Transatlantikhandels
1510–1650[27]

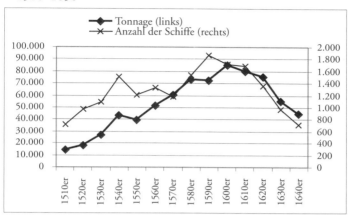

Abbildung 3: Relative Edelmetallpreise zwischen Asien und
Europa 1568–1644[28]

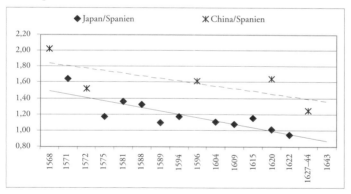

handel eingebracht wurde, eine wichtige Triebfeder des globalen
Warenaustauschs war.[29]

---

27   Phillips 1990, 39–46.
28   Daten nach Atwell 1982, 82. Die Linien sind lineare Trends. Die von
     Atwell publizierten Goldpreise in Silbereinheiten für China, Japan
     und das spanische Reich wurden in Preisverhältnisse umgerechnet
     (1568 war z. B. Gold in Spanien etwa doppelt so viel Silber wert wie
     in China, nämlich ca. 12 Silbereinheiten im Vergleich zu 6). Für die
     Periode 1627–44 wurde das arithmetische Mittel der Bandbreite ange-
     wandt.
29   Vgl. Hausberger 2008, 359, für Abbildungen der damaligen Kapital-
     ströme vgl. Reinhard 1983–1990, Bd. 1, 101.

Die damit verbundenen Arbitragemöglichkeiten lösten einen Potosí/Japan-Silberzyklus in der Weltwirtschaft aus[30] und führten zu einem der selteneren Beispiele für Preiskonvergenz vor 1800 (Abbildung 3).[31] Die anfänglich großen Differenzen, die es europäischen Händlern ermöglichten, in Asien dort kaufkräftig aufzutreten, wo ihre militärischen Machtmittel nicht ausreichten, hatten sich bis Mitte des 17. Jahrhunderts merklich eingeebnet. Damit kam ein wichtiges Schwungrad des globalen Warenaustauschs vorerst zum Erliegen, und dieser musste sich aus eigener Kraft drehen.[32]

Ein selten beachteter, aber ausgesprochen bedeutender Effekt dieser globalen Expansion, insbesondere der Erschließung der ›Neuen‹ Welt, hat schließlich ebenfalls mit Handel zu tun: die weltweite Verbreitung von vorher lokal begrenzten Feldfrüchten. Das betraf vor allem Mais und (Süß-)Kartoffeln aus Amerika, die als Massennahrungsmittel in Europa, aber auch in China zu neuem Bevölkerungswachstum beitrugen, es betraf aber auch Tabak, Kaffee und andere Güter, die sich ab Ende des 16. Jahrhunderts als *cash crops* von ihren ursprünglichen Anbaugebieten in Amerika und Arabien aus global verbreiteten.[33] Nicht zuletzt das Bevölkerungswachstum in Europa gilt als eine Haupterklärung für das langfristige (wenn auch keinesfalls gleichmäßige) Wachstum des Handels zwischen 1500 und 1800.[34]

Komplexe Dynamiken in globalen Netzwerken

Neben dem rückläufigen spanischen Transatlantikhandel (der anderer Länder lief überhaupt erst an) stagnierte auch der Asienhandel

---

[30] Vgl. Flynn/Giráldez 2002, 399–405. Das Konzept der Arbitrage verweist auf Gewinne, die aufgrund von Preisdifferenzen auf verschiedenen Handelsplätzen für Akteure möglich sind, die sich auf mehreren dieser Märkte bewegen.

[31] Preiskonvergenz bezeichnet die Angleichung von Preisen auf verschiedenen Handelsplätzen. Dies geschieht in der Regel dadurch, dass sich die Verbindung von Angebot und Nachfrage verstärkt. Preiskonvergenz gilt daher als wichtiger Indikator für Marktintegration bzw. für Globalisierung.

[32] Silberarbitrage bedingt einen Gegenstrom an Waren. Werden die Preisdifferenzen geringer, schrumpft auch der Warenhandel, weil ihm die Zahlungsmittel ausgehen. Neue Silberfunde belebten den Welthandel im 18. Jahrhundert nochmals nach demselben Muster, vgl. Flynn/Giráldez 2002, 405–411.

[33] Vgl. etwa Menninger 2004.

[34] Vgl. O'Rourke/Williamson 2002b.

in der ersten Hälfte des 17. Jahrhunderts. Die asiatischen Pfeffer-
exporte etwa betrugen zwischen 3.500 und 4.000 Tonnen jährlich,
wobei die Exporte nach Europa vor allem zwischen 1610 und 1630
deutlich zurückgingen.[35] Eine Reaktion auf diese ›Krise‹ bestand in
einer Strategie, die man als Merkantilismus bezeichnet.[36] Vor allem
jene Regionen Europas, die über Kolonien verfügten, setzten auf den
Handel[37] oder genauer: auf eine Politik der Wohlstandssteigerung
durch die Vermehrung von Edelmetall mittels eines Überschusses
im Außenhandel, wobei der Weiterverarbeitung von Waren besonderer Stellenwert eingeräumt wurde. Das hatte vor allem zwei Konsequenzen: Erstens trachtete jedes Land danach, vor allem verarbeitete Waren zu exportieren; zweitens hatten Kolonien einen Sinn,
sofern sie den Mutterländern (z. B. als Rohstofflieferanten) ökonomisch nutzten. Das folgende Ungleichgewicht auf einem mehr
gedachten als real existierenden Weltmarkt ist offensichtlich: eine
starke Nachfrage nach Rohstoffen und ein Überangebot an verarbeiteten Waren. Das logische Resultat ist ebenso klar: ein Nebeneinander verschiedener relativ exklusiver, regulierter und militärisch
kontrollierter Netzwerke des Güteraustauschs. Dabei handelte es
sich im Grunde um einen Zustand der permanenten Konfrontation, freilich im Kontext sehr unterschiedlicher Dynamiken des Auf-
und Abschwungs einzelner Akteure. Daher prägten auch Hegemo-
niebestrebungen diese Expansionen. Die beiden ersten ›Weltkriege‹
fallen genau in diese Epoche, was bereits Charles Boxer mit Verweis
auf den Niederländischen Unabhängigkeitskrieg gezeigt hat.[38] Nach
dem Intermezzo der Englisch-Niederländischen Seekriege (1652–
74) entfaltet sich der zweite ›Weltkrieg‹ dann im 18. Jahrhundert
zwischen Frankreich und Großbritannien.[39]

---

[35] Findlay/O'Rourke 2007, 203, nach Bulbeck/Reid/Cheng/Yiqi 1998, 86.

[36] Adam Smith hat den Begriff *mercantile system* als Kampfbegriff zur
Bezeichnung einer sehr heterogenen, eher politischen Literatur verwendet, gegen die er sein ›System‹ der politischen Ökonomie positiv
abgrenzen wollte: »Die wirtschaftspolitischen Eingriffe des Merkantilismus«, so Smith, »haben in ganz besonderem Maße die Interessen
unserer Manufakturbesitzer geschützt. Ihnen ist nicht nur das Wohl
des Verbrauchers, sondern weit mehr noch das Interesse anderer Gruppen von Produzenten geopfert worden.« (Smith 1996, 559.)

[37] Vgl. etwa Tracy 1990 für eine gute Artikelsammlung zum Thema.

[38] Boxer 1969, 106. Dieser Krieg dauerte – einschließlich des folgenden
Niederländisch-Portugiesischen Krieges – von ca. 1570 bis ca. 1650
und hatte Schauplätze in Amerika, Afrika, Asien und Europa.

[39] Er dauerte mit Unterbrechungen zumindest von 1689 bis 1763 und
entschied u. a. das spätere koloniale Schicksal Nordamerikas und
Indiens; vgl. zu diesen Kriegen auch Wallerstein 1998.

Es wird kaum überraschen, dass es in diesem Klima nicht zu Preiskonvergenz kam. Da keine weitere Integration erfolgte, als das System einmal entfaltet war, und zudem kaum technischer Fortschritt stattfand, fehlten treibende Faktoren. In Summe konnte in diesem Klima der Welthandel eher ausnahmsweise als regelmäßig gedeihen, vor allem, wenn man ihn als ›internationalen‹ Handel versteht. »Ein treffendes Beispiel dafür ist die Gleichzeitigkeit der Ideologie des *Mare Liberum* und *Mare Clausum* im niederländischen Imperium: das Meer ist frei, wo man es nicht kontrollieren kann oder will, und es gehört einzig uns, wo überall wir stark genug sind, meinten die Niederländer im 17. Jahrhundert.«[40] Es gab freilich auch Gegentendenzen, die den Handel förderten, vor allem jenen innerhalb der Kolonialreiche. Sie kommen etwa in der Gründung von ›nationalen‹ Monopolgesellschaften zum Ausdruck, wie etwa der *Vereenigde Oostindische Compagnie* (VOC) in den Niederlanden (ab 1602) oder der *East India Company* in London (ab 1600, neu gegründet 1707).[41] Sie schufen ein Klima der relativen Sicherheit und führten daher zu einem Anstieg des interkontinentalen Handels. Im Falle der *East India Company* verzehnfachte sich der durchschnittliche Wert der jährlichen Exporte und Importe zwischen 1660 und 1760, freilich mit Rückschlägen während kriegerischer Phasen in Indien und generell mit starken jährlichen Schwankungen (Abbildung 4).

Ein anderer wichtiger und exklusiv aufgeteilter Wirtschaftszweig, der aber eher von Privatiers dominiert war, war der transatlantische Sklavenhandel.[42] Auch er blühte im 18. Jahrhundert auf, vor allem infolge des Bedarfs der karibischen Plantagenwirtschaft, die ihrerseits nicht nur die europäische Nachfrage nach Süß- und Rauchwaren befriedigte, sondern auch die Profitinteressen europäischer Anleger und Unternehmer.[43] Die Zahl der in Amerika verkauften AfrikanerInnen vervierfachte sich während des 18. Jahrhunderts auf letztlich mehr als 80.000 ›Köpfe‹ pro Jahr.[44] Der also nicht nur durch europäische Luxusbedürfnisse und amerikanisches Silber, sondern auch durch afrikanische Zwangsarbeit angetriebene

---

[40]   Exenberger 2003, 160.
[41]   Vgl. Nagel 2007 oder Valentinitsch 2001.
[42]   Vgl. etwa Klein 1999, zusammenfassend auch Exenberger 2007b.
[43]   Vgl. für eine differenzierte Betrachtung dieser Frage z. B. Eltis/Engerman 2000.
[44]   Vgl. für detaillierte Zahlen Klein 1999, 208-211. Ein ›Kopf‹ entspricht dem Gegenwert eines gesunden männlichen Sklaven von etwa 25 Jahren.

Abbildung 4: Außenhandel der *East India Company* 1660–1759 (in tausend Pfund)[45]

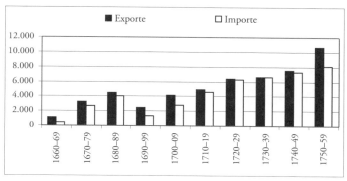

Kreislauf war damit wahrhaft ›global‹, wie Richard Drayton treffend zusammenfasst: »Polish serfs worked seven days a week, and slaves in Martinique and Jamaica six, in order that Swedes and Prussians might drink sugared coffee in Chinese porcelain, and gentlemen in Hamburg, Bordeaux and London might add credits to their ledgers.«[46]

Wenngleich der Handel im 17. und 18. Jahrhundert vorrangig innerhalb von Imperien ablief und der Austausch zwischen ihnen meist kostenintensiv über die Mutterländer umgeleitet war, gab es nichtsdestoweniger eine durch Handel verbundene Weltwirtschaft. Sie wies freilich zwei unterschiedliche Sphären auf, die durch unterschiedliche Logiken, gehandelte Güter und Dynamiken geprägt waren: eine asiatische und eine atlantische. »Während der asiatische Wirtschaftsraum auch vor seiner ›Entdeckung‹ durch die Europäer bereits ebenso intensiv existiert hatte und diese dort in erster Linie durch die Besetzung einzelner Handelsstützpunkte und die Bereitstellung von Transportdienstleistungen auftreten konnten, womit frühere muslimische, indische und chinesische Netzwerke marginalisiert wurden (*trade diversion*), war der atlantische Wirtschaftsraum vielmehr eine europäische Schöpfung (*trade creation*).«[47] Von echter Integration kann aber nicht die Rede sein, wie

---

[45]   Exenberger 2003, 179; Daten nach Reinhard, Bd. 1, 158-161. Im Wesentlichen ging es dabei um einen Austausch von Edelmetall (76 Prozent der Exporte) gegen Tuch (66 Prozent der Importe).

[46]   Drayton 2002, 102-103.

[47]   Exenberger 2007b, 59. Interessanterweise waren beide Räume durch Sklavenhandel verbunden: Zumindest bis Mitte des 18. Jahrhun-

vor allem Kevin O'Rourke mittels Daten über Preiskonvergenz aufzeigt (Abbildung 5). Vor den Napoleonischen Kriegen beträgt der
markup, der Aufschlag des Verkaufs- auf den Einkaufspreis, ohne
klaren Trend durchgehend ein Mehrfaches des Einkaufspreises.
Erst danach sind die Marktkräfte wirksam genug, um einen Ausgleich einzuleiten, und der Aufschlag fällt auf Bruchteile, bis um
1900 sogar in den Prozentbereich.[48]

Abbildung 5: *markups* im europäisch-asiatischen Handel[49]

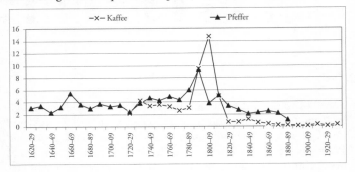

Revolutionen und ihre Folgen

Wir treten also im 19. Jahrhundert in ein neues Handelszeital-
ter. »By the mid-eighteenth century there was a well-developed
international trading system that linked almost all the continents
through trade [...]. Traditional Euro-Asian trade was still important, and the Atlantic had now become a bridge rather than a bar-
rier, linking Europe with her colonies in the Americas, and linking both continents with African markets and slave supplies. These
well-defined patterns of intercontinental trade, which had been
centuries in the making, would be permanently disrupted in the
decades following 1780, which saw a series of profound shocks to
the international system.«[50]

---

derts waren indische Textilien das quantitativ wichtigste Tauschgut
für SklavInnen in Afrika; vgl. Klein 1999, 87-88.

[48] Vgl. für viele Beispiele vom Kabeljau bis zur Seide O'Rourke/Willi-
amson 2002a.

[49] O'Rourke/Williamson 1999b, 46, nach Bulbeck/Reid/Cheg/Yiqi
1998, 58-59, 84, 103 und 175. Die *markups* geben die Differenz
zwischen dem Verkaufspreis in Amsterdam und dem Einkaufspreis
in Südostasien relativ zum Einkaufspreis an.

[50] Findlay/O'Rourke 2007, 365.

Dabei zog sich der merkantilistische Geist noch in die Napoleonischen Kriege hinein, die von 1792 bis 1815 fast ununterbrochen in Europa (und darüber hinaus) tobten. Die französischen Blockademaßnahmen waren vom Gedanken getragen, Exporte des Gegners zu verhindern (die Edelmetall eingebracht hätten), anstatt Importe zu unterbinden (z. B. von Kriegsmaterial).[51] Sie begannen bereits 1793, zwischen 1807 und 1810 war die französische ›Kontinentalsperre‹ einigermaßen komplett, brach aber bis 1813 zusammen. Auf den Weltmeeren spielte sie zudem eine unbedeutende Rolle, denn dort dominierte ohnehin die britische Marine. Eine besondere Stellung nahmen in diesem Spiel die USA ein,[52] die lange Zeit von der Blockade der Kriegsparteien sogar profitierten, indem britische und vor allem französische Waren auf US-Schiffen transportiert wurden, um so der Beschlagnahmung zu entgehen. Das half der jungen, ebenfalls ›revolutionären‹ Nation, in der Weltwirtschaft als eigenständiger Akteur Fuß zu fassen, bis diese Lücke sich schrittweise schloss und auch US-amerikanische Schiffe Opfer des Krieges wurden. 1807 kam es sogar zum *Embargo Act*, in dem die USA den eigenen Schiffen zu ihrem Schutz verboten, fremde Häfen anzulaufen.

Kurzfristig reagierten die Importpreise heftig auf den Krieg. So wurden 1807–1814 Weizen relativ zu Textilien in Großbritannien um 41 Prozent teurer und in Frankreich Textilien relativ zu Weizen um 20 Prozent. Noch dramatischer waren die Auswirkungen auf Kolonialwaren, deren Preise teils um ein Vielfaches stiegen, so z. B. die Pfefferpreise (216 Prozent relativ zu Weizen in Frankreich, 167 Prozent relativ zu Textilien in den Niederlanden), die Zuckerpreise (195 Prozent relativ zu Weizen in Frankreich, 215 Prozent relativ zu Textilien in den Niederlanden) oder auch der Preis von Textilien in den USA (183 Prozent relativ zu Baumwolle).[53] Kevin O'Rourke hat darauf aufbauend auch gesamtwirtschaftliche Verluste für jene Länder errechnet, für die ausreichend Daten vorliegen: jährlich (!) 4 bis 5 Prozent für die USA, 2 bis 3 Prozent für Frankreich und 1 bis 2 Prozent für Großbritannien.[54]

---

51 So wurden etwa im Jahr 1810 nach einer schlechten Ernte in Großbritannien sogar Nahrungsmittel aus Frankreich geliefert, um dadurch (sic!) den Gegner finanziell zu schwächen; vgl. Olsen 1963, 65.

52 Auf die besondere Rolle weist schon Douglass North hin; vgl. North 1966, 24-58.

53 Findlay/O'Rourke 2007, 370.

54 Vgl. O'Rourke 2007.

Wichtiger als diese kurzfristigen Effekte waren aber die lang-
fristigen Weichenstellungen. Die wichtigsten für die Entwicklung
des Handels waren interessanterweise zwei gegensätzliche Trends:
Zum einen war der Merkantilismus nachhaltig diskreditiert (das
kommt etwa im Niedergang der früher so wichtigen Handelskom-
panien zum Ausdruck), und in der Folge wurden Restriktionen wie
Quoten, administrative Hürden oder Einfuhrverbote durch Zölle
ersetzt, die weniger störend für den Handel waren. Zum anderen
trugen Embargos dazu bei, dass – teils durch Subventionen begünstigt – protektionistisch orientierte Lobbygruppen entstanden (z. B.
Textilindustrien in Frankreich oder den USA oder die Rübenzu-
ckerindustrie in Europa), die in der Folge ihre Sektoren vor allzu
gefährlicher ausländischer Konkurrenz zu schützen verstanden.
Neben der politischen Lehre, dass Frieden in Europa zukünftig um
nahezu jeden Preis erhalten werden müsste, sollte dieser Wider-
streit die folgenden Jahrzehnte und eigentlich die gesamte ›erste‹
Welle der Globalisierung ökonomisch prägen.

Der vierte Bruch: die ›großen‹ Kriege 1914–1945

Die goldene Ära des langen 19. Jahrhunderts

Nach dem Zusammenbruch der napoleonischen Hegemonialbestrebungen beherrschte die *Royal Navy* nicht nur sprichwörtlich die
Meere und sicherte damit den Handel im Empire während einer
Epoche, die man sehr unzutreffend als *Pax Britannica* bezeichnet.[55]
Großbritannien gab dabei den Weg in Richtung Liberalismus vor,
von dem man durch die Kriege abgekommen war (schon 1786
hätte der *Eden Treaty* Handelserleichterungen zwischen Großbritannien und Frankreich vorgesehen). Flankiert war dies von Entwicklungen der Wirtschaftstheorie jener Zeit, die maßgeblich durch
David Ricardo geprägt wurden.[56] Er wandte sich direkt gegen die
eben eingeführten und bis 1846 geltenden *Corn Laws*, und sein
Konzept der komparativen Kostenvorteile ist als offene, theorie-

---

[55] Sie war zwar innereuropäisch friedlich, global betrachtet aber nicht:
      Allein Großbritannien war zwischen 1815 und 1914 in 71 (!) von 99
      Jahren in außereuropäische Konflikte verwickelt; vgl. Ferguson 2001,
      34.
[56] Das zentrale Werk dazu sind die 1817 veröffentlichten *Principles of
      Political Economy and Taxation*, die an die von Smiths *Wealth of Nati-
      ons* begründete liberale Tradition anknüpfen.

gestützte Politikempfehlung zugunsten bilateraler Marktöffnung zu verstehen, die in der praktischen Umsetzung insbesondere aus einer Position der ökonomischen und politischen Stärke heraus vorteilhaft ist. So drang Großbritannien in dieser Zeit z. B. in Lateinamerika massiv in den Handel, vor allem aber in das Kreditwesen ein und wurde dabei durch die Napoleonischen Kriege noch begünstigt, die indirekt die Sezessionsbewegungen in Lateinamerika erleichtert hatten.

Dabei ist es ein weit verbreiteter Irrtum, dass die Zölle während dieser Globalisierungswelle beständig gesunken wären. Sie stiegen vielmehr spätestens ab den 1870er Jahren eher wieder an, insbesondere in den kontinentaleuropäischen Flächenstaaten und vor allem zwischen 1875 und 1895.[57] Wichtiger für den Handel als Zölle erwiesen sich hingegen feste Wechselkurse, wie sie durch das Regime des Goldstandards garantiert waren.[58] Es hatte ein verringertes Währungsrisiko und damit verstärkte Transaktionen und mehr Handel zur Folge.[59] Die Ausweitung des Handels im 19. Jahrhundert war aber auch ganz entscheidend von einer Transportkostenrevolution getragen. Durch die Einführung des Dampfschiffs und der Eisenbahn sanken ab den 1830er Jahren die Transportkosten dramatisch, auch über große Distanzen und auch über Land. Tabelle 1 veranschaulicht dies exemplarisch für das 19. Jahrhundert, zeigt aber zugleich, wie sich die Entwicklung im 20. Jahrhundert teilweise umkehrte.[60]

---

[57] Im industrialisierten Europa lagen sie 1913 wieder bei 10 bis 15 Prozent. Anders verhielt es sich außerhalb Europas: in Amerika blieben die Zölle eher hoch (auf verarbeitete Waren z. B. 44 Prozent in den USA, 40 Prozent in Mexiko und 50 Prozent in Brasilien), in jenen Regionen Asiens, die starkem imperialen Druck ausgesetzt waren, sanken sie hingegen auf nahezu null (3 Prozent in Siam, 4 Prozent in Persien und 5 Prozent in China); vgl. Baldwin/Martin 1999, 13.

[58] Im Goldstandard garantierte die jeweilige nationale Zentralbank den Umtausch von eigenem Papiergeld gegen Gold zu einem garantierten Kurs. Da der Handel mit Gold erlaubt ist, sind damit automatisch auch die Wechselkurse aller beteiligten Währungen fixiert. Diesem 1819 von Großbritannien ausgehenden Regime traten bis 1900 alle relevanten Wirtschaftsmächte der Welt bei; vgl. etwa Eichengreen 2000, 21-68.

[59] In zwei der wenigen Studien, die die Frage nach den Gründen für diese Zunahme des Handels empirisch zu beantworten versuchen, wird der common currency-Effekt als wichtigste der Standarderklärungen identifiziert; vgl. Estevadeoral/Frantz/Taylor 2002. Dieses Ergebnis wird durch Jacks 2006 bestätigt.

[60] Vgl. für mehr Zahlen etwa O'Rourke/Williamson 1999a und O'Rourke/Williamson 2002a.

Tabelle 1: Transportkosten nach Großbritannien 1820–1937 (in Prozent des Warenwerts)[61]

				Weizen	Rohstoffe	Baum-wolle
	Baltikum	US-Ostküste	Chicago	Süd-amerika	Süd-amerika	New Orleans
1820	8,0					
1830	7,1	10,3				
1840	7,2					
1850		7,5				
1860	6,8	10,9			26,8	
1870	9,6	8,1	33,0			
1880	4,5	8,6	21,7			
1890	3,5	5,0	13,3	15,6	16,4	
1900	5,9	8,2	15,9	18,5		
1910	3,4	3,2	7,4	7,4		
1922			24,6	26,3		17,1
1927			12,9	11,0		15,5
1929			8,7	11,6		34,1
1933				10,1		11,1
1937				5,8		12,2

Durch ein Zusammenspiel dieser Faktoren – Währungssicherheit, Transportkostenrevolution, territoriale Expansion und Imperialismus sowie Liberalisierung – nahm der Handel während des 19. Jahrhunderts stark zu: zwischen 1880 und 1913 um den Faktor 3,3 (Importe) und den Faktor 3,0 (Exporte), was auch für den Handel mit verarbeiteten Waren gilt.[62] Der tropische Handel nahm zum Teil sogar noch stärker zu, wenn auch oft verbunden mit offensichtlicher Ausbeutung:[63] Zwar blieb der Karibikhandel annähernd gleich, die Volumina aus den neu oder zumindest stärker penetrierten Kolonialgebieten in Asien und Afrika nahmen aber zum

---

[61]   Findlay/O'Rourke 2007, 383 und 464; vgl. auch Hynes/Jacks/ O'Rourke 2009.

[62]   Findlay/O'Rourke 2007, 412.

[63]   So z. B. im Kongo-›Freistaat‹, wo zwischen 1890 und 1908 vermutlich zehn Millionen Menschen vor allem infolge von gewaltsam durchgesetzten Kautschukquoten ums Leben kamen; vgl. etwa Hochschild 2000.

Teil um den Faktor 5 bis 10 zu.[64] So änderte der Handel auch seinen Charakter. War er vor 1800 global betrachtet eher Luxusgüterhandel (Gewürze, Edelmetalle, Manufakturwaren, Tuche usw.) mit hohen Stückwerten, kleinen Tonnage und geringer Preiskonvergenz, war er um 1900 Massenhandel (Getreide, Baumwolle, Metallrohstoffe, Industrieprodukte usw.) mit zwar geringen Stückwerten, aber wachsenden Tonnagen mit hoher Preiskonvergenz.

Die Katastrophe des 20. Jahrhunderts

So wie sich der Handel zwischen 1870 und 1913 relativ zum Bruttoinlandsprodukt verdoppelt hatte, schrumpfte er zwischen 1913 und 1938 wieder (von 22 Prozent des Weltprodukts im Jahr 1913 auf 8 Prozent im Jahr 1932).[65] Die gleichen Faktoren wie in der Expansionsphase verursachten auch diese Entwicklung, nur diesmal umgekehrt: Die Transportkosten stiegen tendenziell, die Zölle nahmen deutlich zu, der Goldstandard kollabierte, und die Kolonisierung konnte sich nicht fortsetzen, da praktisch die gesamte Welt bereits kolonisiert war. Dazu kamen die beiden großen Kriege, *die* großen Katastrophen des 20. Jahrhunderts. Deren Bedeutung reicht weit über den Kontext dieses Beitrags hinaus, vor allem wegen ihrer Totalität und Technisierung und der mit ihnen verbundenen Völkermorde. Der Handel aber muss durch Kriege nicht unbedingt leiden, nominell vervielfachten sich in manchen Ländern während des Ersten Weltkriegs (1914–1918) sogar die Handelsvolumina.[66]

Gänzlich anders verhielt es sich während der Weltwirtschaftskrise ab 1929.[67] Sie traf den Welthandel noch stärker als die Weltproduktion, obwohl auch diese bis 1932 um mehr als 20 Prozent einbrach. Der Welthandel schrumpfte hingegen – mit regionalen

---

[64] Lewis 1969, 48.

[65] Estevadeoral/Frantz/Taylor 2002, 6, 37 und 39.

[66] Vor allem in den USA und Japan, bei den Importen aber auch z. B. in Frankreich und Großbritannien, während Deutschland deutliche Rückgänge hinnehmen musste; vgl. für Daten Findlay/O'Rourke 2007, 432.

[67] Vgl. etwa James 2001. Die Krise begann freilich früher: In nominellen Werten sanken die Preise für Nahrungsmittel bereits ab 1923 nahezu kontinuierlich bis 1935 auf etwa ein Drittel, jene für Rohstoffe ab 1925 auf sogar weniger als ein Drittel, und jene für verarbeitete Waren begannen bereits 1922 zu sinken, endgültig ab 1928, auf schließlich weniger als die Hälfte; vgl. James 2001, 103.

Unterschieden – wertmäßig (also auch infolge der Deflation) bis
1932 um 61 Prozent und lag 1937 noch bei Werten unter 50 Prozent der Vorkrisenniveaus.[68]

Dazu trugen auch steigende Zölle bei,[69] allerdings nicht entscheidend, denn wichtiger war das extrem kooperationsfeindliche
wirtschaftliche Klima jener Zeit, das sich insbesondere negativ auf
den Handel auswirkte, und die zunehmende Unsicherheit im Hinblick auf die Wechselkurse.[70] Bis auf zaghafte Ansätze Ende der
1930er Jahre fielen die Handelsschranken erst wieder ab 1945 im
Rahmen institutionalisierter Senkungsrunden: in den Industriestaaten deutlich, in den sogenannten Entwicklungsländern nahmen sie hingegen als Ausdruck neuer Selbstständigkeit zuerst zu,
um später ebenfalls zu sinken.[71]

Der fünfte Bruch?

Institutionalisierter Welthandel im 20. Jahrhundert

Damit aber begann der Handel wieder zuzunehmen. War sein
Wachstum während der ersten Welle der Globalisierung bereits
bemerkenswert, ist es nach 1950 historisch beispiellos (Tabelle 2).

Der Handel war dabei vor allem von zwei Merkmalen geprägt:
Zum einen kam es zur Institutionalisierung und zum anderen
zum Strukturwandel. In beiderlei Hinsicht wandelte er damit sein
Gesicht gegenüber jenem vor 1913 nahezu völlig. Zwar gab es auch
schon damals eine Reihe bilateraler Zollabkommen, teils auch mit
Meistbegünstigungsprinzip,[72] nach 1945 aber wurde dieses Netzwerk von einem wesentlich übersichtlicheren multilateralen System überlagert. Es stand im Kontext der Gründung der Vereinten Nationen 1945 und der Konferenz von Bretton Woods 1944,

---

[68] Findlay/O'Rourke 2007, 450. Mengenmäßig fiel der Einbruch geringer aus.

[69] Zwischen 1920, als die Zölle international auf einem sehr niedrigen
Niveau lagen, und Mitte der 1930er Jahre, als sie ihren Höchststand
erreichten, verdreifachten sie sich im Durchschnitt; vgl. etwa Williamson 2003, 49 oder auch Findlay/O'Rourke 2007, 444-445.

[70] Vgl. Estevadeoral/Frantz/Taylor 2002.

[71] Findlay/O'Rourke 2007, 403, 444 und 494-495.

[72] Das Meistbegünstigungsprinzip ist heute gängige internationale Praxis und besagt, dass eine Vergünstigung, die einem Handelspartner
gewährt wird, auch allen anderen gewährt werden muss, mit denen
Handelsabkommen bestehen.

Tabelle 2: Exportvolumina ausgewählter Länder 1870–2003 (USA 1973 = 100)[73]

	1870	1913	1929	1950	1973	2003
Großbritannien	7	23	18	23	54	184
USA	1	11	17	25	100	459
Deutschland	4	22	20	8	111	450
Frankreich	2	6	10	10	60	231
Japan	0	1	2	2	54	231
China	1	2	4	4	7	260
Indien	2	5	5	3	6	49

die den Internationalen Währungsfonds (IMF), die Weltbank und (indirekt) das Allgemeine Abkommen über Zölle und Handel (GATT) hervorbrachte. Dies schuf einen bis dahin beispiellosen Institutionalisierungsgrad auf globaler wirtschaftlicher wie politischer Ebene, im Zuge dessen auch der internationale Handel massiv erleichtert wurde. Aus einer Verhandlungsrunde im Rahmen des GATT (der »Uruguay-Runde« 1987–1993) ging schließlich die Welthandelsorganisation (WTO) hervor, die diesen Prozess seit 1995 nochmals vertiefte, indem die Logik des Warenhandels auch auf den Handel mit Dienstleistungen und geistigen Eigentumsrechten ausgedehnt wurde.

Der zweite Trend spiegelt sich in dieser Entwicklung, hat aber einen anderen Schwerpunkt. Zwar hat auch der Handel mit Dienstleistungen im 20. Jahrhundert zugenommen, insgesamt noch interessanter ist aber die Verschiebung seines Musters von komplementären Strömen zu supplementären. Während der Welthandel des 19. Jahrhunderts durch den Tausch von verarbeiteten Waren gegen Rohstoffe (bzw. von Industrie- gegen Agrarprodukte) geprägt war, waren die quantitativ wichtigsten Handelsströme Ende des 20. Jahrhunderts jene von verarbeiteten Waren zwischen Industrieländern. Die Wirtschaftstheorie reflektiert das: Entwickelten Eli Heckscher und Bertil Ohlin nicht zuletzt durch die Erfahrungen aus dem 19. Jahrhundert eine Theorie, die auf durch solche Ströme

---

[73] Maddison 2007, 170. Die Werte sind in konstanten US-Dollar von 1990 angegeben (also um Kaufkraftdivergenzen in Raum und Zeit bereinigt) und wurden dann indexiert, wobei der Übersichtlichkeit halber auf die Darstellung von Kommastellen verzichtet wurde (der Wert für Japan 1870 beträgt daher tatsächlich nicht 0, sondern 0,03).

reflektierten Unterschieden zwischen Ländern aufbaut,[74] kam es aufgrund der Erfahrungen in der zweiten Hälfte des 20. Jahrhunderts nicht zuletzt durch die Arbeiten von Paul Krugman zur Entwicklung der sogenannten »neuen Außenhandelstheorie«, die auch eine Erklärung für den Handel mit relativ ähnlichen Gütern zwischen nahezu gleichartigen Ländern zu liefern imstande ist.[75] Dieser Strukturwandel spiegelt sich auch in der Preisentwicklung: Während die Preise für Rohstoffe, speziell agrarische und mineralische, während der letzten Jahrzehnte tendenziell sanken, stiegen die Preise verarbeiteter Waren eher an, was die *Terms of Trade* (das Tauschverhältnis von Exporten zu Importen) vieler Länder verschlechterte, speziell der besonders armen.[76]

Die Katastrophen des 21. Jahrhunderts?

Was das 21. Jahrhundert im Hinblick auf den Welthandel bringen wird, kann natürlich nicht zuverlässig vorhergesagt werden. Es ist zwar wahrscheinlich, dass sich langfristig der durch technologischen Fortschritt und institutionelle Rahmenbedingungen geschaffene Trend der absoluten und möglicherweise auch der relativen Ausweitung des Warenaustauschs weiter fortsetzen wird, der die letzten zwei Jahrhunderte prägte, es ist aber keinesfalls sicher, solange mögliche Trendbrüche nicht zuverlässig als solche identifiziert werden können. Was hingegen angesichts der ersten Weltwirtschaftskrise des 21. Jahrhunderts bereits beobachtbar ist, sind die erneut überdimensionalen Auswirkungen einer solchen allgemeinen Krise auf den Handel, was seinerseits wieder zu negativen Rückkoppelungseffekten führt und insbesondere die ökonomische Ratschlagsindustrie, die sich in den letzten Jahrzehnten allzu sehr auf die heilsame Wirkung der Marktöffnung verlassen hat, in Argumentationsnotstand versetzt. So reagierte der Welthandel – relativ betrachtet noch stärker als während der Großen Depression – erneut deutlicher auf den Konjunktureinbruch als selbst die Industrieproduktion.[77] Das

---

74 Das Standardwerk dazu ist Ohlin 1933.
75 Vgl. Krugman 1979 sowie Krugman 1980. Paul Krugman hat u. a. dafür 2008 den Nobelpreis für Wirtschaftswissenschaften erhalten.
76 Dieser Befund geht – unabhängig voneinander – auf Raúl Prebisch und Hans Singer zurück.
77 Die WTO prognostizierte am 24. März 2009 einen Rückgang des Welthandels im Jahr 2009 um 9 Prozent (»the biggest such contraction since the Second World War«) bei einem Rückgang des Weltprodukts um lediglich 1 bis 2 Prozent (angesichts der laufenden Neu-

hat auch damit zu tun, dass gerade globaler Handel wegen seines anonymen, indirekten Charakters stark mit der wirtschaftlichen Weltwährung Vertrauen kalkuliert, die im Zuge der Finanzkrise 2007/08 so dramatisch entwertet wurde.

Zusammenfassung und Ausblick

So etwas wie Welthandel hat es schon immer gegeben, wenn auch räumlich begrenzt. Unser gegenwärtiges Welthandelssystem ist auf diesem Erbe erbaut, eine echte zeit-räumliche Kontinuität bis zurück in antike Zeiten weist es aber nicht auf. Vielmehr geht es auf ein eurasisches Weltsystem zurück, das durch eine globale Seuche zerstört wurde, wenn auch nicht total. Die Handelsverbindungen wurden zwar massiv beeinträchtigt, aber nicht mehr völlig unterbrochen, und mit Beginn der ›europäischen Expansionen‹ in ein bis heute fortbestehendes System transformiert. Hegemonialbestrebungen einzelner Akteure stützten es, störten es aber mindestens ebenso sehr und teils empfindlich, flankiert von durchaus wechselvoller ideologischer Unterfütterung. Der Welthandel war daher stets von Rhythmen geprägt, er war bestimmt von (insgesamt stärkeren) Auf- und (insgesamt schwächeren) Abschwüngen und reagierte meist überproportional auf wirtschaftliche Veränderungen. Der Handel ist also verletzlich, und das macht auch das globale Wirtschaftssystem verletzlich, das sich infolge von Profitmöglichkeiten, aber auch ideologischem Druck in den vergangenen Jahrzehnten sehr stark in Abhängigkeit von internationaler und globaler Arbeitsteilung begeben hat. Das Austrocknen des Angebots wäre heute so problematisch wie das der Nachfrage, denn die Menschen beziehen viel ihres Wohlstands, teils auch der lebensnotwendigen Güter aus dem Ausland und sind mit Blick auf ihre Arbeitsplätze im Gegenzug darauf angewiesen, dass ihre Produkte dort gekauft werden. Mit dieser Anfälligkeit wird für den Luxus bezahlt, den der globale Handel den Menschen mit Kaufkraft immer schon ermöglicht hat, nur hatte dieser Handel historisch – von ganz wenigen Ausnahmen abgesehen, wie etwa dem mittelalterlichen Venedig – niemals jenen Stellenwert, den er heute global betrachtet einnimmt.

kalibrierung der Prognosemodelle muss man beide Schätzungen für sehr konservativ halten). Im Jänner 2009 erreichten die Handelsvolumina vieler Länder (z. B. der USA, Japans, Chinas, Brasiliens oder Deutschlands) auf monatlicher Basis die niedrigsten Werte seit annähernd drei Jahren; vgl. WTO 2009, vor allem 2 und 15-16.

Ich möchte mir hier abschließend noch einige Gedanken über die Frage machen, wie man eine noch ambitioniertere Welthandelsgeschichte schreiben könnte, nämlich als Globalgeschichte. Dieser Beitrag blieb diesbezüglich in konventionellen Bahnen, weil er darum bemüht war, sich einer anderen Herausforderung zu stellen: der Rhythmisierung dieser Geschichte mit Betonung der Brüche. Man könnte aber auch die Perspektive verschieben und sollte dann vom Indischen Ozean ausgehen, einer *méditerranée mondiale* (statt *monde méditerranéen*), wie man vielleicht in braudelianischer Tradition sagen könnte. Denn der Indische Ozean ist die Konstante in der *longue durée* des ›globalen‹ Handels, möglicherweise seine einzige räumliche Konstante. Im Vergleich zu diesem Meer sind das Mittelmeer eine Bucht und der Atlantik ein Nachzügler (globalhistorisch lange nach seinem pazifischen Pendant, das bereits vor zwei Jahrtausenden ein ausgedehnter, wenn auch dünnmaschiger Handelsraum war). Ausgehend vom Indischen Ozean ergäben sich vielleicht gänzlich andere Rhythmen der Globalisierung, zumindest in der Zeit vor – sagen wir – 1803, als Delhi an die Briten fiel. Diese Verschiebung der Perspektive scheint analytisch lohnend, denn auch geographisch stellt Indien eine Brücke dar, die Osten und Westen verbindet, nur eben den Osten und Westen eines ozeanischen Raums, den manche antike Kartographen vielleicht gar nicht so falsch als Binnenmeer darstellten. Schließlich nähme man auch eine zeitlich längere Periode in den Blick und hätte damit eine andere Sicht auf die mesopotamisch-ägyptischen Hochkulturen, auf das weit entfernte und eher periphere Europa und auch auf das viel nähere und weit weniger exotische China und den zentralasiatischen Raum. In späteren Epochen könnte man durch diese andere Sicht der Dinge auch den Atlantik neu deuten, ebenso Amerika und die USA. Anknüpfungspunkte dafür gäbe es schon, denn gerade in der Globalgeschichtsschreibung sind Forscher aus Indien prominent vertreten, etwa Kirti N. Chaudhuri, Om Prakash oder Sanjay Subrahmanyam.[78] Der Weg zum Ziel einer Neudeutung der eingefahrenen und meist zumindest implizit immer noch allzu eurozentrischen Schemata, die global die Geschichtsschreibung prägen, wird aber nur über transkulturelle und wahrhaft globale Kooperation führen können, und er ist daher weder leicht noch schnell zu gehen, schon gar nicht im engen Rahmen eines Beitrags wie diesem. Trotzdem würde sich schon der Weg lohnen, ganz zu schweigen vom Ziel.

---

[78] Exemplarisch sei auf Chaudhuri 2000, Prakash 1998 und Subrahmanyam 1998 verwiesen.

Literatur

Abu-Lughod 1989 = Janet L. Abu-Lughod, Before European Hegemony. The World System A.D. 1250–1350, Oxford.

Atwell 1982 = William S. Atwell, International Bullion Flows and the Chinese Economy circa 1530–1650, in: Past and Present 95, 68-90.

Ashtor 1974 = Eliyahu Ashtor, The Venetian Supremacy in Levantine Trade: Monopoly or Pre-Colonialism?, in: Journal of European Economic History 3/1, 5-53.

Ashtor 1983 = Eliyahu Ashtor, Levant Trade in the Later Middle Ages, Princeton.

Baldwin/Martin 1999 = Richard E. Baldwin/Philippe Martin, Two Waves of Globalization: Superficial Similarities, Fundamental Differences (NBER Working Paper 6904), Cambridge (MA).

Bordo/Taylor/Williamson 2003 = Michael D. Bordo/Alan M. Taylor/ Jeffrey G. Williamson (Hg.): Globalization in Historical Perspective, Chicago.

Bosker/Brakman/Garretsen/deJong/Schramm 2008 = Maarten Bosker/ Steven Brakman/Harry Garretsen/Herman de Jong/Marc Schramm Ports, Plagues and Politics. Explaining Italian City Growth 1300–1861, in: European Review of Economic History 12/1, 97-131.

Boxer 1969 = Charles R. Boxer, The Portuguese Seaborne Empire 1415–1825, London.

Braudel 1986 = Fernand Braudel, Sozialgeschichte des 15. bis 18. Jahrhunderts, Band 3: Aufbruch zur Weltwirtschaft, München.

Bulbeck/Reid/Cheng/Yiqi 1998 = David Bulbeck/Anthony Reid/Tan Lay Cheng/Wu Yiqi, Southeast Asian Exports since the 14th Century: Cloves, Pepper, Coffee and Sugar, Leiden.

Chaudhuri 2000 = Kirti N. Chaudhuri, Asia Before Europe. Economy and Civilisation of the Indian Ocean from the Rise of Islam to 1750, Cambridge.

Denzel 2007 = Markus A. Denzel (Hg.), Vom Welthandel des 18. Jahrhunderts zur Globalisierung des 21. Jahrhunderts, Stuttgart.

Diamond 1998 = Jared Diamond, Arm und Reich. Die Schicksale menschlicher Gesellschaften, Frankfurt am Main.

Drayton 2002 = Richard Drayton, The Collaboration of Labour. Slaves, Empires and Globalizations in the Atlantic World, c. 1600–1850, in: Anthony G. Hopkins (Hg.), Globalization in World History, London, 98-114.

Edelmayer/Landsteiner/Pieper 2001 = Friedrich Edelmayer/Erich Landsteiner/Renate Pieper (Hg.): Die Geschichte des europäischen Welthandels und der wirtschaftliche Globalisierungsprozeß, München.

Eichengreen 2000 = Barry Eichengreen, Vom Goldstandard zum Euro. Die Geschichte des internationalen Währungssystems, Berlin.

Eltis/Engermann 2000 = David Eltis/Stanley L. Engerman, The Importance of Slavery and the Slave Trade to Industrializing Britain, in: Journal of Economic History 60/1, 123-144.

Estevadeoral/Frantz/Taylor 2002 = Antoni Estevadeoral/Brian Frantz/Alan M. Taylor, The Rise and Fall of World Trade, 1870–1939 (NBER Working Paper 9318), Cambridge (MA).

Eberharter/Exenberger 2007 = Alexander Eberharter/Andreas Exenberger (Hg.): Globalisierung und Gerechtigkeit. Eine transdisziplinäre Annäherung, Innsbruck.

Exenberger 2003 = Andreas Exenberger, Historisch-komparative Analyse der Wirtschaft(en) struktureller ZeitRäume. Vergleich von »Mittelalter«, »Neuzeit« und »Moderne« mittels ausgewählter Fallbeispiele im Hinblick auf die interstrukturelle Stabilität der Veränderungsprinzipien. Wirtschafts- und Sozialhistorische Dissertation, Universität Innsbruck.

Exenberger 2005 = Andreas Exenberger, The Cradle of Globalisation: Venice's And Portugal's Contribution to a World Becoming Global, in: Michael Aradas/Nicholas C. J. Pappas (Hg.), Themes in European History. Essays from the 2nd International Conference on European History, Athen, 191-207.

Exenberger 2007a = Andreas Exenberger, Ein ›gewaltiger‹ Kreislauf? Hegemoniale Weltordnung und Gewalt im Spiegel der Globalgeschichte, in: Innsbrucker Historische Studien 25, 343-360.

Exenberger 2007b = Andreas Exenberger, Der lange Schatten der Globalisierung. Der Kostenfaktor Mensch im weltweiten Warenkreislauf, in: Andreas Exenberger/Josef Nussbaumer (Hg.), Von Menschenhandel und Menschenpreisen. Wert und Preis von Menschen im Spiegel der Zeit, Innsbruck, 57-81.

Feldbauer 2005 = Peter Feldbauer, Estado da India. Die Portugiesen in Asien, 1498–1620, Essen.

Ferguson 2001 = Niall Ferguson, Politik ohne Macht. Das fatale Vertrauen in die Wirtschaft, Stuttgart.

Findlay/O'Rourke 2003 = Ronald Findlay/Kevin H. O'Rourke, Commodity Market Integration, 1500–2000, in: Michael D. Bordo/Alan M. Taylor/Jeffrey G. Williamson (Hg.), Globalization in Historical Perspective, Chicago.

Findlay/O'Rourke 2007 = Ronald Findlay/Kevin H. O'Rourke, Power and Plenty. Trade, War, and the World Economy in the Second Millennium, Princeton.

Flynn/Giráldez 2002 = Dennis O. Flynn/Arturo Giráldez, Cycles of Silver. Global Economic Unity through the Mid-Eighteenth Century, in: Journal of World History 13/2, 391-427.

Flynn/Giráldez/von Glahn 2003 = Dennis O. Flynn/Arturo Giráldez/Richard von Glahn (Hg.), Global Connections and Monetary History 1470–1800, Aldershot.

Gills/Thompson 2006 = Barry K. Gills/William R. Thompson (Hg.), Globalization and Global History, London.

Hausberger 2008 = Bernd Hausberger, Das Reich, in dem die Sonne nicht unterging: Die iberische Welt, in: Peter Feldbauer/Jean-Paul Lehners (Hg.), Die Welt im 16. Jahrhundert, Wien, 335-372.

Held/McGrew 2003 = David Held/Anthony McGrew (Hg.), The Global Transformations Reader. An Introduction to the Globalization Debate, Cambridge.

Hochschild 2000 = Adam Hochschild, Schatten über dem Kongo. Die Geschichte eines der großen, fast vergessenen Menschheitsverbrechen, Stuttgart.

Hopkins 2002 = Anthony G. Hopkins (Hg.), Globalization in World History, London.

Hynes/Jacks/O'Rourke 2009 = William Hynes/David S. Jacks/Kevin H. O'Rourke, Commodity Market Disintegration in the Interwar Period (NBER Working Paper 14767), Cambridge (MA).

Jacks 2006 = David S. Jacks, What Drove Nineteenth Century Commodity Market Integration?, in: Explorations in Economic History 43/3, 383-412.

James 2001 = Harold James, The End of Globalization. Lessons from the Great Depression, Cambridge (MA).

Kennedy 1989 = Paul Kennedy, Aufstieg und Fall der großen Mächte. Ökonomischer Wandel und militärischer Konflikt von 1500 bis 2000, Frankfurt am Main.

Klein 1999 = Herbert S. Klein, The Atlantic Slave Trade, Cambridge.

Krugman 1979 = Paul Krugman, Increasing Returns, Monopolistic Competition, and International Trade, in: Journal of International Economics 9/4, 469-479.

Krugman 1980 = Paul Krugman, Scale Economies, Product Differentiation, and the Pattern of Trade, in: The American Economic Review 70/5, 950-959.

Landes 1999 = David S. Landes, Wohlstand und Armut der Nationen. Warum die einen reich und die anderen arm sind, Berlin.

Lewis 1969 = W. Arthur Lewis, Aspects of Tropical Trade 1883–1965, Stockholm.

Maddison 2007 = Angus Maddison, Contours of the World Economy. 1–2030, Paris.

Menninger 2004 = Annerose Menninger, Genuss im kulturellen Wandel. Tabak, Kaffee, Tee und Schokolade in Europa (16.–19. Jahrhundert), Stuttgart.

Modelski/Thompson 1996 = George Modelski/William R. Thompson, Leading Sectors and World Powers. The Coevolution of Global Politics and Economics, Columbia.

Nagel 2007 = Jürgen G. Nagel, Abenteuer Fernhandel. Die Ostindienkompanien, Darmstadt.

North 1966 = Douglass C. North, The Economic Growth of the United States 1790–1860, New York.

O'Rourke 2007 = Kevin O'Rourke, War and Welfare. Britain, France and the United States 1807–14, in: Oxford Economic Papers 59 (Supplement 1), i8-i30.

O'Rourke/Williamson 1999a = Kevin O'Rourke/Jeffrey G. Williamson, Globalisation and History. The Evolution of a Nineteenth-Century Atlantic Economy, Cambridge (MA).

O'Rourke/Williamson 1999b = Kevin O'Rourke/Jeffrey G. Williamson, The Heckscher-Ohlin Model Between 1400 and 2000: When It Explained Factor Price Convergence, When It Did Not, and Why (NBER Working Paper 7411), Cambridge (MA).

O'Rourke/Williamson 2002a = Kevin O'Rourke/Jeffrey G. Williamson, When Did Globalization Begin?, in: European Review of Economic History 6/1, 23-50.

O'Rourke/Williamson 2002b = Kevin O'Rourke/Jeffrey G. Williamson, After Columbus. Explaining Europe's Overseas Trade Boom, 1500–1800, in: Journal of Economic History 62/2, 417-456.

Ohlin 1933 = Bertil Ohlin, Interregional and International Trade, Cambridge (MA).

Olson 1963 = Mancur Olsen, The Economics of Wartime Shortage. A History of British Food Supplies in the Napoleonic War and in World Wars I and II, Durham (NC).

Osterhammel/Petersson 2003 = Jürgen Osterhammel/Niels P. Petersson, Geschichte der Globalisierung. Dimensionen, Prozesse, Epochen, München.

Phillips 1990 = Carla Rahn Phillips, The Growth and Composition of Trade in the Iberian Empires, 1450–1750, in: James D. Tracy (Hg.), The Rise of Merchant Empires. Long-distance Trade in the Early Modern World, 1350–1750, Cambridge (MA), 34-101.

Prakash 1998 = Om Prakash, European Commercial Enterprise in Precolonial India, Cambridge.

Reinhard 1983–1990 = Wolfgang Reinhard, Geschichte der europäischen Expansion, 4 Bde., Stuttgart.

Robertson 2003 = Robert T. Robertson, The Three Waves of Globalization. A History of a Developing Global Consciousness, London.

Schmitt 1984–2008 = Eberhard Schmitt (Hg.): Dokumente zur Geschichte der europäischen Expansion, 7 Bde., München.

Smith 1996 = Adam Smith, Der Wohlstand der Nationen. Eine Untersuchung seiner Natur und seiner Ursachen, München.

Subrahmanyam 1998 = Sanjay Subrahmanyam (Hg.), Money and the Market in India, 1100–1700, Delhi.

Taylor 2002 = Alan M. Taylor, Globalization, Trade, and Development: Some Lessons From History (NBER Working Paper 9326), Cambridge (MA).

Tracy 1990 = James D. Tracy (Hg.) The Rise of Merchant Empires. Long-distance Trade in the Early Modern World, 1350–1750, Cambridge (MA).

Valentinitsch 2001 = Helfried Valentinitsch, Ost- und westindische Kompanien. Ein Wettlauf der europäischen Mächte. In: Friedrich Edelmayer/Erich Landsteiner/Renate Pieper (Hg.), Die Geschichte des europäischen Welthandels und der wirtschaftliche Globalisierungsprozeß, München, 54-76.

Wallerstein 1986 = Immanuel Wallerstein, Das moderne Weltsystem I. Die Anfänge kapitalistischer Landwirtschaft und die europäische Weltökonomie im 16. Jahrhundert, Frankfurt am Main.

Wallerstein 1998 = Immanuel Wallerstein, Das moderne Weltsystem II: Der Merkantilismus. Europa zwischen 1600 und 1750, Wien.

Williamson 2003 = Jeffrey G. Williamson, Was it Stolper-Samuelson, Infant Industry or Something Else? World Tariffs 1789–1938 (NBER Working Paper 9656), Cambridge (MA).

WTO 2009 = World Trade Organization, WTO Sees 9% Global Trade Decline in 2009 as Recession Strikes (World Trade Organisation Press Release 554). http://www.wto.org/english/news_e/pres09_e/pr554_e.pdf (Zugriffsdatum 7. April 2009)

Autorinnen und Autoren

Andreas Exenberger ist Wirtschafts- und Sozialhistoriker am Institut für Wirtschaftstheorie, -politik und -geschichte der Universität Innsbruck. Seine Forschungsschwerpunkte liegen in Globalisierungsgeschichte, Armuts- und Entwicklungsforschung vor einem polit-ökonomischen und globalhistorischen Hintergrund.

Peter Feldbauer, a.o. Prof. am Institut für Wirtschafts- und Sozialgeschichte der Universität Wien. Die Schwerpunkte der Forschungs- und Publikationstätigkeit liegen in der Geschichte der europäischen Expansion sowie in der vergleichenden außereuropäischen Geschichte.

Gerd Hardach war von 1972 bis 2006 Professor für Sozial- und Wirtschaftsgeschichte an der Universität Marburg, dazu Gastprofessor an der Universität Tokyo und an der Freien Universität Berlin. Zahlreiche Veröffentlichungen zur Wirtschafts- und Sozialgeschichte des 19. und 20. Jahrhunderts.

Gerhard Hauck, apl. Professor für Soziologie. Arbeitsschwerpunkte: allgemeine soziologische Theorie, Ethnosoziologie, Entwicklungssoziologie (Afrika, Indien). Jüngste Buchveröffentlichung: *Kultur – Zur Karriere eines sozialwissenschaftlichen Begriffs* (Münster 2006).

Gerald Hödl ist Historiker und arbeitet am Institut für Afrikawissenschaften/Projekt Internationale Entwicklung der Universität Wien. Zu seinen Forschungsschwerpunkten zählen die Geschichte der Entwicklungspolitik sowie der globale Sport.

Thomas Kolnberger ist Assistent an der Universität Luxemburg und forscht als Historiker zur Globalgeschichte, Militärgeschichte und zur Geschichte Südostasiens; zur Zeit arbeitet er an seiner Dissertation zur historischen Stadtentwicklung Phnom Penhs.

Jean-Paul Lehners, Professor für Globalgeschichte an der Universität Luxemburg. Forschungsschwerpunkte: Globalgeschichte, Partizipation und Demokratisierung, Menschenrechte. Reihenherausgeber von *Globalgeschichte 1000–2000* (Wien 2008 ff.) sowie Mitherausgeber von zwei Bänden dieser Serie: *Die Welt im 16. Jahrhundert* (mit Peter Feldbauer), *Die Welt im 18. Jahrhundert* (mit Bernd Hausberger).

Gottfried Liedl, Dozent am Institut für Wirtschafts- und Sozialgeschichte der Universität Wien. Seine Forschungs- und Publikationsschwerpunkte liegen auf dem Gebiet der Sozial-, Kultur- und Wirtschaftsgeschichte des Mittelmeerraums (Spätmittelalter und Frühe Neuzeit), mit besonderer Berücksichtigung der Geschichte Islamisch Spaniens.

Christof Parnreiter, Professor für Geographie an der Universität Hamburg. Zu seinen Arbeitsschwerpunkten zählen Stadtentwicklung, Migration und Entwicklungsforschung. Letzte Buchveröffentlichung: *Historische Geographien, verräumlichte Geschichte. Mexico City und das mexikanische Städtenetz von der Industrialisierung bis zur Globalisierung* (Stuttgart 2007).

Dietmar Rothermund, Professor emeritus für Geschichte Südasiens, Universität Heidelberg. Jüngste Veröffentlichungen: *The Routledge Companion to Decolonization* (London 2006), *India: The Rise of an Asian Giant* (New Haven 2008), dt. Ausgabe: *Indien: Aufstieg einer asiatischen Weltmacht* (München 2008).

Wiebke Sievers ist Übersetzungswissenschafterin und arbeitet zur Zeit an der Kommission für Migrations- und Integrationsforschung der Österreichischen Akademie der Wissenschaften. Ihre Forschungsschwerpunkte sind: Migration und Literatur; Theorie und Praxis der Literaturübersetzung; Literatursoziologie.